『入行版』

人人都是产品经理

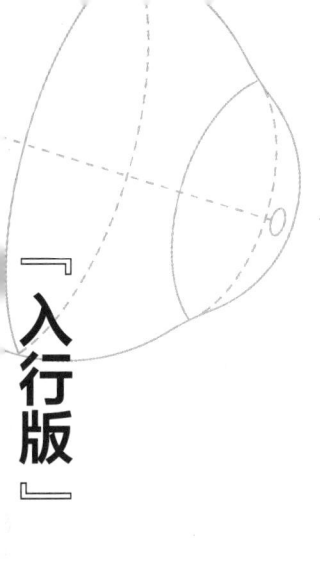

EVERYONE IS A PRODUCT MANAGER

互联网
产品经理的第一本书

苏杰 著

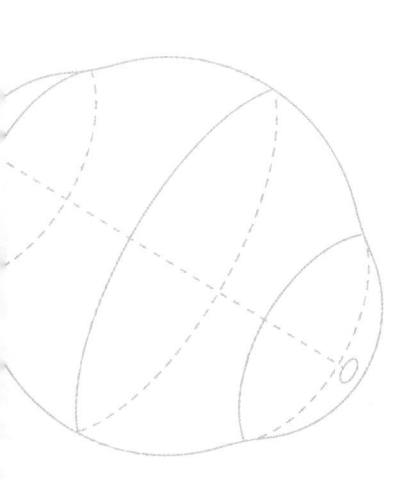

#01

The First Book For
Product Manager

电子工业出版社
Publishing House of Electronics Industry
北京·BEIJING

未经许可，不得以任何方式复制或抄袭本书之部分或全部内容。
版权所有，侵权必究。

图书在版编目（CIP）数据

人人都是产品经理：入行版. 互联网产品经理的第一本书 / 苏杰著. —北京：电子工业出版社，2021.2
ISBN 978-7-121-40395-8

Ⅰ. ①人… Ⅱ. ①苏… Ⅲ. ①企业管理—产品管理 Ⅳ. ①F273.2

中国版本图书馆 CIP 数据核字（2021）第 006794 号

责任编辑：张春雨
执行策划：薛　露
策　　划：杭州蓝狮子文化创意股份有限公司
印　　刷：天津千鹤文化传播有限公司
装　　订：天津千鹤文化传播有限公司
出版发行：电子工业出版社
　　　　　北京市海淀区万寿路 173 信箱　　邮编：100036
开　　本：720×1000　1/16　　印张：18.5　　字数：382.4 千字　　彩插：1
版　　次：2021 年 2 月第 1 版
印　　次：2025 年 2 月第 12 次印刷
定　　价：79.00 元

凡所购买电子工业出版社图书有缺损问题，请向购买书店调换。若书店售缺，请与本社发行部联系，联系及邮购电话：(010) 88254888，88258888。

质量投诉请发邮件至 zlts@phei.com.cn，盗版侵权举报请发邮件至 dbqq@phei.com.cn。
本书咨询联系方式：010-51260888-819，faq@phei.com.cn。

"人人都是产品经理"
系列套装说明

"产品经理"第一次出现在20世纪二三十年代的宝洁公司,后来它在IT领域大热,成了无数人憧憬的岗位。但彼时的产品经理还带着特定行业的限制,于是我的那句"人人都是产品经理"的超前口号也因此遭到很多人的抨击。

但随着行业的发展、岗位的细分,原先专属于特定行业的产品经理岗位在"互联网+"趋势的带动下扩散至各个行业,原先产品经理的职务也分散到了更多人身上。产品人员、技术人员、设计人员、运营人员,所有和产品工作相关的人,开始合力承担产品经理的工作,成为"泛产品经理"。时代确确实实朝着"人人都是产品经理"的方向在发展,只不过这个方向并不是指原先固定的产品经理岗位,而是这个岗位背后的思维方法和价值观。

工作十几年,我也渐渐意识到,所谓的"产品经理"并不能彻底解决问题。它不过是一个职业、一个岗位,是公司解决问题的阶段性方案。这个岗位的本质——产品创新,才是公司永恒不变的追求。

作为一个想做产品的新人,往往无法一蹴而就,通常需要先了解所谓的"产品经理"是做什么的、接触尽可能多的产品,然后学习这个岗位背后的底层思维,最后才能更进一步去实现产品的创新。这是广义产品经理的成长路径,也是我个人的亲身经历,它们一一体现在"人人都是产品经理"系列图书中。

2006年,我正式加入阿里巴巴,主要负责一些2B[1]的产品。在这三四年的时间里,我

---

[1] To Business,面向企业服务。

做了各种一线产品，总结了自己日常工作中的经验教训和所见所思，形成了我的第一本书《人人都是产品经理》[1]。书中比较细致地描述了产品新人必须了解的需求的采集、整理、分析、管理工作，项目的计划与控制，以及如何与团队协作、怎样理解战略、如何提升个人职场能力。这本书意在让产品新人们知道，踏上做产品这条路后的每一步应该怎么走。在设计这本书的封面时，我选择了"柠檬"作为产品新人的象征，因为我觉得它虽然酸涩，但拥有着十分靓丽的颜色，正好体现了新人们青涩却充满朝气的特点。

写完第一本书没多久，2010 年 4 月，我从阿里巴巴集团转岗到了淘宝天猫，从 2B 领域转到了 2C[2] 领域。我参与了淘宝的垂直市场开拓、淘宝天猫会员体系/营销工具的开发、大型活动的策划……经手了更多类型的产品，也感受到了这个过程中的各种痛苦和遗憾。

2012 年，为了接触更多的产品形态、与更多高手交流，我离开了淘宝天猫，转岗到阿里巴巴集团总部的产品大学，把自己的经历和与高手交流了解到的案例一一整理，于 2013 年形成了我自己的第二本书《淘宝十年产品事》[3]。这本书里记录了淘宝早年的很多产品案例，案例中的很多产品直到今天仍具有不可替代的价值，如商品类目属性、搜索系统、交易系统、评价系统，以及同样值得一提的旺旺，读者可以看到它们是如何一步步发展的，其中又有哪些经验和教训。虽然实战的学习效果最好，但通过案例进行学习的效率最高。因为阿里巴巴和淘宝的标志都是橙色的，所以在这本书的封面中，我选用了"阿里橙"这个直观的元素。

2014 年，我从阿里巴巴正式离职，做了半年的自由职业者，通过在全国各地讲课、做顾问，了解了各种行业、各种公司的做法，开始逐渐破除"只知道阿里巴巴怎么做，只知道大公司怎么做"的局限，并逐步确立了自己想做的事。在阿里巴巴任职的最后两年中，我曾负责过阿里巴巴内部的创新孵化器，于是 2015 年我开始创业时，将创业方向定为"创业者服务"。在为企业提供创新服务的这段时间里，我体会到在"产品经理"这个岗位上的人实在有限。现实中，人人都可能需要做一些产品经理的工作，掌握一些产品经理的能力。于是我将产品经理的产品思维模式和做事方法提炼、总结出来，在 2017 年出版了第三本书《人人都是产品经理 2.0：写给泛产品经理》[4]。这本书中提供了一套产品从无到有

---

[1] 更新版书名为《人人都是产品经理（入行版）：互联网产品经理的第一本书》，即本书，以下简称《人人都是产品经理（入行版）》。

[2] To Customer，面向个人消费者服务。

[3] 更新版书名为《人人都是产品经理（案例版）：不可不知的淘宝产品事》，预计 2021 年上半年出版，以下简称《人人都是产品经理（案例版）》。

[4] 更新版书名为《人人都是产品经理（思维版）：泛产品经理的精进之路》，预计 2021 年上半年出版，以下简称《人人都是产品经理（思维版）》。

的逻辑，以及一张完整的知识图谱。从产品概念和分类、需求采集与转化、功能细化与打包，到研发执行，再到运营与迭代的各方面内容都有涉及，相信对所有从事产品行业，甚至各行各业的职场人士能有所帮助。因为这本书的读者是"泛产品经理"，所以我选用了"柚子"作为书的封面元素，它和柠檬很相似，但比柠檬个头大、成熟，就像一个有一定经验基础，渴望继续成长的"泛产品经理"。

到了 2018 年前后，我开始做产品创新独立顾问，服务了包括京东、字节跳动、华为、中国银联、平安集团、上海汽车、得到等企业。在这个过程中，我逐渐明白，产品思维是方法，而产品创新是目的。只有完成从想到做、从思维方式到做事方法的转变，才能使产品创新落地。于是我筹备了一段时间，于 2020 年出版了自己的第四本书《人人都是产品经理（创新版）：低成本的产品创新方法》[1]，我在书中总结了一套低成本产品创新的方法论框架，我将其概括为 5MVVP 模型，具体流程为案头研究（Paperwork）、原型设计（Prototype）、产品开发（Product）、运营推广（Promotion）、复制组合（Portfolio），它涵盖了创意从无到有、从点子到产品再到产品矩阵的全过程，希望能够帮助正在做产品创新的人或组织。

《人人都是产品经理（创新版）》的封面我思考了很久，最终将主题元素定为"金橘"。它很小但具有很大的功效，寓意从小处切入，用低成本实现伟大创新。

有心的读者可能会发现，一路下来我的四本书都选用了芸香科水果作为封面元素，除了它们各自指代的含义，背后其实还包含了另一层用意。

柠檬：《人人都是产品经理（入行版）：互联网产品经理的第一本书》
橙子：《人人都是产品经理（案例版）：不可不知的淘宝产品事》
柚子：《人人都是产品经理（思维版）：泛产品经理的进阶之路》
金橘：《人人都是产品经理（创新版）：低成本的产品创新方法》

芸香科是水果中的第二大科，之所以不选择第一大科是希望所有产品人都能保持虚心自谦的态度。另外，据说芸香科的植物可以随意杂交，我认为这正好对应着产品经理或产品从业者多元适配的特点，他们需要在不同环境中、不同需求下，不断地调整自己。这也算是我在"人人都是产品经理"系列图书封面中埋下的"彩蛋"。

借《人人都是产品经理（创新版）》出版之际，我将前三本书也一并做了修订，去掉了部分冗余的内容，更正了一些事实性内容，并做了一些补充。不过需要说明的是，由于

---

[1] 以下简称《人人都是产品经理（创新版）》。

每本书的出版年份不同，虽有修订，但字里行间依然能映射出当时的时代背景和我本人的境遇，不过这并不影响我要表达的核心内容。

最后，我想附上一段十年前一位同事在看过我的书稿后写下的话，这段话在今天看来依然不过时，我把它叫作"人人都是产品经理"的真谛。

不是每个人都能以产品经理为业，但在我看来，产品经理是一类人，他们做事的思路与方法可以解决很多实际的生活问题。

只要你能够发现问题并描述清楚，转化为一个需求，进而转化为一个任务，争取到支持，发动起一批人，将这个任务完成，并持续不断以主人翁的心态去跟踪、维护这个产物，那么，你就是产品经理。

至少，你已经是自己的产品经理了。这才是"人人都是产品经理"的真谛。

推荐语

@虾米网运营总监思践　这是一本很有意思的书：它一开始给你"产品经理是 CEO 的学前班"这样的崇高感，但当你误以为这是一本预备 CEO 的修炼宝典时，随着书中逐步讲述这个养成过程，你会发现你所知道的永远不够，应该掌握的方法和技巧还有很多。然而学完这本书之后，你终于领会了，这并不是一本将人人都训练成产品经理的宝典，而恰恰是告诉你——存在神一样的产品，但并不存在神一样的产品经理。神一样的产品恰恰是由"人人"共同创造的，而不是由所谓的优秀的产品经理创造的。因此，这不是一本讲个人修炼的书，而是一本讲群体修炼的书。

@真格基金合伙人/聚美优品联合创始人　戴雨森　本产品（=本书）用户感言：1）很好地满足了目标用户的核心需求；2）描述用户时，充满了对用户的同理心；3）整个过程敏捷开发、快速迭代、不断完善。作为目标用户之一，我觉得该产品切合需求、得心应手、相见恨晚。特诚意分享、转贴、retweet 之。

@独立咨询顾问（曾任苹果公司产品经理多年）　端木恒　无论你是希望成为一名产品经理，还是想了解这个挑战与成就感并存的工作，本书都能带你走进 IT 产品人员的世界。作者悉心总结了自己做产品最初几年中收获的各种经验教训与"血泪"史，其中不乏大量生动实例。读者在阅读此书时也可感受到作者对这份职业的热情。作者将自己几年来用心学习思考所得的知识、观点、经验和优秀图书推荐给了每位读者。

@深圳远行科技股份有限公司副总经理　何明璐（人月神话）　从苏杰的博客就可以看出，作者是一位注重实践和乐于分享的人。我始终相信实践出真知，而苏杰就是这么一位注重实践的产品经理。我也特别推荐这本书，相信大家看后会有收获。

@阿里巴巴产品经理 曾建民 这本书不只是给产品经理看的，也是给所有想设计、经营、发展自己的人看的。

@PHPwind 产品运营师 石连增 从产品规划到产品实施，从需求管理到产品实现，从产品设计到产出物输出，从个人技能到团队协作，从职业技能到学习成长——这本书用朴实的语言细致地讲述了产品经理各个方面的实践经验，就像一条丝线，把产品经理散落在各处的精粹串起来，让人融会贯通。

@淘宝产品经理 胡忠 之前跟一位网络上的产品导师"牛角尖"取经时，我问他做产品经理需要具备哪些条件。他教导我做产品其实就是一个不断学习、不断成长的过程，每个人都有机会。我说网上有个不错的博客叫"人人都是产品经理"，这立刻引起了他的共鸣："对，人人都是产品经理！"本书能让人感受到真实的产品经理生活！

@微软亚洲工程院项目经理 罗一恒（见习骑士） 不同公司对产品经理在产品流程中的职责要求都有所不同。但是，无论在哪个公司，不断地对用户、对需求、对功能、对流程进行思考与总结，是成为一个成功的产品经理必不可少的技能。这也正是这本书字里行间最宝贵的东西。

@阿里巴巴交互设计师 谢旭鸿 不是每个人都能以产品经理为业，但在我看来，产品经理是一类人，他们做事的思路与方法可以解决很多实际的生活问题。只要你能够发现问题并描述清楚，转化为一个需求，进而转化为一个任务，争取到支持，发动起一批人，将这个任务完成，并持续不断以主人翁的心态去跟踪、维护这个产物，那么，你就是产品经理。至少，你已经是自己的产品经理了。这才是"人人都是产品经理"的真谛。

@华为新业务部产品经理 张锐（Ryan） 作为一直奋战在产品岗位最前线的人，iamsujie 的经验对于每一个产品经理来说都是宝贵的。

@对外经济贸易大学研究生 魏星 不论你是刚入职的互联网产品设计师，还是有志于在互联网产品设计领域有所发展的极客，相信你都可以从本书中收获不少从未涉及的理念与思想。

@阿里巴巴运营主管 方莉娜（狐狸） 不光是产品经理，只要你想解决问题，想学会解决问题的思考方法，都可以看这本书。最难得的是，作者可以持续不断地从身边的点滴体会中进行有序的总结和随性的发散。推荐运营人员、营销人员、用户体验设计人员共同观摩。

@天涯社区主编 华子 互联网的前十年是内容为王，第二个十年是产品为王，下一个十年，或许是平台为王。而对中国互联网来说，这正是一个产品为王的时代，感谢本书，让我们可以跟上时代的步伐。

@盛大创新院产品经理 蒋建平（joby.jiang） 这是一本书，同时也是国内互联网重镇一线优秀产品经理的产品。你可以从中看到很多产品思想：比如划分阅读受众、精心设计书本目录导航，以及为了照顾用户阅读体验而设计的每篇文章需要 5 分钟左右的阅读时间。可以预见产品人都将从中获益良多。期待！

@中国供应商产品经理 赵聪聪（矢车菊） 记得去年此时我最纠结的时候苏杰同学告诉我，互联网内任何工作都和产品有关，只要用心做，人人都是产品经理。很高兴一年后我实现了做产品的小梦想，更高兴的是苏杰终于把三年的宝贵经历、体验汇集成册奉献给我们，我很期待这本书，更相信通过这本书我们会有新的收获！

@腾讯搜搜产品经理 刘玉璇（xuan） 感谢苏杰，领我入门。这本书带给我最大的收获是让我学会经营自己的人生这个最重要的产品。如果想要了解产品，就读这本书吧；如果想要快乐人生，也读这本书吧。

@天下商机（北京）网络技术有限公司产品经理 刘海超 市面上讲产品经理的书很多，但互联网产品经理有别于传统行业，甚至和软件行业也大有不同，本书正是为了满足互联网产品经理人的需求而生的。

@上海百事通信息技术有限公司产品经理 孙亮 希望更多的营销和技术人员可以阅读本书的一些章节。教会营销和技术人员设计产品是一种奢求，但这本书至少能让营销、产品、技术人员对产品市场有一个统一的理解，从而提高沟通效率、促进团队合作！

@淘宝交互设计师 刘洋（psyduck） 初闻苏师兄是在浙大 BBS 上，我听到了他的一个采访音频，内容是如何做一个产品经理。生物工程专业出身的他做起互联网产品经理来也是有声有色。听他讲每天都在 PK 与被 PK 中度过时，觉得这真是一个有挑战性的职业。两年多过去了，苏师兄从坚持写博客到要出书了。人人都是产品经理，希望每个在路上或即将踏上产品经理道路的人都能够开卷有益。

@阿里巴巴产品运营师 陈伟聪（大葱） 与苏杰在同一个部门工作过一年，真切感受到了他对产品经理的思考和践行，这本书是他优秀经验的提炼，对做好产品经理有很强的指导意义。

@宁波金蝶电子商务服务有限公司产品经理 尹文俊（Villiamin） 产品经理负责细分并确认用户群体，然后将用户的需求体现在产品的设计中并不断迭代，同时负责相关项目的协调和跟进，并将这些行为贯穿至产品的整个生命周期。如果你对这些工作有兴趣，就让本书带你一起走进产品经理的世界！

@北京中科大洋科技发展股份有限公司产品质管经理 胡益申 在一个 IT 及软件改变生活的时代，作为一名产品经理，不仅仅要改变一个软件产品的功能及设计，更重要的是你的产品会改变一群人的生活方式、工作方式、认知方式、思维方式，并实现我们的最终理想。就像支付宝，不仅提供了另一种支付方式和功能，还承载着商业诚信的使命。产品经理的终极目标，就是产品让生活更美好。

@东软集团医疗系统有限公司高级 PHP 开发工程师 潘良虎（plhwin） 每一个互联网的从业者都需要对产品有或多或少的了解，这本书从始至终都贯穿着这种理念。本书的内容源自作者对生活细致入微的观察。作者针对如何让产品的设计合理化、产品的流程简单化、用户的体验人性化这几个问题展开了思考，并将这种思考带入了项目的实践中，再从实践中总结经验。本书就是作者宝贵的经验之谈。作为一名从事 Web 编程开发的技术工作者，我强烈推荐本书，技术其实只是一种手段，它最终是要转化为产品为用户服务的。只有了解产品本身，创造出来的产品才能更贴近用户。

@北京派瑞威行广告有限公司高级创意经理 洪文超（KKHONG） 在我最彷徨犹豫的时候，偶然进入了苏杰的"人人都是产品经理"博客，在这里，我坚定了自己转型的决心。此书，五星推荐。

@阿里巴巴产品经理 王浩（大熊） 产品经理在互联网公司里的位置很特殊，类似于足球比赛里的中场核心队员，连接着市场人员、运营人员、销售人员、技术人员，以及管理层。所以，不管你是马拉多纳这样的"巨星"，还是某个不知名的从业者，我认为都很有必要认真读一下苏杰的这本书，因为"人人都是产品经理"。

@北京无限讯奇信息技术有限公司产品经理 刘艳（lykingmax） 希望大家从苏杰这里学到的不是"产品经理"的技能，而是务实、诚恳的态度。因为要做好产品，必须永远要让自己是个"平民"，理解这个，你本人也是个好"产品"。☺

@安居客产品经理 吴志刚（无少）网上搜"产品经理"会有很多文章，多数你只会认为说得很对，但对自己没有什么帮助，因为那些文章只是在帮你说出心底的话而已。但是从这里，你能得到共鸣，感受到成长的过程，并受教。

@北京瑞图万方科技有限公司项目经理 胡嵩（小宝） 本书贴近实际，不空洞，不虚无，读着很亲切，就是身边事！

@中国传媒大学学生（曾任新浪产品部实习生） 陈莹（elya妞） 作为一个产品新人，能得到的最有价值的信息是什么？当然是过来人摸爬滚打的那些经验啦。这本书将告诉你一些产品设计中最真实的东西。

@酷宝信息技术（上海）有限公司产品经理 蒋为可（3486） 作者来自中国互联网产品规划领域的最前线，擅长表达并乐于分享。本书全面性佳、阅读性好、实战性高，对于那些和我一样厌倦了来自西方陈旧教条的所谓必选之物的读者，这是一部值得推荐的书。

@广州山之风化学品有限公司网络营销主管 苏勇（苏武牧羊） 我在作者已经写了一部分书稿时知道了这本书，然后就一直关注这本书的写作进展。现在作者完成了这本书，我自己也有一种成就感。这就是Web，通过这个平台，读者可以参与到书的创作中来。虽然我自己不是产品经理，但作者这本书很值得做互联网的人去读。值得我们学习的不仅仅是书的内容本身，还有这本书的写作过程！

@上海盖世网络有限公司产品部经理 孔强 两年前，发现"人人都是产品经理"的博客时，我正在被产品管理的各种复杂工作所困扰，纠缠于客户和老板之间，纠缠于UE、UI等各种名词中。两年后，这本书让我更加"物质"化了，做产品应该唯物论，而非唯心论。

@智联招聘C端产品负责人 后显慧（Lukehou） 好的产品经理：大公司说执行力，小公司要创造力！产品经理是有热情、爱学习的一群人！我喜欢他们！

@九维网事业部 SNS 社区策划 万冬明（牙疼毅语） 马云"十只兔子"的故事，让人印象深刻，而本书正是教你如何去抓住兔子。对于那些还在摸索的同行们，本书绝对值得一读。我举双手双脚推荐。

@西安电子科技大学学生 张志强（Atrexl） 希望有一天，可以有一款震撼世界、颠覆性的互联网产品出自中国，服务于所有的互联网用户。也希望通过此书，将产品经理这个职业介绍给广大的大学生朋友。

@福建鑫诺通讯技术有限公司产品经理 李昆（流放黄山） 拜读"人人都是产品经理"博客已 200 天有余！书名虽"傲骄"，但内容确实值得细细揣摩。产品人要有悟性，苏杰属于这类人。经过几年时间的持续实践、持续思考、持续积累，他将所有知识理论化、系统化、结构化……终于有一天，做出了这个产品：《人人都是产品经理（入行版）》！实践之余，若得以品读该书，你会发现文字简练到没有废话（这是作者的风格），字里行间的细节会使你恍然大悟，继而会心一笑。书能写成这样，已经很好了！

@巴别塔（北京）科技有限公司产品总监 孟超峰（Cola） 人人都可以是产品经理，但不是人人都能走完产品化这条路。这条路可以是整个职业生涯，也可以是一个项目。对于刚上路的同仁，这是一本攻略，而非秘籍；对于在路上的同仁，这是一颗北斗星，参照它可以找准自己的方向；而对于开拓新篇章的前辈们，这是一本回忆录，借此回味一下曾经走过的路。

@互动在线（北京）科技有限公司高级产品经理 陈岩 即便不在互联网行业，这本书也会给你帮助。"人人都是产品经理"，人生就是我们最重要的产品，怎样推进、如何经营，都需要仔细品味。

@北京图腾创想网络科技有限公司总监 徐翔宇（HiUpE） 一直都在关注苏杰的这本书，我几乎天天都到博客里看一眼。产品是互联网的灵魂，产品是网民的精神食粮，好的产品能改变人们的生活，甚至改变一个时代。希望本书能成为产品文化的一部分，让大家加深对"产品"这个概念的认知。

@海峡教育网软件部主策划 张秀红 产品经理是一个非常有意思的工作，其乐趣是从工作中来，再回工作中去的，我们重结果、乐经过。很长一段时间，我每天都泡 1~2 个小时在苏杰的博客上，在这里听取经验、学习工作方法、阅读苏杰的工作心得，收获颇丰，谢谢！

@广州亿动网络科技有限公司（都市圈）3D地图部经理 周伟（WaiChau） 苏杰带给我们的，除了系统的产品知识积累，更重要的是思维意识的逐步转变，这本书本身就是一个"优秀的"产品。

@广东广旭广告有限公司交互设计师 刘晓智（小志） 每一个成功的产品之所以能够出现在我们的生活当中，都离不开一个团队的努力与心血，产品经理就是这个团队的领头人，希望人人都能扮演这个角色来引导中国产品的发展！

备注：推荐者的公司职位信息更新于2010年。

自　序

是谁？每次 K 歌都对着点歌面板评头论足。

是谁？逛超市时总在想"这个商品的目标用户是谁？"

是谁？会给自己的个人发展做战略规划。

是谁？一定要在自己的婚礼中讲一个 PPT。

是谁？会拿用户调研的方法与亲朋好友交流。

是谁？装修房子的时候抢着当项目经理。

是谁？看电视广告的时候总觉得是在做同行评审。

是谁？会给自己的孩子设计各种"功能点"。

是谁？使用任何应用都能一下子挑出好几个 Bug。

……

这个人就是产品经理。2006 年年底，我开始做产品经理，逐渐体会到产品经理的做事方法与思路真的很好用，忍不住会用它来解决任何问题。而且，我想告诉每一个人：尝试着用产品经理的视角看世界吧，你可以看得更清楚，走得更顺利。

微信里的"打飞机"游戏曾经很流行，用户考虑的是怎样得分最高，而产品经理则会关注和产品目标有关的设计，比如通过互相赠送/索取飞机的方式来激发好友互动，通过好友排行榜激发好友间的攀比、虚荣心理。而这些设计，就是游戏之外，产品经理比用户想得更深的地方。

后来，很多小游戏都流行过一阵子，玩过的读者可以试着用产品经理的思路去思考其他游戏，一定能发现一片从未到达的"世外桃源"。

而这本书的写作过程，也体现了做产品的套路，遵循了互联网产品设计的五个层次——战略、范围、结构、框架、表现。而在这本书的细节处，也有着这些思考的痕迹，比如有一段话是对书名的解释，在书中出现了很多次：

不是每个人都能以产品经理为业，但在我看来，产品经理是一类人，他们做事的思路与方法可以解决很多实际的生活问题。

只要你能够发现问题并描述清楚，转化为一个需求，进而转化为一个任务，争取到支持，发动起一批人，将这个任务完成，并持续不断以主人翁的心态去跟踪、维护这个产物，那么，你就是产品经理。

至少，你已经是自己的产品经理了。这才是"人人都是产品经理"的真谛。

在这本书中，我要感谢以下这些人。记得上一次写致谢是在研究生的毕业论文里，我直接套用了学长的"模板"，我以为这会成为终身的遗憾。没想到4年后，我有机会在书中发表自己的原创致谢了。

首先，重点感谢一些"没有他们就没有这本书"的人。

感谢父母。说点实在的，我自问不是不食烟火的纯理想主义者，衣食无忧很重要。要不是父母对我在物质上的支持，那我可能也会像《蜗居》里的人们那样，被生活所累而根本没时间思考。

感谢公司。阿里巴巴宽松的文化、分享的氛围是这本书诞生的土壤。在此，我要特别感谢我曾经的几位主管。写作这本书的起点，其实是我2007年7月的一份周报，当时我绝对没有主动写作的意识，这份周报完全是他们要求我写的。几年来，在他们的帮助和鼓励下，工作上的体会成为这本书源源不断的素材。到了最后，甚至在我提出利用工作时间来运营本书的想法时，他们也表示理解。

感谢博文视点的老师们。他们早在两年前就发现了我，可算是我的贵人，而且介绍了很多前辈给我认识，也为我这本不成熟的书付出了很多精力，到了最后阶段，甚至亲自动手帮我修改了很多生涩的文字。

接下来，要感谢很多"没有他们这本书就会失色不少"的人。

感谢我待过的几个团队。这些同事都是最棒的兄弟姐妹。2009年6月，写书前突发意外，跟腱断裂，他们扛住了我丢下的工作，并且不断地给我打气，虽然方式有些特别，比如说K歌的时候点郑智化的《水手》给我唱。

感谢小敏。在2009年年初的一次聚会上，她促使我把出书正式提上日程。我的个人名片、本书的部分插图都出自她手。

感谢 Park。这本书和我的博客是分不开的，博客文章和图书是一个产品的两种表现形式。从注册博客域名、虚拟主机到上线后的每次调整，我咨询了 Park 很多很傻的技术问题，他都瞬间帮我解决了。

感谢出版社的其他朋友。他们不断的关注和最后的冲刺，让这本书顺利产出。

感谢审稿人。是他们无私地贡献出自己的时间，让我这个后辈意识到自己在哪些方面能力不足，并且帮我明确了前进的方向。

最后，感谢所有交流过的同行、前辈、新人。名字我没法一一列出，他们可能都没意识到自己对这本书有多大帮助，因为：

推荐序充分体现了互联网的力量。不是长篇大论式的名人推荐，而是每个人贡献一句话，某位应届生的话、某位产品设计师的话，放在一起共同组成了本书特别的推荐序。

封面设计的初稿在博客上发出后，短短几个小时内，就有几十位专业的产品经理、设计师为它提出了修改意见和建议，避免了我把不合适的封面展现在最终的读者面前。

和朋友们谈起这本书要充分利用互联网运营，很快虚拟的运营团队就自发形成了，很多团队成员都是资深的互联网运营人员。

写到这里，我还是不敢确定，我居然写了一本关于产品经理的书。在这条路上，我还是一个新人，是大家让我愈发地坚定了自己的宣言——

一个成长中的产品经理，期待和大家一起，用好产品改变世界。

苏杰
2010 年

读者服务

微信扫码回复：40395

- 获取人人系列充电大礼包
- 获取共享文档、线上直播、技术分享等免费资源
- 加入本书读者交流群，与更多读者互动
- 获取博文视点学院在线课程、电子书 20 元代金券

目录
Contents

写在正文之前 / 1

- 为什么会有这本书 / 1
- 本书的定位与特色 / 3
- 本书的目录与内容 / 5
- 我与本书的局限性 / 6

第1章 写给-1到3岁的产品经理 / 9

- 1.1 为什么要做产品经理 / 11
- 1.2 产品经理是什么 / 17
- 1.3 我真的想做，怎么入行 / 26
- 1.4 一个产品经理的-1到3岁 / 30

第2章 一个需求的奋斗史 / 37

- 2.1 用户研究：从用户中来到用户中去 / 40
  - 2.1.1 用户是需求之源 / 40
  - 2.1.2 你真的了解用户吗 / 43
- 2.2 需求采集：产品源头的大生产运动 / 49
  - 2.2.1 定性地说：用户访谈 / 50
  - 2.2.2 定性地做：可用性测试 / 58
  - 2.2.3 定量地做：数据分析 / 62
  - 2.2.4 需求采集人人有责 / 67
- 2.3 需求分析：听用户的但不要照着做 / 72
  - 2.3.1 明确我们存在的价值 / 72
  - 2.3.2 给需求做一次"DNA检测" / 76
- 2.4 需求筛选：活下来的永远是少数 / 86
  - 2.4.1 永远忘不掉的那场战争 / 87
  - 2.4.2 别灰心，少做就是多做 / 93
- 2.5 需求管理：心急吃不了热豆腐 / 96
  - 2.5.1 一个需求的生老病死 / 96
  - 2.5.2 需求管理的附加值 / 99
  - 2.5.3 和需求一起奋斗 / 100

第 3 章 项目的坎坷一生 / 103

- 3.1 从产品到项目 / 106
- 3.2 立项：一切从 Kick Off 开始 / 109
- 3.3 需求开发：关键的青春期，又见需求 / 115
  - 3.3.1 真的要写很多文档 / 115
  - 3.3.2 需求活在项目中 / 122
- 3.4 项目开发、测试、发布 / 125
- 3.5 山寨级项目管理 / 134
  - 3.5.1 文档只是手段 / 135
  - 3.5.2 流程也是手段 / 139
  - 3.5.3 敏捷更是手段 / 143
- 3.6 我所亲历的特色项目 / 148

第 4 章 我的产品，我的团队 / 151

- 4.1 大产品、大设计、大团队 / 154
  - 4.1.1 产品之大 / 154
  - 4.1.2 设计之大 / 158
  - 4.1.3 团队之大 / 163
- 4.2 游走于商业与技术之间 / 168
  - 4.2.1 心思缜密的规划师 / 169
  - 4.2.2 激情四射的设计师 / 172
  - 4.2.3 "阴险狡诈"的运营师 / 180
- 4.3 商业团队，冲锋陷阵 / 185
  - 4.3.1 好产品需要市场化 / 185
  - 4.3.2 我们还能做什么 / 191
- 4.4 技术团队，坚强后盾 / 194
- 4.5 容易被遗忘的角落 / 197
- 4.6 大家好才是真的好 / 198
  - 4.6.1 所谓团队文化 / 199
  - 4.6.2 无授权领导 / 201

第 5 章　别让灵魂跟不上脚步 / 207

- 5.1　触及产品的灵魂 / 209
- 5.2　可行性分析三部曲 / 214
  - 5.2.1　我们在哪儿 / 214
  - 5.2.2　我们去哪儿 / 217
  - 5.2.3　我们怎么去 / 221
  - 5.2.4　低头走路，抬头看天 / 223
- 5.3　KPI、KPI、KPI / 227

第 6 章　产品经理的自我修养 / 233

- 6.1　爱生活，才会爱产品 / 235
- 6.2　有理想，就不会变咸鱼 / 240
- 6.3　会思考，活到老学到老 / 243
- 6.4　能沟通，在什么山头唱什么歌 / 247
- 6.5　产品经理主义 / 252

附录 A　它山之石，可以攻玉 / 263

- 别人眼中的产品经理 / 263
- 各种有用的信息 / 268

写在正文之前

为什么会有这本书

2004 年 6 月,我还是一个生物医学工程专业的学生。自己选的专业,不是因为 "21 世纪是生物世纪" 那句话,而是真的感兴趣。结果很简单,毕业时很难找工作。

之后的故事其实很平淡,很多事情的发生也都很偶然。

2005 年 12 月,阿里巴巴给了我第一个也是唯一一个 Offer。

2006 年 7 月,我结束了悠闲的学生生活,入职。

2007 年 7 月,老板们觉得 "做产品的要有想法",于是要求产品团队的同学在工作周报的后面附加一篇做产品的体会,不少于 500 字。没想到工作以后还要写命题作文,写第一篇的时候,我迟迟难以下笔,后来好不容易找到一个和需求采集有关的话题,写完之后统计字数,没想到有 1200 多字……我心想,还蛮能写的,干脆好好做这件事吧,于是有了《产品设计体会》系列文章。

2007 年 11 月,老板换了,不再要求写做产品的体会,我却不想停下来了。

2008 年 1 月,已写了 2.5 万字,我是唯一一个还在写的。

2008 年 3 月,在《产品设计体会》的连载才写了不过三十多篇的时候,CSDN 和博文视点的老师先后找到了我,第一次有人跟我提到希望将这些文章整理出版。他们给了我很大的鼓励,也介绍了不少前辈给我认识,于是我又坚持写了一整年。

2009年1月，在很多朋友的鼓励和帮助下，iamsujie.com 出世，我借机整理了已有的文章，7万多字，后来又因为这个博客认识了很多同行。之后我开始加速积累素材。

2009年3月，我开始负责公司的产品经理内训课程，这期间再次整理了自己的所得，使之系统化，经过几轮评审，终于在6月底成功地做了一次内部试讲。

2009年8月，我已经积累了17万字的文章和一些写作思路，正式启动写书的事情。

2009年12月，24万字的初稿完成。

2010年3月，在删减瘦身至22万字后，初版全书定稿。

为什么要写书？

第一，符合我的理想与价值观。在我看来，任何事情要做好且做爽，必然是要靠内驱的，而写一本书正是实现我"做老师，让人人都做产品经理，用好产品改变世界"这一理想的绝佳手段。

第二，为了一群潜在读者。因为在博客上及工作中，我感觉到有一群想当产品经理的人需要这样一本书，具体的原因会在下一节有关本书定位的思考里细说。

第三，过一把更货真价实的产品经理的瘾。这本书，对我来说算是做过的最具挑战性的产品了，类比到软件产品上，这本书的战略规划、需求、开发、测试、发布等所有过程，我都作为主力参与其中。虽然它最终的影响力可能不如在公司里参与过的几个产品，但我对这本书的影响力绝对可以超过在公司里做的任何产品。

为什么是现在？

这个实现理想的手段是那么诱人，想想就让人精神亢奋。在2009年春天，我差点把手段当作目的。4月份的时候，有另一家很好的出版社希望我在三四个月后就把书写出来，好在我还是想明白了：不能为了出一本书而写书，不能求快，与其做一本可能让自己都不满意的书，不如没有这本书。

所以，我一直在酝酿，一直感觉没准备好，但后来发现如果这样想我永远都不会准备好，因为所谓的完全准备好，也就意味着，我在各方面都已经到达顶点，无法继续提高了，显然我是不希望有这样一天的。

2009年6月，我的个人博客已经走上正轨，6月26日给公司同事做的第一次内训试讲意味着课程开发也告一段落。看似一切顺利，不曾想两天之后，6月28日晚上我就出了点小意外，打羽毛球时跟腱断裂了……这意味着接下来几个月我行动会比较困难。住院期间，不少朋友半开玩笑地对我说："老天叫你不要乱跑，安心开始写书吧。"

那就开始写吧。

本书的定位与特色

彼时我正在思考这本书的定位，于是在博客上发表了一篇关于战略思考的文章，得到了一些同行的建议，对我帮助很大。

矢车菊：知识永远都是为人服务的，产品方面知识也是。对于初入产品行业或还没有涉及产品的菜鸟来说，也许首先想要知道的是什么是产品、产品的事情包括哪些部分，哪些是最重要的、哪些是其次的，一个产品经理都需要做些什么、怎么做，需要具有哪些基本的从业素质，然后可能需要一个通俗的道理、简单的做事方法和流程、思考产品的方式，所以大量使用生动的案例吧。

千鸟：一是用户群，二是切入角度，将两点结合把握好即可。这本书是给理想主义者参考的精神启发，还是给普通从业者找口饭吃的普及教材？或者是打算包罗万象、点到即止的大全？我理解的好书，思想永远走在时代的最前头。书的好坏往往在一开始就已经注定，只不过最后的成功需要筹码，并且需要付出时间去等待。

Ray：纯理论的教材，读起来很是考验人；纯实例的图书，倒更像是自传体小说。做了四年，总是会有一些经验和感悟，也总是会经历很多活生生的实例，如何用好这些实例，让读者既不会感觉乏味，又能够在实例中有所感悟？

确实，我们都看过很多战略相关的技术和理论，但真正做产品的时候，又有多少人会全盘照搬呢？一方面是理论太复杂、资源不允许；另一方面性价比也不高，确实没有必要。再现实一点，做产品没几年的同学碰到的战略规划问题，往往只是某个大战略下的一点点尚未决定的细节罢了。所以，在绝大多数情况下，讨论战略规划，倒不如彻底想清楚几个简单的问题来得现实。而这本书，正是想清楚做产品问题的极简版本。

一本书也是一个产品。用什么产品，解决什么人的什么问题？

2009 年 8 月，我对这个问题给出了一个阶段性的答案，分以下几部分。

1. 要解决什么问题，满足什么需求？

互联网、软件行业发展极其迅猛，而产品经理这个职位更是越来越火，市场需求旺盛，但优秀人才供不应求。

网上和现实中随处可以看到、听到这样的问题："我想做产品经理，如何入行？""我刚开始做产品经理，应该做什么、怎样提高？"——这本书就是为了满足"新人入行、提高"的需求。

2. 目标用户在哪里，一句话卖点怎样才能打动对方？

顺着上一个问题，明确目标用户：–1到3岁的产品经理，又分为以下两种。

门外徘徊的（–1到0岁）：有兴趣的应届生、用户体验人员、市场运营人员、跃跃欲试的技术人员等。

刚刚入门的（1到3岁）：产品经理、产品设计师、需求分析师等，还包括部分创业者，已经在"做产品"的，特别是互联网、软件行业的同学。

一句话卖点：自己人写给自己人的书。一个4岁的产品人，讲述自己几年来做产品的经历与体会，希望能给后来者一点启发。

3. 能提供什么产品和服务？核心竞争力是什么？为什么是这本书？

我做了最简单的竞品分析，翻看了几本很有名的、题名中有"产品经理"四个字的书，发现了一个特点，它们都是前辈给后辈的谆谆教诲，作者都是已经在产品经理的岗位上做过十年，甚至几十年的顶尖高手，写书时也已身居高位。他们武功高强、理论扎实，已经看透产品经理的各方各面，写起来也是一块不落，好似一位已经走到目的地的前辈在回忆整段路上的奇闻轶事，看着大气，但在起点附近晃悠的新人看完还是不知道开始的几步应该怎么走。

当然，经典的产品经理的书很好，看它们可以更全面系统地了解做产品包括哪些事情，好比抬头远眺，可以明确方向。但一个4岁的一线产品人，在起点附近晃悠了几年，肯定比前辈们更加熟悉各种细节，可以像朋友一样娓娓细述这段成长历程，和你轻松地谈谈做产品的事。想象这样一个场景：新入职的同事走到我的座位边，说："嗨，哥们！晚上有空吗？一起吃个饭，顺便聊聊做产品的事吧！"，然后我说："好啊！"。这本书会更适合新人、小公司、大公司里的小团队，因为大家可以在里面看到自己的故事。

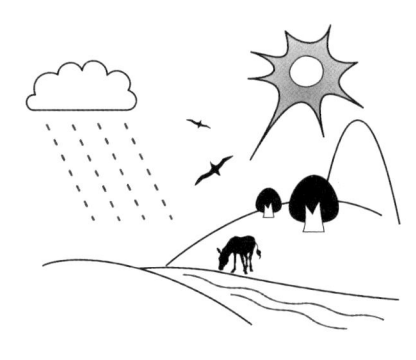

后来，我把这些故事，也就是这本书总结成了一幅画，至于这里面的诸多要素到底对应着什么，相信看完整本书你自然就会明白。

希望大家读这本书时，低头看清每一级台阶、每一块石头、每一个水坑，一步一个脚印地走下去。尽管它只是一个半路上的小结，有的风景我还没有看到，没法说给大家听，但我有站在前方的前辈给我指引，相信这份小结会有它的现实意义。

本书的目录与内容

2009 年 4 月，刚开始准备写书的时候，看了不少类似的书，所以想学前辈，自上而下地做一个逻辑清晰、结构完整的目录。但是发现越做越困难，因为有些事情自己还没怎么做过，比如产品财务方面的工作，所以根本没有足够的内容支撑这样一个结构，四处"Ctrl+C""Ctrl+V"不是我想做的。2009 年 5、6 月的一段插曲让我改变了对本书内容的想法，那段时间我在做公司的产品经理内训，同样需要构思大纲，做起来却顺手很多，因为整理的都是自己做过的事情。

到了 2009 年 8 月，我终于想明白，只有亲身经历，才能把自己的特点写出来，所以最终按自己成长的时间顺序做出了目录，并且想在结构上稍微活泼一点，摆脱传统一行一行的死板样式，用一张思维导图作为目录结构，如图 0-2 所示。

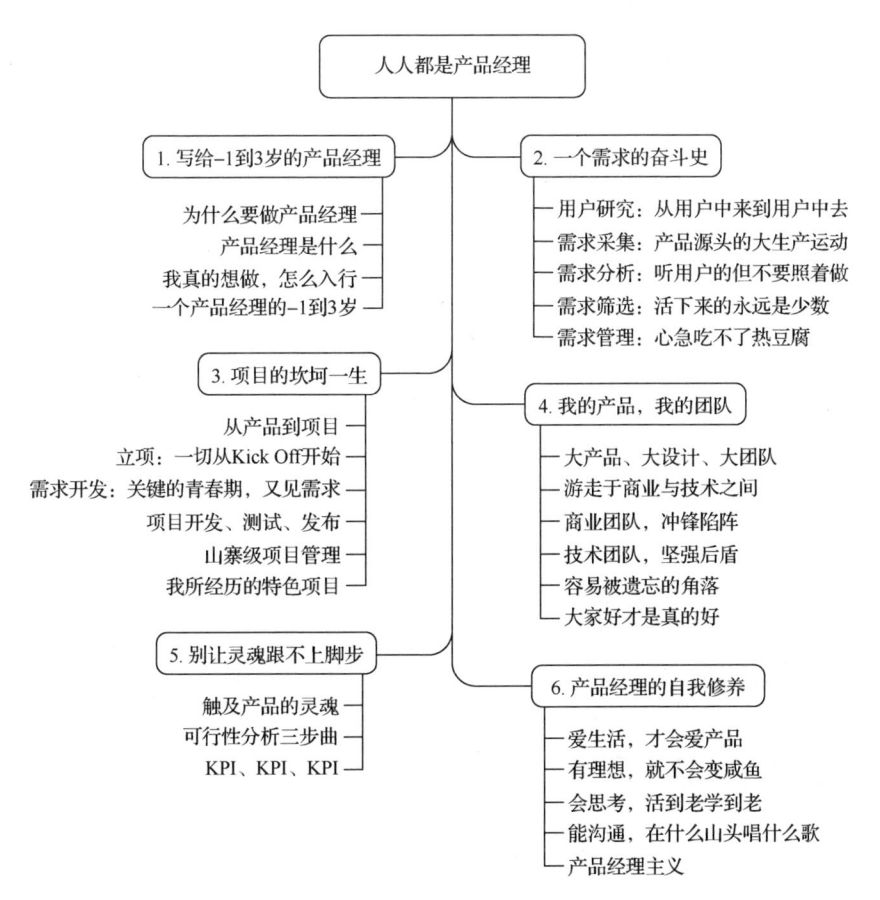

图 0-2 全书目录（精确到第二级）

全书共分为 6 章，是根据我入行前几年依次遇到的大问题来组织的。

第 1 章说一些预备话题：为什么要做产品经理？做的事情千差万别，我们到底是不是产品经理？想做了，怎么入行？……你会发现每天都要用的垃圾桶、洗手间居然存在这么多问题，从而产生拯救人类于水火之中的热情，这是我"写给-1 到 3 岁的产品经理"的心里话。

第 2 章谈需求。用户与需求是产品的源头，从需求采集讲到如何确定做哪些需求：真实工作中的需求采集居然变成了听用户讲故事？用户想吃火锅，怎么用馒头满足他？如果只能"拍脑袋"确定需求优先级，怎么拍得更靠谱一点？……这章讲述了"一个需求的奋斗史"。

第 3 章谈项目。从项目准备阶段一直到发布上线、后期反馈：项目启动时怎样跟老板要资源可以既不被老板"砍"，又不被同事"砍"？那么多的"吵架会"能不能不开？看似混乱的项目管理为什么一直在用，好像也挺实用？……整个过程就像"项目的坎坷一生"。

第 4 章谈团队。我们开始扩展眼界，把产品扩展到"大产品"的概念：如何把产品团队的"势力"渗透到商业团队、技术团队？嘴上说大家爽才是真的爽，结果所有问题都要自己扛？越来越发现其实所有事都是产品经理的事？……这章帮助大家建立"我的产品、我的团队"的主人翁心态。

第 5 章谈战略。这对产品是最重要的，也是我们最后才能接触到的：价值观这么虚的东西，真的很重要吗？似乎遍地是黄金，怎么找到真正属于自己的那一块？凡事都要做规划，会不会活得太累？……有所为有所不为，"别让灵魂跟不上脚步"。

第 6 章谈修养。只要你热爱生活，其他都好办：产品经理要是没有理想，和咸鱼有什么区别？如何尽早摆脱学校教育的桎梏，真正实现"活到老学到老"？为什么要"见人说人话，见鬼说鬼话"？……这些都是"产品经理的自我修养"。

做产品几年后，发现自己已经患上了"无可救药的职业病"，甚至提出了"产品经理主义"的概念。我希望看完这本书的每个人都或多或少地染上一些"职业病"，这样就"人人都是产品经理"了。

我与本书的局限性

写完这本书时，是我在阿里巴巴做产品经理的第四年，由于工作经验和所在领域的限制，这本书注定无法面面俱到地涉及每个产品新人关心的事。生物医学工程专业出身的我也并不擅长开发技术、交互设计、视觉设计等领域。但作为一个在当时看来"非科班"出身的产品经理,我也摸索出了一条自己的道路,而这也正是本书要和大家分享的。

产品经理做的事情,不似技术那般严谨,很多偏"艺术"的思维方式、做事方法必然只在特定环境下才适用。所以,本书的有些观点可能片面、不成熟,甚至会被后来的我否定。因此也希望读者能理解,并带着大大的问号来读这本书。

另一方面,我并不认为一本书需要理论完备。完备就意味着这个领域已经发展到尽头。争议是极具价值的,如果本书里的观点能通过被批驳发展得更成熟,我也很乐于被"拍砖"。虽然这可能有点像为自己的能力不足诡辩,但这也是我的真实想法。一个观点被视为普遍真理,是一件不好的事情,至少,这个观点不会再发展了。当一个问题有了明确答案的时候,这个问题也就没意思了。所以当我们发现自己或别人前后的观点自相矛盾的时候,也许是好事,说明这个观点还在进化,虽然进化方向的好坏有待验证。

最后我想说,这本书不是手册、不是大全、不是工具书,只是一个产品经理在前几年成长路上的心得体会。如果你想更全面地了解产品经理,千万不能只看这本书。试图只看一本书就了解一个领域的想法本身就是不成熟的,你能了解的只是作者在写书时的观点。我们应该养成一个习惯,当看到一个观点的时候,就有冲动去寻找与之矛盾的观点,然后通过对不同观点的分析找出背后的原因,从而更全面地理解某个事物。一个人成熟的标志之一就是心中可以容纳各种不同的思想而无碍行事。

与君共勉。

第 1 章

写给-1 到 3 岁的产品经理

这本书，给大家详细讲述了画中的这个生态系统，系统中有云和雨、河流、动植物、太阳和大地。现在，就让我带大家慢慢走进这幅画。

第 1 章 写给-1 到 3 岁的产品经理 / 9

1.1 为什么要做产品经理 / 11

坏产品：无处不在的危险 / 12

好产品：从垃圾桶到洗手间 / 13

1.2 产品经理是什么 / 17

产品究竟是什么 / 17

产品经理横空出世 / 18

BAT 需要怎样的产品经理 / 19

产品经理概念的进化 / 21

非典型产品经理 / 24

产品经理要做的管理 / 25

你已经是产品经理 / 25

1.3 我真的想做，怎么入行 / 26

产品经理的招聘广告 / 26

真的想？你确定吗？ / 28

找到自己的位置 / 29

几个可能的入行切入点 / 29

1.4 一个产品经理的-1 到 3 岁 / 30

入行之前，我是学生物的 / 30

入行头半年，打杂的菜鸟 / 31

入行半年后，学习"怎么做" / 31

入行一年，开始问"做不做、做多少" / 32

入行两年，项目与团队 / 32

入行三年小结，战略与修养 / 34

"一个成长中的产品经理,期待和同学们一起,用好产品改变世界。"

这是我个人博客的副标题,也是我写给–1 到 3 岁的产品经理的第一句话。本书第 1 章正是对这句话的解释。

首先,讲讲"为什么要做产品经理",我举了一些生活中的例子,来说明"好产品能改变世界",这是我作为一个产品经理的信仰。

接着,我们来分析"产品经理是什么",我眼中的产品经理和一些传统书本里说的产品经理有些不同。我们来聊聊产品经理到底是一个什么角色,产品经理要做些什么。

如果你问:"我真的想做产品经理,怎么入行?"本章里,我也会分享一下自己的入行心得,聊聊产品经理岗位需要什么样的人才。

最后,借着"一个产品经理的–1 到 3 岁"这一节,说说我自己——"一个成长中的产品经理"入行前和入行三年后的经历。

那么,让我们开始吧。

1.1 为什么要做产品经理

早晨 8 点,iPhone 设置的闹钟响了,我磨蹭了几分钟,拉开在街边小店定做的窗帘,穿上在淘宝上买的 T 恤和短裤,戴上在宝岛配的眼镜,走到洗手间,在赠品牙刷上挤了点黑人牙膏,用读书时就在使用的塑料杯接了点水,闭着眼睛刷牙,然后直接用水洗脸,擦干,用公司的纪念品杯子喝了点水,穿上一双运动鞋出门……

这就是我的一个典型的早晨:短短十几分钟,已经接触了十几个产品。窗帘不够厚,透进卧室的光让我没睡好;眼镜腿儿太紧,弄得脸上有勒痕,可是太松了又容易掉;牙膏轻轻一挤就老长一条,还会掉一大块在水池里;喝的水不是太冷就是太热……没准儿其他做产品的读者也有类似的感觉——看哪哪不爽。

于是,回到那个终极问题——我们为什么要做产品经理?因为好产品能改变世界,坏产品也能。而我们身边已经有太多的坏产品了,它们就是"无处不在的危险"。世界需要我们——好的产品经理——来拯救!

坏产品：无处不在的危险

杭州市区山很多，节假日爬山的人不少。有一天，一些网友在山上看到了如图 1-1 所示的路牌。他们本想去梅家坞，但前面走得比较快的几个人想也没想就往图中向下的方向走去了。后到的几位可能是性子比较慢，所以在这个路牌前仔细看了一下，路牌的三个方向上分别注明了 1、2、3，并且下方的文字也注明了 1、2、3，仔细辨认之后大家才惊觉去梅家坞应该往左边走，于是赶紧给前面的人打电话……

图 1-1　杭州山上的路牌

此图来自豆瓣（douban.com），为网友拍摄

Don't Make me Think[1]一书中说，网页的设计"不要让用户思考"，其实生活中更需要这样。这块石头上的指示，虽然仔细看可以弄明白，但是绝大多数用户却不会仔细阅读。

如果路牌做得不好，只不过耽误了一点时间，那么下文这两条盲道（如图 1-2 所示），就让我有点气愤了。

盲道本是为了让残疾人更方便地出行，而图 1-2 左图这段路却做成了"好看"的 Z 字形，给盲人平添了行走障碍。花哨的视觉效果妨碍了用户，以至于妨碍了我们原始目标的实现。

1　此书的中文译名为《点石成金——访客至上的网页设计秘笈》。

图 1-2　马路上的盲道

此图来自豆瓣（douban.com），为网友拍摄

再看图 1-2 右图。由于铺盲道的部门和架电线杆的部门之间没能很好地协作，如此铺设的盲道可能会让盲人受伤。

坏产品时刻困扰着我们，心中充满爱的产品经理们已经迫不及待地要去拯救地球了。别急，我们再来看看好产品是如何改变世界的……

好产品：从垃圾桶到洗手间

让人欣慰的是，有的产品还是在不断改进的。

如图 1-3 所示，第一幅（上图）照片中，不同作用的垃圾桶只有颜色区分，也许有的人通过颜色就能分辨，但更多的人可能想不到这一点。如何避免这种错误？作为产品经理，我们要充分地参与产品研发、制造、上市的整个过程。

第二幅（左下图）照片中，桶身正中区分了可回收与不可回收的标志，并且下方附有一行文字说明。很棒的改进！可是大多数人拿着手中刚喝完的纸质饮料包装还会感到困惑：这玩意儿到底能不能回收啊？一个产品的用户总是分为新手、专家和中间用户，而对于图中所示的垃圾桶，大多数人都可能是新手。给新手使用的产品的设计准则是——无须阅读说明书就能上手。

第三幅（右下图）照片中，桶身有了文字说明，把专家才能看懂的标志换成普通人一眼就能看明白的图案——可回收的垃圾桶上画着易拉罐、玻璃瓶等，不可回收的垃圾桶上画着鱼骨头、苹果核等，至少可以解决大部分人的困惑。

图 1-3 杭州路边的垃圾桶

这三张垃圾桶的图来自淘宝 UED 团队的博客,为网友拍摄

三组垃圾桶,让我们看到了产品功能的持续改进过程是以"让用户更加省心"为目标的。

说完垃圾桶,咱们再去看看不同场所的洗手间。图 1-4 是腾讯的一位朋友拍摄的某五星级酒店洗手间的门。

图 1-4 五星级酒店洗手间的门

此图取自同行的网站,站长网名"臭鱼"

图中洗手间的门存在哪些问题呢？

第一，这道门太"宏伟"，让人无法一眼判断出它是洗手间的门。

第二，门上没有洗手间通常会有的标志。若从图中的右侧走来，很难识别出这就是洗手间。

第三，关于门的把手，使用者第一眼看不出应该推还是拉。

再来看看麦当劳的洗手间，完全没有上述问题，如图1-5所示。

第一，麦当劳洗手间的门，一看就让人觉得这很像人们印象中洗手间通常应该有的门。

第二，门上有标志，不管从哪个角度都能看清。

第三，门没有把手，所以只能推开。当然门的推拉设计也要考虑到门内外的空间大小等因素，麦当劳洗手间外面的过道都是很窄的，所以不适合用朝外开的门。

图 1-5 麦当劳洗手间的门

此图取自同行的网站，站长网名"臭鱼"

另外，洗手间的门还可以继续优化，比如安装能让门自动关上的弹簧装置。没有这种装置的洗手间一方面会让里面如厕的人很紧张——与外界"沟通"太顺畅了；另一方面外面的人也会很紧张，为了看清楚门上的标志是男是女，需要探头探脑，冒着被当作"变态"的风险……

最后，来看看洗手间里面的东西——马桶，如图1-6所示。杭州的贝塔咖啡店门口曾经有一个由马桶改造的花盆。

图 1-6　杭州贝塔咖啡店门口的马桶花盆

此图取自"白鸦"的独立博客（uicom.net）

没有马桶，现代都市人的生活将会无法想象。下面这个故事告诉我们：马桶改变了世界。

二战中，铁托领导的游击队孤军奋战，与装备精良、训练有素的德国纳粹军队进行了艰苦卓绝的斗争，并最终赢得了胜利，建立了南斯拉夫联邦人民共和国。后来在科索沃危机中，冲突双方依然力量悬殊。面对强大的美国空军的狂轰滥炸，南斯拉夫人再一次向世界展示了他们的民族性格。人民自发组织起来，用血肉之躯，轮番守卫贝尔格莱德市区的重要地段。

没想到的是，南斯拉夫后来对北约做出了让人诧异的让步，原因竟然是马桶抽不上水！习惯了现代文明的贝尔格莱德市民有捍卫国家的勇气，却无法容忍因马桶抽不上水所带来的生活不便。

具体原因是：美国空军轰炸的重点起初集中于军事目标和与之有关的交通枢纽，后来则转而摧毁诸如水厂电厂之类的民用设施。城市供水供电系统的瘫痪，直接导致了严重依赖水电的居民的家庭卫生用水紧缺。如果抽水马桶失效仅仅一两天，老百姓或许还可以忍受；如果停水十天半月，甚至更长，这桩小事可就变成大事了。过惯了现代文明生活的普通老百姓，在没有充分心理准备的情况下，突然离开了习以为常的抽水马桶，一连多日在户外或以其他"非常手段"来解决"日常问题"，事态就立刻变得严重起来。众多不愿失去体面和尊严的人们，开始对时局失去耐心，逐步达成了一种共识：恐怕国家政策或高层政府官员需要更换。随之而来的，便是传媒展现在世人面前的那一幅幅人心浮动的画面：冲突双方签署城下之盟，大选后政府更迭，前任国家元首变成国际法院的"阶下囚"，民众生活恢复正常。

小小马桶，就这样让一个国家改朝换代。马桶本身也是一个产品持续改进的典范：从最初简单的桶身，一步步有了储水器、自动灌水装置、控制冲水的把手、盖子……近些年，更是有了两段式节水设计，有些马桶甚至具有医疗功能。

看到这么多身边的产品在悄悄地改变着我们的生活，改变着世界，此时你会不会心痒痒地想做一个改变世界的人——产品经理？

那么到底什么样的人才算是产品经理呢？

1.2 产品经理是什么

我从事的是互联网和软件行业。很多同行可能都会和我一样，看过一些关于产品经理的资料后，发现里面说的产品经理所处理的事情和我们平时做的事情似乎不大一样，于是越做越迷茫——我们到底是不是产品经理？

有这样的疑问很正常，因为有"产品经理"这个词的时候，还没有我们现在熟悉的"互联网"和"软件"的概念。从某些互联网、软件行业巨头的"产品经理"招聘广告中，就可以发现这个职位和以往的产品经理有着很大的不同。那么，互联网、软件行业的产品经理在概念上究竟有了哪些变化，有了哪些发展？为什么会有这些变化和发展？对产品经理的职责、技能要求会有哪些不同？我将在这一节中结合自己的认识来进一步分析。

需要说明的是，我会经常把互联网和软件业的产品经理放在一起讲，这是因为两者同属 IT 行业，而且现在的互联网产品越来越复杂，越来越像软件，而软件产品也越来越多地基于网页浏览器，而之后提得越来越多的"移动互联网"，因其独有的特点，又有些许不同[延伸阅读 1][1]。

产品究竟是什么

我特别喜欢思考一些"终极"问题，比如：产品究竟是什么？搜遍网络始终没看到满意的答案。百度百科里这样解释：

产品是"一组将输入转化为输出的相互关联或相互作用的活动"的结果，即"过程"的结果。在经济领域中，通常也可以理解为组织制造的任何制品或制品的组合。产品的狭义概念：被生产出的物品。产品的广义概念：可以满足人们需求的载体。

1　延伸阅读内容可扫码登录博文视点官网进行下载。

我的理解则更直白一点：产品就是用来解决某个问题的东西。

当我对着电脑屏幕敲下一行字时，用的键盘是一个产品，用的显示器是一个产品，主机里的文字处理软件是一个产品，输入法软件是一个产品……忽然我口渴了，手边的杯子是一个产品，杯子里的果汁也是一个产品，我想到了买果汁的时候导购员提供的参考意见很有帮助，她的服务也是一种产品……

所以，产品可以是有形的实物，也可以是无形的服务。而解决问题其实就意味着满足人们的需求，这样才能产生价值。这个价值不仅要提供给产品的使用者，也要提供给产品的创造者。

并不是所有的产品都会变成商品，公益性、非营利的产品随处可见。但我们工作中所做的产品，绝大多数都需要在用户目标和公司的商业目标之间寻找平衡。只考虑用户目标，公司无法盈利；只考虑商业目标却留不住用户，公司也无法发展。

所以，我认为，产品就是要同时解决用户的问题和公司的问题，一个都不能少！

产品经理横空出世

在商品出现了很多年之后，在美国的宝洁公司[1]产品经理的概念才第一次出现。此前，产品经理要做的事情显然也是有人做的，为什么这么晚才有人蹦出来说"要有专人对这个东西负责"？我们看美国的琳达·哥乔斯在《产品经理的第一本书》[2]与《产品经理的第二本书》中提到的例子：

全世界的第一位产品经理

二十世纪二三十年代，宝洁第一次提出了产品经理的概念。当时宝洁推出了一种 Camay（佳美牌）香皂，但销售业绩较差。一名叫麦古利的年轻人在一次会议上提出：如果公司的销售经理把精力同时集中在 Camay 和 Ivory（宝洁的一种老牌香皂）上，那么 Camay 的潜力就永远得不到充分发掘。幸运的麦古利赢得了宝洁高层的支持。之后，每一个宝洁品牌都被当作一个独立的事业在经营，有专门的产品人员、销售人员给予支持，与其他品牌同时竞争。

而麦古利就成了全世界的第一位产品经理，负责 Camay 香皂的品牌建设、市场销售等几乎所有的事情，他的成功表现使宝洁认识到产品管理的巨大作用。之后，宝洁便以"产

---

[1] 宝洁公司（Procter & Gamble），简称 P&G，是一家美国消费日用品生产商，也是目前全球最大的日用品公司之一。

[2] 英文原名是 *The Product Manager's Handbook*，它与《产品经理的第二本书》（*The Product Manager's Flied Guide*）是产品经理的必读经典。

品管理体系"重组公司体系。这种管理形式为宝洁赢得了巨大的成功,后来大部分消费性商品行业也纷纷沿用和抄袭。

由此可见,产品经理的出现是为了适应公司发展的需要。随着企业越来越大,产品越来越多、越来越复杂,原来按职能划分部门的组织结构已经难以维系,所以出现了产品管理的矩阵型组织。此时产品经理的主要职责是规划产品的生命周期,负责产品的上市策略、定价策略、整合营销策略、销售与分销策略等。随着产品管理体系的运行,人们发现产品经理岗位的设置还有很多好处,比如鼓励创新、更重视用户等。

BAT需要怎样的产品经理

说到这里,也许在互联网、软件公司中做产品经理的朋友要发表意见了:好像传统行业产品经理要做的那些事情已经另有分工,由运营部门、市场部门的同事负责啊!

为了进一步验证互联网、软件行业的产品经理确实和传统行业的产品经理不同,我们先来看看几则招聘信息。

阿里巴巴产品经理招聘信息:

工作职责:

- 负责公司××产品规划。
- 根据公司战略,负责产品发展的长期规划,保证业务指标。
- 深入了解××方面的业务,挖掘用户的多种需求,不断推出有竞争力的产品。
- 根据产品实施效果及业务发展状况,不断改进产品。
- 组织资源、实施产品,对其效益负责。

职位要求:

- 熟悉互联网或软件产品整体实现过程,从需求分析到产品发布。
- 对工作充满热情,富有创新精神,能承受较大的工作压力。
- 3年以上软件开发或项目管理相关经验者优先。
- 有网站产品运营和发展相关经验者优先。

百度产品经理招聘信息:

工作职责:

- 对市场发展趋势有敏锐的洞察力和创新意识,具有良好的分析、研判能力,能够深刻把握用户需求。
- 制定所负责产品线的发展蓝图和实施路线图。
- 完成需求分析，发起产品研发项目，善于利用设计工具完成产品 UC[1] 设计和 Demo 制作。
- 负责或配合其他部门制定产品运营计划，持续改善产品。

职位要求：
- 本科以上学历。
- 熟悉××业务者优先。
- 对项目管理的完整流程和环节有比较准确的认识，有实践经验者优先。
- 优秀的理解分析能力、沟通合作能力。
- 执行力强，善于组织协调并推动项目进展。
- 较强的自我情绪调节能力和自我激励能力。
- 具备严谨的工作态度、强烈的责任心和团队精神。

腾讯产品经理招聘信息：

工作职责：
- 负责××某产品的策划、运营、管理。
- 负责用户研究，把握并实现用户需求。
- 负责公司产品推广、运营等情况跟踪，收集用户信息并根据市场情况提出产品开发和改进方面的建议，提出运营思路。

职位要求：
- 本科以上学历，5年以上互联网产品设计经验。
- 熟悉互联网领域产品开发、管理和运营流程。
- 能通过数据分析等系统性方法深刻理解用户需求并予以满足。
- 良好的沟通能力和团队合作精神，出色的组织能力。
- 有良好的学习能力和人格魅力，能承受压力。

1　UC：Use Case，用例，是一种描述需求的方法。

以上三家公司的业务基本代表了当今国内互联网、软件行业的方向。他们对产品经理的招聘要求大同小异。互联网、软件行业的"产品经理"确实已经和传统行业的"产品经理"不一样了。它更多地侧重产品本身"从无到有""从有到优"的过程，涉及了更多的产品规划、数据分析、用户研究、需求分析、功能设计、项目管理、敏捷方法等内容，而不像传统行业的产品经理那样，有了产品之后再去做诸如管理、推广和营销产品的事情。

> 时过境迁，2020 年本书修订时，百度已经明显掉队了，字节跳动（Bytedance）可能更适合代表 BAT 中的 B。各公司对于产品经理的招募，也更呈现出高层级、方向细分两大趋势。

产品经理概念的进化

产品经理概念进化[1]的原因是我们把产品经理的概念理解错了，还是产品经理的概念变了？事实表明，在互联网、软件行业称为"产品经理"的岗位，与传统行业的"产品经理"岗位早已大相径庭。我们作为奉行实用主义的职场人士，没必要纠缠于名词的解释。不妨接受事实，继续使用"产品经理"这个词吧。

至此，我们有必要来讨论一下互联网、软件行业的产品经理与传统行业的产品经理为什么会有这些差异，而这些差异又需要从业者担负哪些不同的职责、掌握哪些不同的技能。下面抛砖引玉谈 5 点看法，如表 1-1 所示。值得一提的是，这里的对比都是就整体情况而言，也不否认会有特例。

表 1-1 产品经理概念的进化

对比项	典型的传统行业	互联网、软件行业
行业形态	成熟行业	新兴行业
产品形态与成本结构	实物	虚拟物品
生命周期	几年	几个月
盈利模式	单一卖产品赚钱	多元盈利
用户心态	花钱买	免费用

---

[1] 在《人人都是产品经理（思维版）》和《人人都是产品经理（创新版）》的对应章节，有更多对产品经理"前世今生"的描述。

第一，行业形态不同：成熟行业 VS 新兴行业。

一方面，传统行业经过几十年乃至上百年的摸爬滚打，市场已经成熟，产品基本定型，通常只能渐变式地进行创新，很难有重大突破。另一方面，传统行业的用户对产品相当熟悉，也已经形成比较固定的使用习惯，较难改变。对于这样的市场和用户，公司会偏重营销类创新。

而互联网、软件行业是新兴行业。在新兴市场中，产品本身还在不断取得突破，用户看什么都是新的，所以产品需要推陈出新、占领用户、主导用户习惯。这就导致了产品工作的重头戏在前期，偏重研发类创新，以实现"从无到有""从有到优"的不断优化。

因此，互联网、软件行业的产品经理更重视产品功能本身的规划，需要"对市场发展趋势有敏锐的洞察力和创新意识，具有良好的分析、研判能力"，要能不断改进产品，要"深入了解业务，挖掘用户的多种需求，不断推出有竞争力的产品"，"制定所负责产品线的发展蓝图和实施路线图"。

第二，产品形态与成本结构不同：实物 VS 虚拟物品。

传统行业的产品多为实物，有采购、仓储、物流等分工。产品研发出来以后，还要面对大量的制造成本，这也使得传统行业的产品经理需要考虑如何把整个供应链打通，怎样销售、分销、促销等。而互联网、软件产品多为虚拟物品，公司相对而言显得较"轻"，团队经费和制作成本都更加集中地花费在产品研发的过程中。

一个常见的互联网产品，很可能只是由几个人、十几个人或几十个人的团队做出来的，而用户却是上百万、上千万，甚至亿量级的，这在传统行业不可想象。因为虚拟物品的复制成本极低，所以互联网和软件公司的重点资源会集中投放在产品本身的研发上。对产品经理来说，需求分析、设计的细节尤为重要，可能一个细节的改进就能增加上万的用户，其杠杆效应也十分明显——因此，招聘的广告词里自然就有"善于利用设计工具完成产品 UC 设计和 Demo 制作"这样的要求。

第三，生命周期不同：几年 VS 几个月。

传统行业产品的研发生命周期一般是几年，甚至更长，所以需要较为复杂精细的流程来支撑，比如在汽车行业，在做一款新车的整个过程中，有不下 300 个评审点，这样复杂的流程显然必须由经过专门训练的专人负责。而互联网、软件产品的研发生命周期通常就只有几个月，所以研发管理过程会更精简。一个互联网、软件产品的研发过程，一般只有 10 个不到的评审点。

于是，我们推崇敏捷方法，传统行业的精雕细琢不再适用于互联网、软件行业了，这是为了顺应新兴市场的需要。而且互联网、软件产品"船小好掉头"，有问题也能够快速地改正，不像传统行业改起来那么麻烦。虽然互联网、软件的项目更加不可控，但项目过程本身看起来并没有传统行业那么复杂，也更要依靠丰富的经验。在互联网、软件行业，产品经理经常兼顾项目管理，这样可以在项目完成度和产品质量之间做权衡，对产品无疑也是一件好事。所以，我们在招聘广告中看到公司要求产品经理"发起产品研发项目""组织资源、实施产品，对其效益负责"。

第四，盈利模式不同，单一卖产品赚钱 VS 多元盈利。

传统行业的盈利模式多为通过卖产品赚钱。无论是直接销售，还是通过渠道分销，都是靠产品本身的价值来赚取利润，而很多互联网、软件产品本身是免费的，一部分产品甚至几年内都不考虑赚钱的问题。而另外一些能赚钱的产品，也有着更多元的盈利模式，比如免费给用户使用，利用用户的注意力赚取第三方的广告费等。所以，互联网、软件行业对产品经理的技能要求肯定与传统行业有所不同。

盈利模式的差异造成了产品"为谁做"的差异。很多情况下，传统行业的客户只是买产品的人，而并不是用产品的人，传统的产品经理也许搞定几个大客户，就能维持自己的业绩水平。

而互联网、软件产品大多是为使用产品的终端用户所做，而且通常面对的是海量的用户。所以，互联网、软件行业的产品经理会更重视用户研究、数据分析等工作，要"负责用户研究，把握并实现用户需求"，而关于如何实现盈利的具体工作他们反倒不用直接去管，会有另外的团队负责。

第五，用户心态不同：花钱买 VS 免费用。

传统行业产品的用户知道，东西是花了钱买来的，即使产品稍有缺陷也凑合着用，不至于把产品丢弃立刻再去买个新的。而互联网、软件产品大多数都是免费的，每类产品还有很多近似的竞品，所以只要这个产品略有瑕疵，用户马上就能很方便地改用别的产品。

所以，互联网、软件产品更重视用户体验。而相应的，这些行业出现了很多传统产品经理不会涉及的工作内容，如交互设计、视觉设计、文案设计等。举个例子，有时候为了确定两个按钮是上下分布好，还是左右分布好，我们有可能做大量的用户实验。在互联网、软件行业中，产品经理能真正体会到"用户是上帝"的感觉：辛辛苦苦做一个产品，不但免费给用户使用，还要尽量做到用户体验比市场上其他付费产品更好。

以上五点相互之间是紧密联系、相辅相成的，它们共同造就了传统行业与互联网、软件行业的产品经理之间的差异。比如为了给用户极致的体验，我们需要做很多数据分析，而数据分析的基础在于互联网、软件产品的虚拟特性，可以大量地记录用户的各种行为数据，这是传统行业很难做到的；又如正因为新兴市场的产品不成熟、用户不成熟，于是产品的生命周期缩短，需求变化快，项目中不可控的因素增多，这些特点使得敏捷方法在互联网、软件行业备受推崇。

非典型产品经理

经过前文的介绍后，你可能还有一个疑惑和一丝忐忑——平时我只做上述谈及的一部分工作，这样也能叫产品经理吗？

我的回答是：能。

不单是传统意义的产品经理，即使是新概念下的产品经理的职责，也通常分给几个人或几个部门来承担。即便出现全能型产品经理，他也会因为个人精力所限，在某个时间段只会专注某方面的工作，或者只能对每个方面都蜻蜓点水。而倘若如此，那么这样的产品经理多半只能是事业部的总经理，或者公司的 CEO。

这一点在传统产品经理的框架下已有线索：哥乔斯早在其著作《产品经理的第一本书》的最后一章"产品管理终将走到尽头？"里谈到各界对产品经理、产品管理制度的质疑，提出产品经理制度仍需要不断修正，并指明了三大变化方向：产品管理团队、事业单位经理的任用、更专业取向。其中，产品管理团队顾名思义是用团队的力量来代替单一的产品经理；而任用事业单位经理的制度则是从项目管理团队的概念发展出来的，把产品强调为一个事业单位，而产品经理也就摇身一变成为了事业部的总经理；更专业取向在《产品经理的第一本书》中曾有提及：

由于企业分派给产品经理的责任越来越多，有的公司开始质疑——对产品经理一个人来说，这样的负担是不是已经难以负荷。结果造成出现缩减产品经理的责任，让岗位更为专业化的趋势。至于要求产品经理专注的方向，则因公司或行业类别而不同……

有时高科技企业会采取类似的做法，让产品经理专心处理产品在工程和技术方面的问题，而把大部分营销决定交给另外的职能单位来负责。在这种情况下，产品经理可能会变成产品技术/应用方面的专家，他最主要的工作就是支援、协助销售人员，至于了解市场和从市场了解产品利益等工作，则另有他人代劳。像这样把营销功能和产品开发活动分开来处理的做法也有风险：产品经理将失去和顾客间的联系，而且会因为对产品太过熟悉，以致丧失判断上的客观性。

不管企业想用怎样的专业取向让产品经理更容易地管理他的工作，很重要的一点是，请记住这个职位当初是为何而设——想要更了解产品与它面临的竞争情况，最终目的是要满足顾客的需求。

产品经理要做的管理

既然"产品经理"这个职位中有"经理"二字，多少就有点管理的味道。

其实，管理并不是公司的管理层——如总裁、总监、经理们才需要掌握的技能，而是每个人必备的生存技能，只是每个人可以掌控的资源不同，所以需要管理的对象也不同。当资源充分的时候，我们会觉得"正确地做事很重要"，事实也确实如此，比如被分派了某个重要任务时，我们的目标就是完成这个任务，一切行动可以按部就班地展开。而一旦资源出现了瓶颈，"做正确的事"就立刻变得更重要了。比如同时有 3 个人要请你吃明天的晚饭（当然这种好事非常难得），这时资源——时间——不够了，你就需要迅速判断和谁吃饭更有价值，谁的请客可以推到后天或下周……

管理的能力，其实就是"在资源不足的情况下把事情做成"的能力，这里的资源不足在产品经理的工作中通常表现为以下几种形式。

第一，信息不足以决策。时间有限、能力有限，每次决策前不可能掌握所有信息，做决定时总是很头疼。

第二，时间不足以安排周密的计划。实际工作中，我们总是接到 3 个月、1 个月，甚至 1 个礼拜完成某项目的命令，期限紧张得每次都让我们张大嘴巴说不出话来。

第三，人员不足以支持工作强度和难度。我们常常遇到人员不足的情况。这一不足，不仅体现在人数上，还有可能体现在能力、团队士气等方面，更有可能体现在公司对团队支持力度的不足上——比如加班工资无法按时足额发放。

第四，资金不足以自由调配。俗话说"钱要花在刀刃上"，买机器要钱、招人要钱、产品推广要钱，而花这些钱的前提是公司得赚钱，产品经理们手里的每一分钱都恨不得掰成两半用。

以上四点还可以类推到生活中的各方面。凡是资源，总归不足——这是常态！既然不足，就需要学会分配资源、管理资源。比如说规划自己的时间、衣橱、工资、手机内存……其实，你已经每天都在做了，不是吗？所以——

你已经是产品经理

1501 年，米开朗基罗应约将一块被搁置几十年的巨大的大理石刻成一尊雕像。通过研究这块大理石的原料、考察它的裂缝和纹脉，米开朗基罗感觉到雕像就在这块巨石中沉睡着。面对一块没有生命的石头，他的目光能看见被囚禁在其中的躯体和灵魂。他认为自己所要做的，就是把石头中的人解放出来，给他生命。只有米开朗基罗知道那个人在哪里。

雕塑不允许反复修改，他必须一下子找到他，让他呼吸。他一层又一层、一锤又一锤，经过数年与世隔绝的苦干，终于把一个英雄美少年从沉睡的石头中唤醒。

这就是举世闻名的大理石雕像《大卫》的诞生过程。

其实，你的灵魂深处也有一个"大卫"，而你就是自己的米开朗基罗。如果把每个人的一生看作一个产品，那么你已经设计了至少几十年，正在一锤又一锤地召唤着你灵魂深处的那个"大卫"——产品经理。没错，他是原先就存在的，并不是谁刻意雕琢出来的，我想和你一起唤醒他。

是像平凡的雕塑者一样去努力成为一个产品经理？还是像大师一样解放灵魂里业已存在的"大卫"？入门的方式可以因人而异。此时，我希望听到的是你内心的呐喊：我真的想做，怎么入行？

1.3　我真的想做，怎么入行

我经常被问到这样的问题：

"我快毕业了，对产品经理这个职位特别感兴趣，怎么入门？"[延伸阅读2]

"产品经理都是招有几年工作经验的，我原来做技术，要转行怎么做？"[延伸阅读3]

……

我也经常看到这样的帖子：

"研发转产品，真的很痛苦！"

"我是软件产品项目经理，如何成功转型做产品经理？"

……

既然想做产品经理，我们就学着用产品经理的思路来解决"怎么入行"的问题吧。

首先，我们来看看招聘产品经理的公司到底需要什么样的人才。然后，我们问问自己真的想成为这样的人吗？接下来，我们还得在出手之前必须找准自己的位置。最后，我试着给出几个可能的切入点。

产品经理的招聘广告

回顾一下前面列过的阿里巴巴、百度、腾讯这三家公司的招聘广告，和所有的招聘广告一样，它们分成两部分，工作职责和职位要求。"工作职责"是说产品经理要"做什么"，

"职位要求"是说需要"什么人"。上一节我们分析了前者,这一节我们来看看后者,揭示那些招聘广告背后的东西。

如表 1-2 所示,每一条要求都被分解为招聘广告中的"官方说法"、用以通俗理解的"私下交流"及"事实真相"。

表1-2 招聘广告背后的东西

官方说法	需要全面负责产品的整体实现过程
私下交流	因为这一产品经理职位比较新,所以对产品经理而言,具体要做哪些事情尚不明确,于是,干多干少全凭自己决定
事实真相	具体的职责不清楚,就意味着事情多起来没个谱,总是闲不下来
官方说法	需要能承受压力、自我调节、自我激励,综合素质要求高
私下交流	产品经理做的很多事情更看重质量而不是数量,所以很难用工作量和工作时间来衡量绩效,经常好几天没什么产出也很正常。这时候你可千万别崩溃
事实真相	产品的任何方面、团队里其他人做的任何事情如果出了问题,产品经理都很可能要"背黑锅"
官方说法	对市场发展趋势有敏锐的洞察力,辅助决策公司战略方向
私下交流	你真的可以决定公司产品是什么样的
事实真相	产品当然是老板决定的,你只是给它"化个妆"
官方说法	需要很强的沟通能力,出色的团队合作精神
私下交流	这一岗位有很多机会展示你的想法,如果你有兴趣的话,利用工作机会几乎可以认识公司里的每一个人
事实真相	你总是某个产品的信息交换中心,但也是各方共同挤压的对象
官方说法	关注业界动态,对互联网产品兴趣浓厚
私下交流	因为你要了解行业的最新资讯,做竞争对手分析,所以需要不断去各种网站注册、试用、安装应用程序、玩手机,老板无法判断你是否在瞎逛或偷懒
事实真相	这样时间久了很痛苦,整天被那么多垃圾产品困扰

怎么样,产品经理不好做吧?不过我还是很希望大家都能一起往"火坑"里跳。且慢,跳之前,我还是再问你一句——

真的想？你确定吗？

下面，我们以互联网、软件行业举例，判断一下自己是否真的可以成为一名合格的产品经理。

做产品的大前提是要喜欢做产品，不然将来你会痛苦，团队会痛苦，用户也会痛苦。通常自己想做产品的人都会主动去尝试各种各样的产品。没有这个特点的人，可能并不适合做产品经理。

我们尤其需要进一步明确的是：我们喜欢产品的原因，到底是喜欢做用户，还是喜欢做产品经理？

如何判断这一点呢？

我们可以回想一下，如果我们对某个产品感兴趣，思考问题时会站在用户的角度，还是站在产品经理的角度？通常，用户会去想怎么用这个产品才能带给自己更大的好处、产生更大的效用；而产品经理则习惯于绕过表象看问题的本质，思考怎么设计这个产品才能更好地平衡用户目标与商业目标。比如下面这个例子：

"打飞机"的游戏

微信里的"打飞机"游戏，曾经很流行。也许用户考虑的问题是：躲子弹有什么技巧？怎样最快地升级？怎么玩得分最高？……而产品经理的视角则是：给每个用户几架飞机？如果太多/太少了有什么坏处？没有飞机了怎么办？还有什么办法能让用户"根本停不下来"？

产品经理思考的这些问题都是和产品目标有关的。打飞机的游戏，本身并不新鲜，街机、红白机时代就有，但微信做游戏的目的，在很大程度上是为了提高用户的黏性，让用户互动。飞机太少，用户挫败感很强，飞机太多，又没法通过互相赠送/索取的方式来激发互动。而好友排行榜更是激发了好友间的攀比、虚荣心理，让大家沉迷于这个简单的小游戏。这些设计就是产品经理比用户想得更深的地方。

如果看到这里，你发现自己经常会站在产品经理的角度想问题，一想到这些问题就热血沸腾、欲罢不能，那我们不妨再做个测试，翻到第 6.5 节中的"无可救药的职业病"，看看自己是否有这些症状，如果能看到很多让你莞尔的句子，那么我得恭喜自己又多了一位同道——年轻的产品经理，整个行业都需要你！

找到自己的位置

想入行，就要首先明确自己现在的位置。得充分利用已有的知识结构、资源，找到一条最近的入行之路。

先说说应届生。应届生的应聘机会不可谓少，很多公司在校园招聘的时候都会言明要招聘产品经理。刚毕业的应届生只能先跟着前辈学，我自己就是应届生直接入行的。虽然应届生对商业的感觉比较弱，但确实有不少（而且越来越多）同行在求学阶段就在实习或跟着老师做实践性很强的项目，所以在学校里对这个行业就已经相当有感觉了，经过半年到一年的实习，有的刚毕业就能独当一面。

应届生应聘这类职位主要看面试表现。要是我来做面试官，我最在乎的是应聘者**有没有激情、是否够机灵、好学，逻辑思维是否清晰，沟通表达是否顺畅**等。其他的都次要一些，比如对行业的熟悉程度。我可能会问应聘者这样一些问题，比如"谈谈我们生活中经常用的一个产品，它解决了什么问题，要是你来改进，打算怎么做？""看电视、书、电影吗？举个例子分析一下它的目标用户。""说说你是怎么准备这次面试的。"。

再谈谈工作了几年后来应聘产品经理的人。这些人有个特点，那就是来自五花八门的岗位和部门。我身边就有不少这样的同事：有原先是技术人员的，比如开发工程师、测试工程师、架构师；也有一些非技术类的业务人员，比如市场人员、产品运营师。这些信息至少会给你信心，不管以前是做什么的，都可以转行做产品经理。这和产品经理需要照顾产品的各个方面有关。所以，在构建一个产品团队时，我们也希望招入各种背景的产品人员，这样能让团队在考虑问题的时候思维更加全面。[延伸阅读 4]

几个可能的入行切入点

对于想转行的人，我的建议是先在本职工作上找到与产品有关的事情做一些尝试，并且考虑先从产品经理周边的职位做起。产品经理的职责涉及范围非常广泛，这种事情总是能找到的。

比如作为一位开发工程师，你的本职工作需要经常参与需求评审。你不妨比别人多用点功，多多思考，然后在评审会上对需求提出自己的合理建议，时间长了，大家都会觉得你很有想法，做产品也许不错。

至于具体职位，你可以从"需求分析师"切入，这有些像系统分析的工作，比如业务逻辑、流程图，都是你已经很熟悉的。而商业感觉可以在工作过程中慢慢培养，重点体会某个产品功能是为了满足商业上的哪一需求而做的。

又如网站运营人员有时得专门做一些给活动页面提需求的工作。你可以改变原来用

Word 随便写几句要求，甚至口述沟通的方式，把这个活动当作一个产品来做，自己练习写一下 BRD[1]、PRD[2]，虽然这些文档对于一个活动页面作用不大，但这个过程可以让自己在以后碰到更复杂的产品时心里有底。

再比如原来职责偏商业的人，可以先做"运营专员"，做一些既有产品的推广策划类工作，增强自己对产品的理解。做一段时间后，你就能提出自己对产品改进的想法了。

而项目经理比较容易切入。我工作过的团队就有很多同事是从项目经理直接转过来做产品经理的，因为多数的产品经理也要带项目，所以项目经理转行做产品经理有先天优势。

1.4　一个产品经理的–1 到 3 岁

业内有句话叫"产品经理是 CEO 的学前班"，它似乎为我们的职业生涯注入了一针强心剂。因为产品经理需要负责产品的各个方面，就像是在企业中经营着另一个企业，是某个产品的总经理，所以能够全面提升自己各方面的能力。这也说明，产品经理是一个挑战空间很大的职位[3]，我到现在仍然没有觉得这个岗位枯燥乏味，因为经常碰到全新的挑战。每当我觉得自己已经建立起一套比较完整的能力模型之时，又会发现有一大块尚未开垦的知识处女地，而且在可预见的未来几年里，我感到自己需要提高的能力还有很多，下面和大家分享一下我入行这几年的经历。

入行之前，我是学生物的

我毕业于浙江大学，学生物医学工程。现在回过头来看，在大学校园里，我只是在学习解决问题的思路，而专业就是找了一个特定的领域来练习思考的能力而已。所以，关键还是要跳出以往的应试思维，"学会"学习。

当时，我正在应付各大公司的"海选"，可以称得上是"海投"大军中的一员。我几乎投遍所有不限专业的职位，主要有数据处理人员、管理培训生、销售。我选择阿里巴巴的原因很简单，这是第一家给我 Offer 的公司。从我参加阿里巴巴的笔试、面试开始，现实就是一连串的"意外"。

某天，我突然收到短信，邀请我去参加阿里巴巴的宣讲会。听完宣讲后，我顺便参加了笔试。原本没怎么考虑阿里巴巴，所以我的心态非常放松。拿到卷子后，我发现都是技

1　BRD：Business Requirement Document，商业需求文档，2.4.1 节有详细描述。
2　PRD：Product Requirement Document，产品需求文档，3.3.1 节有详细描述。
3　在《人人都是产品经理（思维版）：泛产品经理的精进之路》中，第 11 章有细说产品经理的练级攻略。

术类的题目，但我对此毫无头绪，干脆抱着"玩"的态度来作答。最后一道编程题，我大概写了一下思路，但根本没写代码，只谈大道理和调侃试卷本身："我觉得我应聘的职位不需要这方面的技能，申请面谈，改卷子的同志辛苦了……"结果，阿里巴巴真的给了我面谈机会。三轮面试，面试官给我留下印象最深的问题都是："你这个专业和我们一点关系都没有啊？"为此，我笑了三次。他们一问我技术问题，我就说"我觉得这个不重要，更重要的是……"一个下午就过了三轮面试，几天以后收到 Offer，职位是"数据仓库需求分析工程师"。

后来，这个奇怪的应聘经历成为一段很有意义的回忆的开始。

入行头半年，打杂的菜鸟

2006 年 7 月 17 日，我入职阿里巴巴。那天，我还没有自己的办公桌，就直接进了会议室———间堆满电脑、坐满人的房间，后来才知道这叫项目封闭开发。当时那个产品已经进入开发阶段，而我的职位也从应聘时的"数据仓库需求分析工程师"变成了"需求分析师"。我没参与前期的需求分析工作，半道上突然进入团队，而且还是个新人，所以基本也没什么可做的。在好长一段时间内，我只能假装成一个业余测试人员，充分发挥"不了解整个系统"的优势，以普通用户的角度来使用那个产品。

这个阶段，我是一只全新的"菜鸟"，没有任何能力，也不负责产品的任何模块。不过，我比较好学，会主动去熟悉工作中需要的、与需求分析相关的基本知识和技能；去了解产品的各个方面，包括功能、用户、技术等；去认识团队里的兄弟姐妹，熟悉将来要合作的兄弟部门的同事。直到 2006 年底的某次谈话，我从老板的口中才知道原来我可以算作一个 PD（Product Designer，公司对产品设计师、产品规划师、产品经理一类职位的通用简称）。

入行半年后，学习"怎么做"

直到 2006 年 11 月，我们团队启动了一个全新的产品，也就是后来的"阿里软件网店版"[1]，我才有机会真正开始做产品相关的种种工作。"阿里软件网店版"是一款网店管理软件，它的目标用户是淘宝网的大卖家，给他们提供客户管理、订单管理、营销、财务等服务。对这个产品，我全力投入做了将近一年，大大提升了自己对用户和需求的理解。

那年冬天，我自认为学了不少东西，跃跃欲试，要真正做点产品经理的事情了。我经常主动要求负责某些模块，并在前辈的指导下做好指定的工作。这时的我很看重自己负责

---

[1] 这个产品最早叫"阿里软件网店版"，后来又叫"钱掌柜网店版""阿里巴巴网店版"。2013 年，该产品因为公司的战略调整而下线。

的模块，特别是模块功能被"砍"的时候，会极力维护自己仅有的成果，还缺乏整个产品层面的权衡认知能力。这时我的主要工作是决定某个功能"怎么做"，比如写产品需求文档，配合用户体验部门的同事们做 Demo，并跟进产品开发、测试、发布的过程。

入行一年，开始问"做不做、做多少"

2007 年夏，我已经入职一年，渐渐在产品团队中变成了一个"老人"，开始负责产品的更多模块直至所有功能，从原来前辈告诉我要做哪些功能转变为自己去探索，并且开始尝试做一些用户研究。因为"阿里软件网店版"的目标用户是淘宝大卖家，这个产品很像互联网个人应用，所以我们比较重视用户体验。那段时间我天天都在熟悉产品的每个设计细节，也会做一些需求管理的工作。这段时间我感受到这个产品的运作离不开我的工作，因此很有成就感。此后，我在需求采集、分析、筛选的过程中学会了权衡取舍，日常工作中更多地开始考虑"做多少"的问题，即"做哪个功能，不做哪个功能"。

我第一年做的事情，就是研究图 1-7 中"用户与需求"的关系，其中图右下角的"需求（开发）"，就是我刚入职时做的事情。

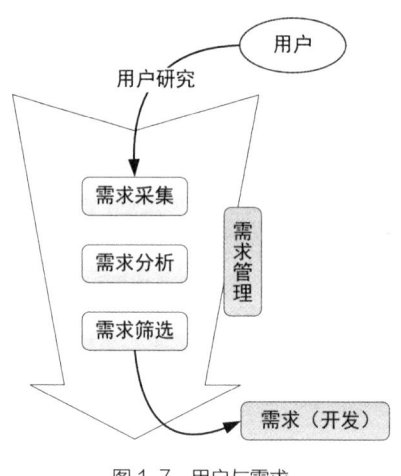

图 1-7　用户与需求

就在对手头的工作驾轻就熟之际，我被调去做另外一个产品。这时，我突然发现，产品经理的工作原来不仅仅在需求方面。于是，我又迎来了新的挑战。

入行两年，项目与团队

2007 年秋到 2008 年秋，我做了一个颇不顺手的产品——企业邮局。虽然期间有很多我控制不了的因素，不过这个产品让我学到了不少项目管理、流程、文档、敏捷方法等方面的知识和技能。在此期间，通过跟合作方资深项目经理的交流，我的工作方法更系统化了。

一开始，老板就很信任我，让我全面负责这个产品。这个产品是我独立负责的，这次经历让我知道了产品经理的工作不只是设计功能。产品功能的最终实现是靠一个又一个项目推进的。我之前没有担任过项目经理，现在总算体会到"操心"是一种什么感觉。最明显的变化是，我原来只需要接受别人的会议邀请，现在要整天给别人发送会议邀请。我们日常的项目可以简化为图1-8所示的流程图来表示。在确定要做什么之后，先立项，再经历需求、开发、测试、发布等几个主要阶段，用户才能看到我们的劳动成果。

图 1-8　最简单的项目管理

进入2008年，主导了多个项目的我已经熟悉了这套做事方法，也有了相当稳定的产品团队。我开始试着把触角渗透到产品周边的各个团队，从原来的有事才去找人帮忙，转变为尽量去了解周边团队都在做什么并施加影响。比如商业方向的市场团队、服务团队；技术方向的运维团队、架构团队；作为支撑的财务团队、法务团队等。随着产品越来越复杂，参与的人数越来越多，很快我就意识到一个人的精力和能力都极其有限，不可能做完所有的事情。虽然我的工作范围会扩大到所有和产品相关的事情，但我只需要知道要做哪些事情，哪些是自己的本职工作，哪些工作应该交给团队来做。最基础的产品团队结构，如图1-9所示。

图 1-9　最基础的团队结构

然而一个人对一个产品的激情终将渐渐褪去，同时市场、公司也是在不断变化的，所以产品经理不可能对某个产品"从一而终"，总有一天要离开它。我慢慢意识到不能让产品少了自己就不行，于是我总是在产品渐渐成熟的时候开始主动定规范、定流程，把自己手上的工作一点点分出去，让自己可以安心地去做其他事情。

2008年下半年开始,我渐渐地把主要精力投入到"e网打进"这个新产品上。"e网打进"是一款营销管理软件,可以帮助中小企业更好地管理从各种渠道获得的合作机会。有了做之前两个产品的经验,这次我上手快了一些,更清楚产品现在处于什么阶段,应该做什么事。

入行三年小结,战略与修养

时间进入2009年。

我入行已有三年,越来越觉得对于一款产品来说,早期的决策无比重要,所以很想参与产品初期的战略规划。幸运的是,公司也给了一线员工这样的机会。通过对产品的早期研究,我知道了公司其实想做的东西很多,而真正开始实施的只是其中的一小部分。面对那么多极具诱惑的产品,果断地放弃变得很重要,而放弃的原则与依据,就是战略规划和使命愿景价值观。后来,我也积极参与了"e网打进"的项目规划,并且做了不少本不是分内的事情,如设计产品的光盘、参与制定渠道政策、服务政策等。

参与了一段时间的战略规划工作后,我开始意识到:找到产品的"灵魂"很重要。我也开始思考什么是产品经理的"灵魂",技能之外的哪些基本修养对一个出色的产品经理最重要?这个问题的答案我总结为四个关键词:爱生活、有理想、会思考、能沟通。其实这些对每个人都很重要,要不,我怎么老说"人人都是产品经理"呢。

随着"e网打进"产品逐渐成熟,我又开始寻找新的挑战,我也慢慢意识到我是在围绕着某个不断清晰的目标找新鲜事做。随着对这个目标的思考日益加深,我找到了自己的理想——做老师,我希望能与大家分享自己的经历与体会,和大家互相帮助、共同成长,做出更好的产品来改变世界。

于是我开始利用业余时间启动了自己的产品——"'三个一'工程",用以弥补自身能力的短板,它们是:

一个"站"——iamsujie个人网站,通过个人博客发布产品设计相关文章,与网友交流,也练习了网站的运营与推广。

一门"课"——"成功的产品经理",这门课是阿里巴巴的产品经理内训课程。在课程设计的过程中,我有了更多的机会和前辈交流相关话题,而授课本身对自己的思维、沟通能力也是很好的锻炼。

一本"书"——《人人都是产品经理》。我把写作这本书作为三年多工作的一个小结,充分运用做产品时学到的各种能力,亲自上手给图书这个产品制定战略规划并一步步实现。

通过三位一体的"'三个一'工程",我把三年多自己在各个阶段的体会画在一幅图里,总结了自己走到今天所做过的事情,后来它渐渐演化成本书的主体结构,如图1-10所示。

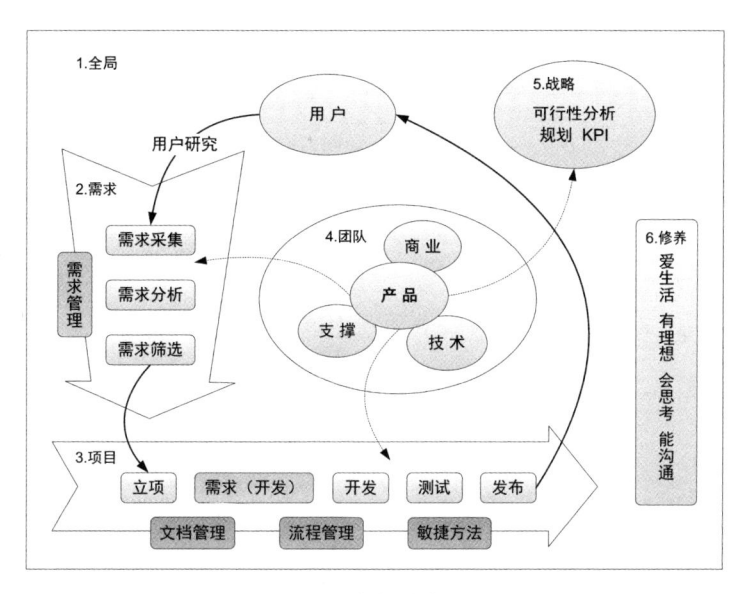

图1-10 全书的结构图示

第1章"写给-1到3岁的产品经理"是全书的引子;第2章"一个需求的奋斗史"讲需求;第3章"项目的坎坷一生"讲项目;第4章"我的产品,我的团队"讲团队;第5章"别让灵魂跟不上脚步"讲战略;第6章"产品经理的自我修养"讲修养,作为全书的小结。

有一天,我盯着这张图(图1-10),越看越觉得它宛如一个生态系统,如图1-11所示。用户是我们的云,提供水汽。通过需求管理过程的催化,水汽凝结成雨。项目为河流,来自云层的雨水汇聚成河,流过并滋润大地。我们的团队如同各种动植物在其中促进整个过程。战略就像阳光一样驱动着整个循环,而这个生态系统的根基就是大地——产品经理的自我修养。

图1-11 产品经理的生态系统

第 2 章

一个需求的奋斗史

在一个生态系统中,水是万物生命之源,而水之源又是天上的云,它们转化为雨,滴落并滋润大地。

第 2 章　一个需求的奋斗史 / 37

2.1 用户研究：从用户中来到用户中去 / 40

2.1.1 用户是需求之源 / 40
人类为什么有需求 / 40
用户 VS 客户 / 42
以用户为中心的思想 / 42
不要试图满足所有用户 / 43

2.1.2 你真的了解用户吗 / 43
了解真正的用户 / 44
试着描述用户 / 45
聊聊用户研究 / 47

2.2 需求采集：产品源头的大生产运动 / 49

2.2.1 定性地说：用户访谈 / 50
用户访谈的常见问题与对策 / 50
记一次用户大会 / 52

2.2.2 定量地说：调查问卷 / 54
调查问卷的常见问题与对策 / 54
设计一份实际的问卷 / 56

2.2.3 定性地做：可用性测试 / 58
可用性测试的常见问题与对策 / 59
产品改版的一次冒险 / 60

2.2.4 定量地做：数据分析 / 62
数据分析的常见问题与对策 / 62
日志分析的商业价值 / 64

2.2.5 需求采集人人有责 / 67
生孩子与养孩子 / 67
单项需求卡片 / 68
尽可能多地采集 / 70

2.3 需求分析：听用户的但不要照着做 / 72

2.3.1 明确我们存在的价值 / 72
用户需求 VS 产品需求 / 73
满足需求的三种方式 / 74
也谈创造需求 / 75

2.3.2 给需求做一次"DNA 检测" / 76
把用户需求转化为产品需求 / 76
确定需求的基本属性 / 79
需求种类知多少 / 80
分析需求的商业价值 / 82
初评需求的实现难度 / 84
判断需求的性价比 / 85

2.4 需求筛选：活下来的永远是少数 / 86

2.4.1 永远忘不掉的那场战争 / 87
准备出发：把需求打个包 / 88
战场：产品会议 / 90
武器：商业需求文档 / 90

2.4.2 别灰心，少做就是多做 / 93
最爽就是"四两拨千斤" / 93
尽可能多地放弃 / 94

2.5 需求管理：心急吃不了热豆腐 / 96

2.5.1 一个需求的生老病死 / 96
2.5.2 需求管理的附加值 / 99
2.5.3 和需求一起奋斗 / 100

我真正开始做需求相关的事情，是从 2006 年年底开始的。直到 2007 年夏末，大半年的时间过去，我总算对需求工作有了比较全面的了解。本章将从"用户研究"开始，接着实现需求采集、分析、筛选，最后"确定某个项目的需求范围"。从需求被发现到决定实现，这就是"一个需求的奋斗史"，如图 2-1 所示。

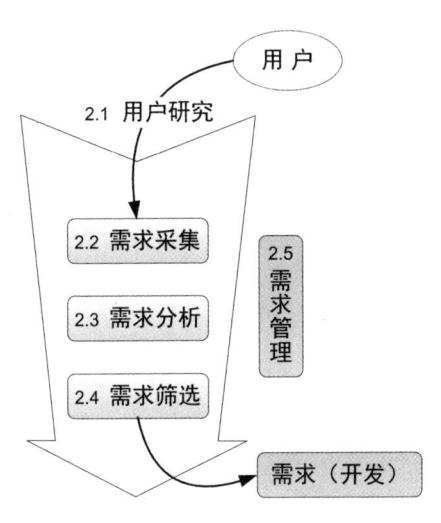

图 2-1　"一个需求的奋斗史"缩略图

在本章中，我们首先说说"用户研究"，它的关键在于"从用户中来，到用户中去"。做任何产品都是一个端到端的过程，端即用户，所以"用户是需求之源"。我们要拥有"以用户为中心的思想"，不断"了解真正的用户"。

然后我将带着大家进行"需求采集"。与用户接触的过程就是需求采集的过程。我们将了解到几种常用的需求采集方法，如"数据分析""调查问卷""用户访谈"等。我希望大家意识到"需求采集人人有责"，从而"尽可能多地采集"需求。

面对采集到的需求，产品经理要进行"需求分析"，注意要做到"听用户的但不要照着做"，必须"明确我们存在的价值"是"把用户需求转化为产品需求"，这一过程即需求分析过程。产品经理要通过"给需求做一次 DNA 检测"，来"确定需求的基本属性""分析需求的商业价值""初评需求的实现难度"，从而"判断需求的性价比"。

资源总是有限的，所以我们只能做那些性价比高的事情。通过残酷的"需求筛选"，"活下来的永远是少数"。看看"永远忘不掉的那场战争"，给自己打打气："别灰心，少做就是多做"，我们要有意识地"尽可能多地放弃"。

最后，是"需求管理"的话题。任何东西多了都需要管理，做产品更是"心急吃不了热豆腐"。这里与大家聊聊"一个需求的生老病死""需求管理的附加值",以及我自己"和需求一起奋斗"的第一年。

2.1 用户研究:从用户中来到用户中去

从前文的图 2-1 中可以看到,需求或直接或间接都是"从用户中来"的,所以我们要"到用户中去"[1]。在 2.1.1 节,我们先了解需求的本质,再了解用户的本质,接下来谈到要有"以用户为中心的思想",但也"不要试图满足所有的用户"。在 2.1.2 节中,通过了解别人、认识自己,我们来"聊聊用户研究"的话题。

2.1.1 用户是需求之源

用户是需求之源,还是我们的衣食父母。如图 2-2 所示,他们能给我们带来金钱的回报,或者说是"可持续发展的机会"。不过,要研究用户的需求,我们首先得弄清楚,需求的本质是什么?

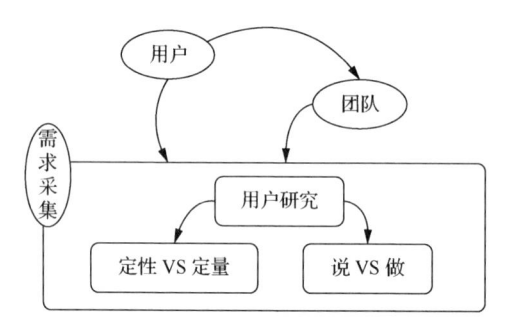

图 2-2 用户是需求之源

人类为什么有需求

有一次我和朋友闲聊起"人类为什么有需求"的问题,他给出过一个很有趣的解释:

"食色性也","食"是为了生存,保证个体延续,"色"是为了繁衍,保证种族延续,这是生物(包括人)的本性,即最基本的需求。

---

[1] "从用户中来,到用户中去"另一层意思是指产品设计的过程是一个闭环,需求的源头是用户,而产品发布以后,在整个生命周期中,仍然要不断地"到用户中去"收集反馈,作为产品改进的依据。

这个说法让我想到了马斯洛的需要层次理论[1]：

1943 年，由美国著名犹太裔人本主义心理学家亚伯拉罕·马斯洛（Abraham Maslow）提出了需要层次理论（hierarchy of needs），此理论将人的需要划分为五个层次，由低到高，并分别是：生理的需要、安全的需要、归属与爱的需要、尊重的需要、自我实现的需要。

人类生活在地球上，为什么会有各种各样的需求？那是因为生活中存在太多的问题，让人感觉不满意，而这些问题归根究底就是"理想与现实的差距"，人类会很自然地产生"减少甚至消除这个差距"的愿望，这就产生了需求。一个产品肯定是为了解决某些问题或满足某些需求而出现的。

有一个很典型的例子：

小明："我需要买一个电钻。"

大毛："为什么？"

小明："我想在墙上打一个洞。"

大毛："为什么？"

小明："我想把一幅画挂在墙上。"

大毛："为什么？"

小明："因为这面墙显得太空旷了，看着不舒服。"

大毛："为什么？"

小明："因为太空旷就没有家的感觉，不够温馨。"

……

这个电钻其实是小明对马斯洛的需要层次理论中第二层"安全"和第三层"归属与爱"的需要。小明想让家里看起来更温馨，从而产生安全感和归属感。

通过小明的故事，我们可以发现，研究需求可以增强对用户的理解。理解用户，是产品经理最重要的素质之一。[延伸阅读 5]

需求的本质就是"问题"。作为产品经理，我们每天都在设法满足用户的需求，其实就是在解决各种各样的问题。而解决这些问题的方法与思路，对任何人都有帮助，而任何人也都多少知道一点，所以，这也是我一直说"人人都是产品经理"的原因之一。

---

1 马斯洛需要层次理论（Maslow's hierarchy of needs），亦称"基本需要层次理论"，是人本主义心理学的主要理论之一，由美国心理学家亚伯拉罕·马斯洛于 1943 年在《人类激励理论》中提出。

用户 VS 客户

用户与客户，这两个词在中文里似乎很容易被混淆，换作英文会稍微清晰一些，用户是 User，有时也叫作终端用户（End User），是使用产品的人；而客户是 Customer，是购买产品、为产品付钱的人。

比如你付费买了新浪 VIP 邮箱，这时候你既是新浪的用户，也是新浪的客户；又如某天你在路边的超市买了一瓶娃哈哈矿泉水，这时你是娃哈哈的终端用户、超市的客户，同时超市是娃哈哈的客户。

用户与客户可以是同一个人，也可以不是同一个人[1]，对某个产品来说，产业链越复杂，其中的关系也就越复杂。所以，我们平时并不去刻意区分这些概念，而是统一用"用户"这个词来代表"广义用户"，它指的是所有和产品有关的人，或者叫产品干系人，除了终端用户、各种客户，还包括你所在的公司里与这款产品有关的老板、销售人员、服务人员、技术人员等。我们要做到心中有数，不同的用户重要程度不同。

某电子商务网站建设服务提供商的演示文档里有这样一句话——"相比您的需求，我们可能更重视您的用户的需求"。对这个服务提供商来说，他在"您"（他的客户）与"您的用户"（客户网站的终端用户）之间，做出了明确的取舍，即优先满足产品使用者的需求，而不是付钱者的需求。

以用户为中心的思想

既然用户那么重要，我们就要把它放在最中心的位置。UCDChina.com[2] 上有不少相关话题，能给做产品的朋友们很多思路上的启发。

公司有 UCD 的环境是产品经理的幸运，但对这本书的大多数读者来讲，可能更多的公司环境是 BCD 型的。BCD 是我自创的词，Boss-Centered Design，意为以老板为中心的设计。中小型公司需求的主要来源不是终端用户，而是老板——或指以老板为代表的一种广义用户。一般来说，在这类公司中，老板是最接近业务、最了解用户的，加之老板的经验阅历又超过我们，所以他高瞻远瞩地抓住一些商机，并觉得这些商机能够创造价值。这时候老板肩负起了部分产品经理的职责，负责采集用户需求并分析、筛选。创业阶段的公司是没有太多时间和精力去做到"从用户中来，到用户中去"的。这种情况下，我们应该本着实用主义的原则，绝对不能一开始就抱着"我要见终端用户，我听用户的，不听你的"的"造反"想法，而是要尽可能帮助老板明确问题和需求的价值，在老板决定方向时提出

---

1 我们通常用"自然人"和"角色"这两个概念来区分，一个自然人可以拥有多个角色。

2 UCD 是 User-Centered Design 的缩写，即"以用户为中心的设计"。UCDChina.com 这个网站对我的帮助很大，让我认识到做产品是一件很有意思的事情，推荐给大家。只可惜，2014 年再去看的时候，发现已经太久没更新了。

参考建议，或协助他实现目标。

这样，我们便同时拥有了"以用户为中心的思想"和"以老板为中心的行动"（或者说"根据实际情况考虑如何行动"）。以老板所代表的广义用户为中心，在小团队里反而是一种较优的实践。

不要试图满足所有用户

不仅要区别对待广义用户，对于狭义的终端用户，我们也无法一视同仁。比如某天，你作为一个新产品经理兴冲冲地拿着收集来的 100 个需求，跑到团队里跟大家说："看，用户提了那么多需求，我们全做了吧。"技术部门的同事说："这起码得做半年。"

你很快就会发现，用户的需求实在太多了，根本做不过来，这就有了基于优先级评估的需求管理。

试图满足所有用户的需求是一个灾难，那会让产品变成一个臃肿不堪、谁都不满意的四不像。既然我们无法满足所有用户的需求，那么我们应该优先照顾哪些人？

谁对我们重要就照顾谁，那么如何评估是否重要？腾讯 CEO 马化腾会说应该关注高端用户的需求。而我的一款产品刚起步时，老板跟我说先满足大量的一般用户的需求。

谁错了？其实谁都没有错，腾讯的产品已经充分占据了市场，拥有霸主地位，所以用户数不可能再有爆发式增长，于是只能考虑从已有的用户身上深挖用户价值，最有价值的一批用户无疑是高端用户；而我做的那款产品刚起步，急需把用户池做大，所以我们会先做一些大众功能，满足一般用户的需求，让用户数先增长起来。

所以，优先满足哪些用户需要和产品的商业目标结合起来考虑。简单说就是看 KPI[1]是什么。在上文的例子中，既然我们的产品目标是用户数、活跃用户数，而不是销售额，那么从一开始就注定了我们要照顾的是大多数用户的利益。这并不是意味着高端用户不重要，而是产品不同阶段的目标自然不同。

2.1.2 你真的了解用户吗

真正的用户所想的、所做的，你真的了解吗？

1　KPI：Key Performance Indicator，关键业绩指标。

了解真正的用户

我开始做企业应用产品的时候，一次次地被那些正在"电子商务"门口晃悠的用户们震撼了，以此为例来看看真正的用户吧。

他们是中国最典型的中小企业，从拥有十几、几十个员工的贸易型企业到拥有上百个员工的生产型企业。他们一般的年销售额有几千万元人民币左右，只是顺应潮流建了网站，没做网络推广，网站几乎没有访客。但是，他们却买了我们的营销管理工具。于是我们做了一批电话访谈。正是这次访谈，让我们更进一步了解了我们的用户。以下是对这次访谈中的部分对话摘录：

▶ 有的用户是被经销商忽悠进来的，不知道自己有没有需求，甚至都不知道自己买的是什么产品。

1. "我没有买你们这个东西，不要不要不要不要不要，嘟嘟嘟……"
   原来经销商把我们的产品和其他东西一起打包成了"忽悠套装"，也不跟用户讲清楚套装里面到底有什么，唉。

2. "原来这个买了还要账号密码啊，经销商没给我……""经销商说他们全程服务的，我们不需要做什么。"
   他们以为和做网站一样，付了钱就没事了，可是这次买的是个软件呀。

3. "我们公司嘛，只有一台电脑，因为放在我办公室，所以就让我用用，但我不懂电脑的嘛。"
   老板随便找了个人用，可是这位大叔听上去并不了解业务……

▶ 有的用户，打电话过去找不到想找的人。

1. "我不懂这个的……"停顿3秒，"我不懂这个的……"停顿3秒，"我不懂这个的……"
   一位有耐心的阿姨，可惜只会说这句话……

2. "你是哪里？""BlaBlaBla……""不要再给我打电话了！啪，嘟嘟嘟……"
   有时候你会碰到个火气大的。

3. "我……听不懂……普通……话……"
   好吧，再见。

▶ 有些，让我们了解到了一些需求，不过都挺冷门。

1. "我忘了账号了，忘了网址了……"
   这点我们要好好反省，是有办法解决的。
2. "我们做的东西很专业啊，都是上年纪的人，习惯电话联系，这样效率高、说得清楚，我们不懂网络的。"
   电话沟通是个方向，网络的价值最终还是要通过与线下结合来体现。
3. "我们主要靠老客户、熟人介绍的，都是大单，网上来的小单子不要做的。"
   嗯，总算听到些靠谱的，他们的业务地域性很强，对业务员来说，老客户已经足够吃饱了，网络带来的小单是有点看不上眼。

▶ 还有一些，聊来聊去都是闲谈。

1. "啊，你是阿里巴巴的啊，我来考考你，阿里巴巴是哪年成立的？"
2. "一年几千万、上亿的销售额，几千块钱哪里花不是花，呵呵。"
   还算有点让人欣慰的。

经历了这些对话，我真正意识到想了解用户，光靠空想是不行的，他们是真实的、是五花八门的，必须得真刀真枪地去研究他们。

试着描述用户

看到这里，你有没有跃跃欲试，想和用户来个亲密接触？可惜现实中不是随时都有那么多资源让我们折腾的。但是，有一个几乎零成本的做法，它可以让你增加一点对"用户"这个词的感觉。

我们来做一个简单的练习，即使你不是做互联网、软件相关产品的，也一定用过，试着描述一下自己在用各种互联网应用时是个什么样的用户。我先描述一下作为互联网应用用户的自己（此段背景为 2010 年）。

E-mail：我在 2000 年的时候申请了第一个私人 E-mail，那是新浪的产品。但是在学生时代利用率不高，没什么邮件。到 2007 年的时候用 Gmail 代收，之后就不再对外留这个地址了。现在私事用 Gmail，它强大的搜索功能让邮件整理的工作变得不那么重要，节省了很多时间。我也很喜欢它把同主题邮件合并的处理方式，适合群聊。我会把一些文件备份也放在邮箱里面，因为空间够大，而且防垃圾功能做得很不错。

IM[1]软件：如何选择 IM 软件最主要取决于自己认识的人都在用什么，除打字沟通以外的功能用得很少。私事用 Gtalk、MSN，喜欢 Gtalk 的简单；公事用阿里旺旺。QQ 很少使用，再次使用 QQ 是在 2009 年 7 月，当时自己打球受伤导致跟腱断裂，没想到 QQ 上有个跟腱断裂群，在这点上不得不感叹 QQ 用户基数的强大。

豆瓣：豆瓣对我来说是个很好的工具。在别处了解到某部电影和某本书以后，决定是否看之前都会去豆瓣看看评价。我比较信任群体智慧，特别是在这个群体人员与我的口味比较相似的情况下，比如我抛弃 IMDB 的电影评分转向豆瓣，是因为总发现有些评分超过 8 分的电影我看了毫无感觉，而豆瓣却很准，说明我的口味非常本土化……我会标记"想看""看过"，但是很少留下评论。

上面提到的只是我所使用过的互联网产品中的三个样本。如果你也想给自己做一次用户描述，可以写写微信、微博、手机上各种应用的使用习惯。这有点像创建**人物角色**（Persona）[2]。我试着为某个汽车网站设计了一个人物角色，如表 2-1 所示。

表 2-1 人物角色（Persona）

姓名：大毛 初次购车者	缺乏汽车知识，茫然："第一次买车，完全不知道从哪里开始！"		
个人信息与简介（实战中可按需扩充）			
年龄	29	住址	杭州城西
职业	IT 从业人员	预算	10 万～15 万元
爱好	骑行、台球、魔方、棋牌、K 歌……		
性格	和善、理性、冷静、理想主义、追求完美……		
行业信息（过去经历、当前状态、未来计划、痛点等）			
2009 年开始，公司搬到离家约 15 公里远的地方，现在每天早晚都坐班车上下班，既要走路到班车停靠点，又要等待特定的时间发车，大量时间浪费在路上。计划 2010 年购车一辆，这样就可以自己掌握时间了……			
他的目标清晰——10 万～15 万元的紧凑型轿车，但具体选什么品牌、什么配置就完全不知道了。他打算找一个可靠的汽车网站，先学习一下汽车知识，与网友交流，以便做决定			

---

1 IM：Instant Messenger，即时通信软件。
2 人物角色（Persona）是 Alan Cooper 提出的研究用户的系统化方法。它是产品经理、交互设计师了解用户目标和需求、与开发团队及相关人员交流、避免设计陷阱的重要工具。

计算机和互联网使用情况（本例把互联网当作一个大产品）
2000 年开始接触互联网，属于重度用户。特别是最近两三年开始，工作、生活都完全依赖互联网，每天在线时间超过 8 小时。电脑为 Dell 台式机和 ThinkPad 笔记本。上网主要是处理邮件，与同事朋友交流，用阅读器获取信息，不时逛逛各种 SNS、微博、购物网站等。喜欢的互联网产品有 Gmail、Google Reader、豆瓣、虾米等

用户目标	商业目标
1. 了解汽车知识，各种术语等	1. 经常访问网站（广告收入）
2. 与购买同类车的网友交流	2. 将网站推荐给其他人
3. ……	3. ……

表 2-1 中的主要内容包括人物照片、个人信息与简介、行业信息、计算机和互联网使用情况，以及用户目标、商业目标等。充实人物角色有很多方法，在下文"聊聊用户研究"中会给大家介绍一些资料。

2009 年秋我做了一个产品整合项目，要把手头的产品和另外一个我完全不了解的产品做一些功能的合并。那时，我才体会到具象化的人物角色的更大意义：它可以帮助新人在刚进团队时迅速了解用户、理解产品，同时帮助忙碌的、无法关注细节的老板迅速进入状态，保证他们也能像创建者一样，心中时刻想着正确的用户形象。

聊聊用户研究

刚工作不久时，我总把用户研究当作产品设计过程中锦上添花的事情。每当没什么事可做的时候，我就跑去跟老板说：

"我们这两周做点用户研究吧。"

"你的目的是什么？"

……

后来我渐渐明白，用户研究不是附属内容，而是前提条件，必须在做产品的过程中随时纳入计划。也许有一天，你接触用户时会感到不知所措：我到底应该找谁？通过什么方式？聊些什么？如何指导产品发展……关于这些问题，我的启蒙书是《赢在用户：Web 人物角色创建和应用实践指南》。

全书讲述了各种创建人物角色的方法及其应用。这一做法的目的是在设计产品的过程中时刻做到不忘用户，确保产品以用户为中心。其实"用户研究""市场研究""需求采集"

等步骤都是为确定产品功能而服务的。书中有一张关于用户研究方法的二维图，如图 2-3 所示。

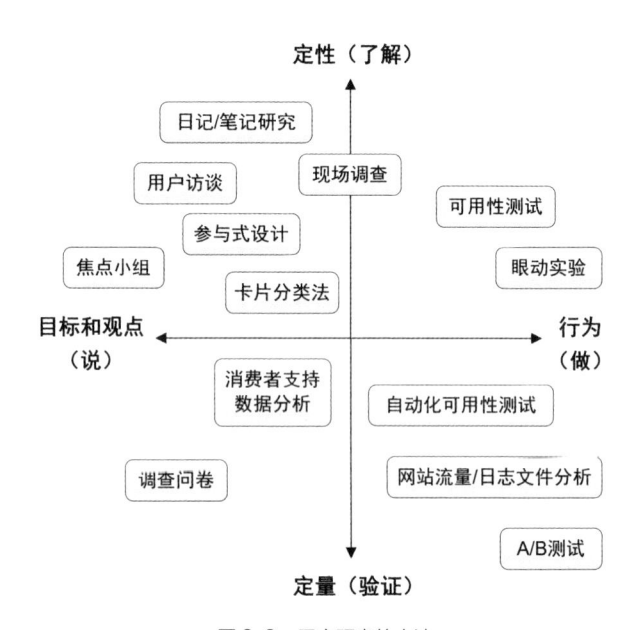

```
                        定性（了解）
                             ↑
                    日记/笔记研究
         用户访谈      现场调查         可用性测试
                  参与式设计
    焦点小组                            眼动实验
                  卡片分类法
目标和观点                                    行为
  （说）  ←─────────────────────────→  （做）
                消费者支持
                数据分析          自动化可用性测试

         调查问卷              网站流量/日志文件分析

                                   A/B测试
                             ↓
                        定量（验证）
```

图 2-3　用户研究的方法

此图来自《赢在用户：Web 人物角色创建和应用实践指南》，稍有修改

图 2-3 中横坐标代表了用户的"说"和"做"。

"说"表现了目标和观点，"做"反映了行为，用户"怎么说"和"怎么做"经常是不**一致的**。我曾经认为"耳听为虚，眼见为实"，看到用户怎么做会比听他们怎么说更真实有用。但我后来体会到，只了解"做"是没办法知道背后原因的，而不知道问题的原因也就意味着没办法从根本上解决问题。所以，我们既要看用户怎么做，也要听用户怎么说。

图 2-3 中纵坐标代表了定性与定量。

定性研究可以找出原因，偏向于了解；而定量研究可以发现现象，偏向于证实。两者都很重要，缺一不可。只进行定量研究会导致"以表代本"，我们只能看到问题但不知道原因；只进行定性研究会导致"以偏概全"，我们很可能被部分样本的特殊情况带入歧途。人们认知新事物的过程通常都是从定性到定量，从再定性到再定量，这样螺旋上升，并且了解和证实也是在不断迭代进化的。

"说"和"做"、定性与定量，相互之间各有优势与劣势，合理地搭配使用才能发挥最大的作用。下面这个产品调研的小例子，就是用了各种用户研究方法来交替解决问题的：

第一轮，听用户定性地"说"，确定产品方向要怎么做。随机抽样40个用户做访谈，据此写出需求列表。

第二轮，听用户定量地"说"，确定需求优先级要怎么做。投放了20万份调查问卷，确定了需求优先级的排序。

第三轮，看用户定性地"做"，先做的那几个需求要怎么做。一边设计，一边陆续找了10个用户来验证，做可用性测试。

第四轮，看用户定量地"做"，根据产品的用户使用情况做数据分析，不断改进产品。

上述维度的划分[1]可以帮助我们更好地理解各种用户研究方法的特点，以便在现实工作中更加灵活地应用。每类方法都有其优势和劣势，对应了不同的使用场景，使用之前要认真考虑产品的目标是新产品定位，还是老产品优化；是预测某新功能的用户数，还是提高用户活跃程度。不同的目标，我们要使用不同的方法。

说到底，我们做用户研究的目标是：坚决杜绝"经组织研究决定，用户需要一个××功能"这类事情发生，要实实在在地把用户当作需求之源。每个产品经理都应该看一些关于用户研究的基本理论，这样至少可以避免犯一些低级错误，比如做调查问卷时通常需要给用户激励，但不能使用被调查的产品作为诱饵，这样做会对人群进行筛选，可能吸引的更多是对产品感兴趣的用户，或者是贪小便宜的非目标用户，从而让结果产生偏差。

2.2　需求采集：产品源头的大生产运动

在实际工作中，到底采用哪种用户研究方法，往往取决于资源，比如人员数量与能力，以及老板给你多少时间、经费。如果资源非常少，可以简化出很不正规的方法，比如查一些二手资料然后和同事们一起讨论，猜测用户是怎么想、怎么做的；而有了资源以后，就可以叫几个用户过来访谈，请咨询公司协助出报告，或者出差做用户调研等。每个人所处的团队条件不一样，只能在实践中慢慢总结出适合自己的方法。

但这些用户研究，或者说需求采集的过程，都会有如下几步：明确目标、选择采集方法、制定采集计划、执行采集、资料整理，最后进入下一步的需求分析阶段。

---

[1] 近年来，国外在对用户研究方法分类的两个维度之上又研究出了一个新的维度——产品使用场景，有以下4种：1. 自然地或是接近自然地使用产品，如在真实环境下的现场调查；2. 脚本化使用产品，按照预先安排的方式使用，如让用户完成任务的可用性测试；3. 在研究中不使用产品，如在路边对路人做的调查问卷；4. 以上各项的混合，也是各种研究方法的混合。

我把前文图 2-3 "用户研究的方法"简化为如图 2-4 所示的"常用的需求采集方法",4 种用户研究方法对应图中 4 个需求采集方式,接下来在 2.2.1 节至 2.2.4 节中,我们会介绍这 4 类方法的特点、操作方法及注意事项。

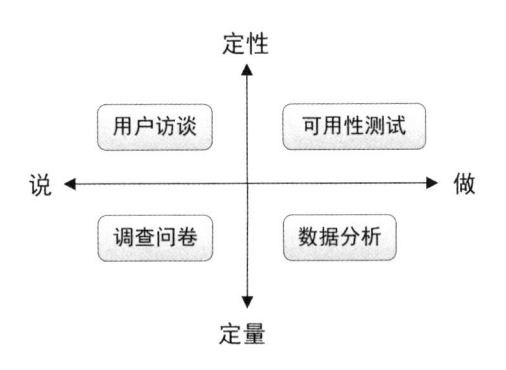

```
                    定性
                     │
         ┌──────┐   │   ┌────────┐
         │用户访谈│   │   │可用性测试│
         └──────┘   │   └────────┘
    说 ──────────────┼────────────── 做
         ┌──────┐   │   ┌────────┐
         │调查问卷│   │   │数据分析 │
         └──────┘   │   └────────┘
                     │
                    定量
```

图 2-4 常用的需求采集方法

最后,在 2.2.5 小节提出了"需求采集人人有责"的概念,只有这样我们才能"尽可能多地采集"。

2.2.1 定性地说:用户访谈

用户访谈通常采用访谈者与被访者一对一聊天的形式。在访谈中,一批次的用户样本比较少,一般是几个到几十个,但我们在每个用户身上花的时间比较多,通常为几十分钟到几个小时。访谈的形式通常围绕着几个特定的话题。我们问,用户答;用户说,我们听。这是一种典型的定性研究。用户访谈可以了解用户怎么说,即他们的目标和观点。根据我自己的经验,用户访谈经常被用在新产品方向的预研工作中,或者通过数据分析发现现象以后,用来探索现象背后的原因。

用户访谈的常见问题与对策

用户访谈经常出现如下问题:

第一,"说"和"做"不一致的问题。

用户经常会"骗"我们,先看一个经典的索尼游戏机的故事。

索尼找了一些用户,问他们喜欢黄色的还是黑色的游戏机,结果发现说喜欢黄色的用户比较多。之后,索尼告知用户为了感谢他们的配合,将送他们一台游戏机,颜色可以任意挑选,而同样的一批用户,选择黑色游戏机的更多。很明显,有部分用户说喜欢黄色却带走了黑色的游戏机。

用户倒不是想故意欺骗我们，而可能是：他们被问了自己也没仔细想过的问题，又不想回答不知道，就在现场编造了一个看似有理有据的理由；或是他们在讨好访谈者的心理动机下，回答了你希望听到的答案，而不是自己真正的想法[1]。

对我们来说，可以像索尼一样，尽量在用户可以和产品发生交互的场合下进行用户访谈，让用户在"说"的同时也"做"，以防止被"骗"。只不过，这种访谈的成本会明显高于电话访谈或简单的面对面访谈。另外，我们也要注意区分用户说的事实与观点。一般来说，诸如"我做了什么、步骤如何、碰到了什么问题"这类事实的可信度更高一些；而"我觉得、我认为"这类的观点，则需要带着大大的问号去听，并且机智地去探究支撑观点的事实。

第二，样本少，以偏概全的问题。

我们选择样本的时候需要多加注意，尽量做到随机。下面举几个常见的"不随机"的例子。

比如为了成本考虑，我们上门访谈的时候只找了本市的用户，这样很可能得出一些与地域有关的错误推论；又如电话访谈时，为了提高联系成功率，我们优先拨打留了手机号码的用户，而留手机号码的行为很可能代表这批用户忠诚度已经比较高；再如邀约用户来公司访谈，"愿意来的用户"就已经和全体用户有差异了……

对于这个问题，我常用的对策如下：首先，我们应该尽量识别出各种可能引起偏差的因素，并在访谈的报告里标明，让报告的读者了解。然后，为了用尽可能少的样本得到尽可能正确的结论，我会以增量的方式做访谈。举个例子，我会先访谈 5 个用户，得出基本结论，然后再访谈 5 个，观察结论是否有改变，如果有改变，就继续加大样本量，或者思考问题是否合适、样本集是否合适；如果没有改变，就停止继续访谈，节省成本。

样本的选取属于概率与数理统计的范畴，想深入了解的读者可以自行研究。

第三，用户过于强势，把我们往沟里带。

我在 2006 年底做"阿里软件网店版"的用户访谈时，就经常犯这个错误：

当时我们找来了很多淘宝的大卖家，问了几个问题以后，那些卖家的情绪就被调动起来了，似乎好不容易有个倾听者来听他们创业过程中的成就与艰辛。然后大家就开始讲故事，故事的真假不论，反正都是无比精彩，我们又不够老道，完全被忽悠得入了神，原本一个小时的访谈变成三个小时，最后送走用户，访谈记录却一片空白。

---

[1] 这些原因都很有意思，想深入研究的读者可以去了解一下社会心理学。

要解决这个问题，我们需要时刻牢记访谈的目的。如果发现话题不对，需要及时将话题纠正到正轨上来。访谈的用户很多，不要在一个不合适的对象上花费太多时间。

第四，我们过于强势，把用户往沟里带。

我们团队原来有一位做销售出身的女生改行做产品经理，在新产品中负责了几个模块的设计，设计完成后邀请用户来做访谈。她的故事很有趣——

访谈开始挺好的，她慢慢深入地问着，用户小心翼翼地答着。随着访谈的进行，用户渐渐地放开了，开始对产品提出自己的看法，于是意见一条一条地向那位女生抛去，只见她的脸越来越苦，然后终于忍不住了。她给用户晓之以理动之以情，指出了用户的理解有哪些不对的地方，她的产品确实很好，很值得买，几十分钟过去，用户完全被说动（不得不赞叹她的销售功底就是扎实），觉得这确实是一款好产品，并且承诺说上市以后一定买。用户走后，她心满意足，回来大家一讨论这个过程，都傻了。

解决这个问题的对策，同样是牢记访谈的目的，并且管好自己的嘴。

《软件观念革命：交互设计精髓》[1]一书中也讲了不少用户访谈时需要注意的点，下面摘录一些要点分享给大家。

- 避免一组固定的问题：固定的问题会让被访者产生被审问的感觉，我们应该准备好问题清单，但清单只起一个引导作用，并不用照着读。
- 首先关注目标，任务其次：比用户行为更重要的是行为背后的原因，多问问用户为什么这么做。
- 避免让用户成为设计师：听用户说，但不要照着做，用户的解决方案通常短浅、片面。
- 避免讨论技术：特别是碰到一些略懂技术的用户，不要与其纠缠产品的实现方式。
- 鼓励讲故事：故事是最好的帮助设计师理解用户的方法。
- 避免诱导性的问题：典型的诱导问题是"如果有××功能，你会使用吗？"一般来说用户会给出毫无意义的肯定答复。

记一次用户大会

用户大会是邀请产品的用户到某一集中地点开会，人数一般在几十人到几百人不等，可以短时间内收集大量信息，是一种特别的用户访谈形式。我在 2007 年 6 月组织过一次

---

[1] 本书的作者是交互设计之父 Alan Cooper，附录里有对本书的简单介绍。

"阿里软件网店版"的用户交流会。这种会耗费资源较多，举办的机会很少，所以要充分利用。结合下文这个提纲，我们来看一下这种用户访谈形式应该如何准备、如何操作。如果把"用户大会"视为一个产品的话，大家也可以从中看到一些做产品的通用思路。

明确目的

会前最重要的是明确这次用户大会的目的和意义，这样在争取资源时才会更有说服力，比如：产品二期卖点确认，辅助运营决策；三期需求收集；现有产品用户体验改进等。

资源确定

- 时间：日期、时刻、时长。要考虑淘宝卖家的空闲时段。另外注意要把整个活动各项准备的时间点掐准，并留出余量。

- 地点：场地、宣传用品、IT 设备、礼物、食品饮料、桌椅。

- 人物：

  工作人员：大家一起上，人人有事做，分组分工，注意产品、运营、开发人员的搭配，要有多余的人员名额处置突发事件。

  用户：确定目标用户、数据提取、预约，要充分考虑人数弹性。

  嘉宾：相关老板、合作部门的同事，不管来不来，邀请要发到。

- 材料：用户数据、产品介绍材料（测试环境确保当时可用，静态 Demo 备用）、可用性测试[1]材料。

- 各项备用方案的准备，用户大会前两天开一次"确认会"。

现场执行

- 辅助工作：场地布置（轻松一点，不要像开会）、引导/拍照/服务/机动、进场签到（给礼品）、全程主持（进度控制）、送客/收拾残局。

- 主流程：

  1. 产品介绍，重点是卖点介绍。与用户进行互动，观察用户更关注哪些功能，进而辅助上线前的运营决策，决定到底主推哪些卖点。

  2. 抽取部分用户做焦点小组[2]的讨论，收集后续的需求，产品三期开始启动。

---

1 可用性测试（Usability Testing）是指在设计过程中被用来改善易用性的一系列方法，2.2.3 节中有详细描述。
2 焦点小组（Focus Group）是由一个经过训练的主持人以一种无结构的自然形式与一个小组的被调查者交谈，可以视为一种一对多的用户访谈形式。

3. 同时抽取部分用户做可用性测试，帮助产品二期做最后的微调。

4. 最后合影留念。

结束以后

- 资料整理：卖点总结报告、需求收集报告、可用性测试报告。
- 运营：针对本次活动在淘宝论坛发帖，发送内部邮件。
- 整个活动资料的整理归档，包括照片、各项材料、报告信息、用户数据等。

一场三四个小时的会，我们好几个人前后忙了半个月，从计划制定、资源申请、各种材料准备，到当天执行、之后的分析整理……不过这些辛苦都有了回报，在短短几个小时内，从三四十位用户那里获得了很多有价值的信息。比如确定了产品二期主推的 3 个卖点；明确了产品三期优先级最高的几个需求；与这些用户成为朋友，将来可以作为产品的种子用户[1][延伸阅读 6]等。这些都为今后的产品发展提供了指导。

定量地说：调查问卷

同样是听用户怎么说，常见的定量研究方法是调查问卷。

调查问卷和用户访谈的提纲是有区别的：用户访谈的提纲通常是开放式问题[2]，适合与较少的访谈对象进行深入的交流，以解决困惑、确定产品的方向；而调查问卷中通常封闭式问题比较多，适合大量用户的信息收集，但不够深入，一般只能获得某些明确问题的答案。调查问卷不是考卷，不适合安排问答题。用户访谈与调查问卷之间也有联系，我们经常通过前者的开放式问题为后者收集具体的封闭式问题的素材。

无论是线上还是线下，问卷的作答时间最好不要超过 5 分钟，否则很多人看一眼就被吓跑了。开篇一般放一些简单的不需要思考的问题，很想知道的、需要思考的、较敏感的问题一般放在中间，而有关被访者个人信息的题目一般放在问卷的最后，以免应答者在回答这些问题时有所顾忌，进而影响其他答案。

调查问卷的常见问题与对策

调查问卷一人一份，独立作答，可消除"焦点小组""论坛发帖征集需求"等具有群

---

[1] 种子用户是指对某产品忠诚度很高的用户，产品设计者与他们长期保持交流，让他们试用最新产品，可以经常从他们那里获得对产品的建议和意见。

[2] 开放式问题不设置具体答案、不提供参考，由调查对象自由回答；封闭式问题则提供若干备选答案，由调查对象根据自身情况进行选择。

体讨论性质的方法的弊端。这是因为在群体讨论中，沉默者与骑墙派总是大多数。

《长尾理论》[1]里说到"沉默的大多数"：站出来的总是少数用户，而且往往是非典型的用户，不能保证其代表了目标用户的想法；而"骑墙的大多数"是指大多数人是没有明确观点的，尤其在一个匿名的网络环境下，最早表态的那几个人的观点常常引导了群体的观点，随机的初始值决定了结果。这个时候你只有单独和跟风者交流，才会发现他根本不是那么想的。

保持调查问卷的客观性、多份问卷之间的独立性，可以有效避免上述问题，但容易出现的问题在于：

第一，样本用户与想了解的目标用户存在偏差。

由于样本量的限制，用户访谈始终只能听到目标用户群体中一小部分用户的声音。而调查问卷可以进行更多的采样，我们应该充分利用。所以，调查问卷的样本选择，就有两个注意点[2]：尽可能覆盖目标群体中各种类型的用户，比如各种性别、年龄段、行业、收入等；要保证各种类型用户的样本比例接近全体的比例，比如目标用户中男女比例为7∶3，那么我们的样本也应该保持这个比例。

但在实际工作中，经常会因为各种原因没办法选择完美的样本，比如我们的产品销往全国，但出于成本考虑，只能选择特定城市的目标用户做街头的拦截调查；又如利用网络做调查问卷，能在特定时间、特定页面上看到问卷的人，已经是被筛选过的群体；再如在各种场景下，愿意填写问卷的人也许只是目标群体中特定类型的用户，这是一种潜在筛选。

所以，在类似情况下得出结论时，大家最好把这些潜在的筛选条件标明，让报告的读者知道数据获得的方法与来源。如果我们是报告的读者，也要带着相关问题去分析数据。

有一个设计问卷的小技巧：我们可以把目标群体的特征也定义成一系列问题放入问卷中，待我们回收问卷以后，就可以通过这些问题评估作答者是否能代表目标群体了。如果发现作答者和目标受众存在偏差，我们也可以从回收的问卷中再筛选出一个接近目标群体的子集来分析。

第二，样本过少的问题。

样本量过少时，采用百分比来分析是没有意义的。这是很多新人会有的误区，比如只问了5个人，3个人选A，就在报告中说有60%的用户选A，这是很不严谨的。如果换5

---

[1] 虽然是2006年就翻译引进的图书，但我觉得这是互联网从业者不得不读的一本经典读物。

[2] 更理论化的内容，大家又可以去翻《概率论与数理统计》的课本了。

个人再做一次，很可能就是40%了。数字百分比要具备稳定性才有价值，所以，此时只能说"问了5个用户，有3个用户选A"。

第三，问卷内容的细节问题。

首先，问题表述应无引导性。比如，不要问"你喜欢某个产品吗"，这时用户可能会考虑到提问者的情感而回答"是"，正确的问法是"你是否会把某个产品推荐给你的亲友？请在0到10之间打分。"[1]

答案的排列顺序也可能导致"顺序偏差"或"位置偏差"，即被调查者选择的答案可能与该答案的排列位置有关。有研究表明，如果在一组陈述性选项中进行选择，被调查者趋向于选第一个或最后一个答案，特别是第一个答案；而在一组数字中进行选择时，如选择价格或打分，则被调查者趋向于取中间位置。为了减少顺序偏差，可以准备几种选项排列顺序不同的问卷。

对于重要的问卷，为了避免上述问题，我们还有个通用的办法就是先进行小范围的试答，根据反馈修改后，再大面积投放，这和互联网产品的灰度发布[2]有着同样的理念。

设计一份实际的问卷

我们来试着设计一份实际的问卷。和做任何产品一样，先想清楚目的，然后明确样本对象、调查渠道、时间计划等，最后才是问卷内容本身。

给大家举一个实例，我为这本书的读后反馈设计了一份调查问卷，有兴趣的读者可以做一下。[3]

问卷目的：收集本书的读者反馈，总结得失，希望本书的2.0版本能做得更好。

样本对象：本书读者，扩大到博客读者，以及对产品经理感兴趣的人。

调查渠道：网络、个人博客等渠道发布。

时间计划：本书上市后放出问卷，收集至少3个月后给出一份分析报告。

问卷内容：不断优化，你真正看到的问卷可能与下面内容有所区别。

同学你好，我是《人人都是产品经理》的作者苏杰，这个问卷是为了……，作答大约需要2分钟，完全匿名，非常感谢。

---

[1] 通过计算净推荐值（NPS，Net Promoter Score）我们可以相对客观地获得用户对产品的评价。

[2] 灰度发布是互联网产品发布上线的一种常用形式，先让少量用户看到新产品，利用他们的反馈进行修正，逐步把新产品展现给所有用户。

[3] [延伸阅读7]中可以找到问卷。

首先，是一些简单的问题，帮助我对作答者进行分类。

▶ 你看过《人人都是产品经理》这本书吗？（单选）

是，否

▶ 你看过"iamsujie.com"这个博客吗？（单选）

是，否

▶ 你是怎么知道这个问卷的？（单选）

通过书，通过博客，其他网上渠道，其他线下渠道

然后，是一些我最想知道的问题。

▶ 你工作多久了？（单选）

还是学生，1年以内，1到2年，3到5年，6到10年，11年及以上

▶ 你是几岁的产品经理？（单选）

−1到0岁，1到2岁，3到5岁，6到10岁，11岁及以上

▶ 你的岗位？（单选）

产品经理，其他产品相关（如需求分析、用户体验、交互设计、运营），商业相关（如市场、销售、服务），技术相关（如开发、测试、架构、运维），各种管理岗位，其他

▶ 你的行业？（单选）

移动互联网，互联网，软件，其他IT类，其他

▶ 你的公司规模？（单选）

10人以下，10到100人，100到1000人，1000人以上

▶ 你工作中接触最多的主题？（多选）

用户，需求，项目，文档，流程，战略，修养，职场，其他

▶ 你希望我多说些什么主题？（多选）

用户，需求，项目，文档，流程，战略，修养，职场，其他

▶ 你对《人人都是产品经理》的2.0版本有什么意见和建议？（唯一一个问答题）

接着，想了解一些你的情况。

- 你的性别？（单选）

  男，女

- 你的年龄？（单选）

  20 岁以下，20 到 25 岁，26 到 30 岁，31 到 40 岁，41 岁及以上

- 你所在的城市？（单选）

  北京，上海，杭州，深圳，广州，其他

- 你的月收入？（单选）

  2k 以下，2k 到 5k，5k 到 10k，10k 到 20k，20k 到 50k，50k 以上

最后，还有什么想说的？

2.2.2 定性地做：可用性测试

可用性测试即通过让实际用户使用产品或原型来发现界面设计中的可用性问题，它属于典型的定性研究。这种测试通常只能针对少数几个用户。

它是 UGC[1]理念的一种很实用的实践，在目的明确的前提下，简单介绍一下主要过程。

首先要招募测试用户。招募测试用户的主要原则是，这些测试用户要能尽可能地代表将来真实的用户。比如，如果产品的主要用户是新手，那么就应当选择一些对产品不熟悉的用户。

然后是准备测试任务，测试的组织者在测试前需要准备好一系列要求用户完成的任务，这些任务应当是一些实际使用中的典型任务。

接下来的重头戏是测试过程。可用性测试的基本过程就是用户通过使用产品来完成所要求的任务，同时组织者在一旁观察用户操作的全过程，并把发现的问题记录下来。

测试结束后，组织者可以询问用户对产品的主观看法或感觉。另外，如果用户在测试的过程中没有完全把思考的过程说出来，此时也可以询问他们当时的想法，询问他们为什么做出那些操作。

---

1 UGC：User Generated Content，用户产生内容。UGC 其实并不是新概念，传统行业的宜家（IKEA）早在 50 年前就有所行动，让终端用户参与到产品设计的各个环节中。

最后是研究和分析。在可用性测试结束之后，组织者分析记录并产出一份产品的可用性问题列表，并对问题的严重程度进行分级，我们可以根据项目进度来选择哪些优先处理。

可用性测试的常见问题与对策

和用户访谈、调查问卷一样，可用性测试也有其特别需要注意的问题。

第一，如果可用性测试做得太晚（比如在产品马上要上线的时候），这时发现问题也于事无补了。

其实，可用性测试在产品的各个阶段都可以做。在产品已经上线运行时，可以拿真实的产品给用户做；在产品只有页面 Demo 时，可以拿 Demo 给用户做；在产品只有纸面原型时，可以拿着手绘的产品，加上纸笔给用户做；甚至在尚无任何成型的产品时，可以拿竞争对手的产品给用户做，以避免我们犯同样的错误。总之，不同阶段有不同做法，我们都能从中发现相应的问题。

第二，总觉得可用性测试很专业，所以干脆不做。

可用性测试听起来名称很专业，但收益又无法量化，所以很多老板不太愿意投入资源，经常因为项目时间过紧被略过。可用性测试通常需要做 5 个左右的用户才可以发现大部分的共性问题，前前后后的准备也耗时不少。即使只做一个用户，并且简化步骤，也比不做要好。

比如，我自己尝试过对一个内部使用的用户管理平台做了一次最轻量级的可用性测试，设施对象为一个同事，测试时长为半个小时。测试的过程是在我的座位上，让该同事进行简单的几个操作任务，比如"将 X 用户的有效期增加一年""将 Y 公司的状态设置为冻结""查询 Z 公司的员工数"等。结果，通过这一测试我发现了十几个问题，可见可用性测试的效率很高。

第三，明确是测试产品，而不是测试用户。

可用性测试要邀请用户来做测试人员，我们在开始之前，应当明确地告诉用户，这个测试的目的是发现软件产品中的问题，而不是要测试用户是否有能力使用软件。所以，不要让用户误解了"可用性测试"的目的，我们应该向测试对象说明"来试用一下我们的新产品，提点意见"。这将有助于减轻用户的压力，使得他们能像在真实环境中一样来使用软件。

第四，测试过程中，组织者该做的和不该做的。

刚开始的时候，我们可以告知用户大概需要的时间、要做哪些事情，让用户心中有数，轻松愉快地完成任务。

在可用性测试中，我们可以要求用户在使用产品的过程中采用一种名为"发声思维"的方法，即在使用产品的同时说出自己的思考过程，比如为了完成某个任务，用户想先做什么、后做什么、为什么要做某个动作等。

做测试的过程中千万不要有任何的引导与暗示，我们只做观察和记录，任何引导都可能使得原本可以发现的问题无法暴露。用户行为和预想的不一样时，可以提问，只有在实在进行不下去时，再给予提示。记住，一切的错都是产品和我们的错，用户绝对没有错。如果真觉得用户错了，那也是你找错人了，不是这个用户错了。

结束之后，如有可能，应该送个小礼品，当然在邀请时就要告诉用户会有一些对他付出时间的补偿。同时，我们尽快总结测试结果，并且将总结的结果发给用户，一方面让用户感到他做了一件有意义的事；另一方面也是表示感谢，建立长期和谐的"用户参与产品设计"的氛围。最重要的是，这份总结要用于指导产品改进，这才是可用性测试的根本目的。

产品改版的一次冒险

每一个优秀的产品（比如 Gmail、微信）都是靠着不断的升级、优化、改版才逐渐获得认可的。改版的初衷都是为了产品升级，以便更好地服务用户，但改版在客观上会挑战用户现有的习惯，所以必须慎之又慎。可用性测试就是一种很合适的方法，可以保证产品改版的安全性。对于一个产品经理来说，如何在合适的时机推动一次合理的改版是一大考验。本节中的案例是 2007 年我发起的一次产品改版——网店版从 1.0 升级到 2.0。

这次改版在页面风格上有极大的变化，如图 2-5、图 2-6 所示。刚开始考虑到我们的目标用户全部是淘宝的大卖家，所以网店版 1.0 沿用了当年淘宝网"我的淘宝"的页面风格。之后的几个月，随着产品的发展，我们发现在 1.0 的页面框架下，很多功能设计起来都要瞻前顾后，所以决定颠覆性地把导航菜单从左侧移到上方，释放页面空间，并且修改了很多交互、视觉的细节。

整个过程几乎完全凭借我们的喜好改进，直到上线前几天，我们才叫了几个用户来做可用性测试，而这时候其实我们已经知道没时间改了，只是想听用户说一声"Yes"来增强自己的信心，如果这时候用户说"No"，绝对是一个灾难。

好在参加测试的用户对我们说了"Yes"，上线后数据分析的答案也是"Yes"，我们才没有因为缺乏经验而造成太多损失。在这之后，我再也不敢这么晚才做可用性测试。联想一下淘宝网"我的淘宝"曾经做过的改版[1]、2007 年底豆瓣为了庆祝注册用户过 100 万的

---

[1]《人人都是产品经理（案例版）》中讲述了这个故事，最终因为用户的反弹，产品回滚了，之后，我们都戏称"一个成熟的产品经理，必须经历过一次'回滚'"，可见过程之惨烈。

改版、2009 年百度贴吧的改版、2013 年手机 QQ 向微信看齐的改版，都因为用户的反对声音太大而不得不道歉，甚至有的产品不得不重新改回原版，我们真的很幸运。

图 2-5　网店版 1.0 首页示意图

图 2-6　网店版 2.0 首页示意图

这次改版让我事后去恶补了不少常识。对于改版，除了"可用性测试"要在足够早的时候做，发布后还有一些方法可以改进。

首先，先从部分次级页面改起，比如"我的淘宝"历时多年的改版。

其次，新旧版本并存一段时间，并允许用户自由选择，比如 2007 年的新浪邮箱和 2014 年的手机支付宝钱包。

再次，小面积试验，选择一小批测试用户放出新版本，监测效果、做用户调研，比如 Gmail 通过 Labs 发布某些新功能。

最后，傍上一个用户已经习惯的风格，比如网店版的前身"高级店铺"升级到网店版 1.0 的时候，讨论了很多方案，最终还是决定模仿"我的淘宝"的页面风格。

2.2.3 定量地做：数据分析

只要做的是一个大用户量的产品（互联网产品往往都有这个特点），那么我们总会惴惴不安：就算做问卷的普查，回收到的有效问卷也可能不到用户总数的 10%。或者说，在样本的选择上都有一定的被动性——需要样本同意参与，所以我们只能接触特定的少部分用户，那么这些样本到底能不能代表目标用户群体呢？

虽然绝大多数情况下的经验证明，只要在用户的选择上没犯什么低级错误，他们是"具有代表性的"，或者说接受这种假设是一种性价比很高的解决方案。不过，我们还有数据分析这种定量的研究方法。这种让数据来说话，看看用户到底怎么做的方法，不论是考察目标用户全体还是部分采样，都完全可控。"According to the data"是最难被驳倒的[1]。

数据来源多种多样。常见的数据来源有用户使用产品的日志、客户管理系统里的信息、网页访问情况的统计信息等。数据分析的方法，最简单的可以制作 Excel 表格，复杂一点的可以用一些统计软件、数据库软件，或者直接自己写程序解决。而数据分析最关键的步骤就是对结果的解读，通常数据分析只能发现一些现象和问题，并不能了解原因，所以分析完成后我们通常会跟进举行一些用户访谈，听听用户怎么解释。

数据分析的常见问题与对策

我们要意识到，用户"怎么说"和"怎么做"之间常常会有矛盾，有时候用户的行为比语言更能反映出他的真实需求。比如卖家用户说在搜索买家的时候应该加一个"按交易额搜索"的条件，也许只是他某次的特殊需要，如果我们听他的做了这个功能，之后通过

---

[1] 2013 年开始火爆的大数据概念，全面提出了"全样本"的分析方法，有兴趣的读者可以延伸阅读。

分析用户行为的数据发现，只有 1/10000 的人用过，那就表明我们被用户的说法"骗"了，但数据永远不会骗我们。不过，在数据分析时也会有一些特定的问题，下面让我们逐一分析。

第一，过于学术，沉迷于"科学研究"。

我在读研的时候，做的就是统计分析、数据挖掘相关的课题，所以工作中开始遇到数据分析的时候，我挺兴奋的，感觉可以好好地研究一番了。但渐渐我体会到，实际的生产和科研是有很大不同的。科学研究通常只注重"性价比"的"性"，只要结果好、方向新，往往不在乎投入，因为科研的结果往往不是为了马上应用，而是为了证明实力、做技术储备。[1]

但在实际生产环境中我们会更重视综合的"性价比"，所以我们日常的数据分析方法也就显得不那么严谨。尤其是小步快跑的创业团队，他们可能不需要在每次分析前都去验证样本群体是否符合某种统计分布，也可能不需要用高科技手段去预测产品将来的用户数，甚至给出"A>B"的结论时也用不着做"显著性检验"。

第二，虽然数据不会主动骗人，但我们经常无意或有意地误读数据。

什么是无意地误读数据？举个例子，对一个人群，人们的身高用平均数来衡量是有意义的，我们知道身高属于典型的正态分布，中间多两边少，所以一个平均值，最多再加标准差，就能了解群体的大致情况。而对人们的收入，就不能用平均值来衡量了，一个超级富豪和 1000 个零收入的人一平均，很可能得出人均收入 100 万的荒谬结论。解决这个问题的对策，是学习统计学的知识[2]，努力提高自己的水平。

主动地误读数据，是比较有趣的现象。在提取数据之前，我们心中通常已经有一些结论了，无非是想验证它。抱着这一出发点，我们总能找到数据来证明自己已有的想法，并且能力越强的人越容易做到这点。对此，一个简单的对策就是对数据保持中立的态度，尽量不要"为了迎合一个观点而去找数据"，减少利益牵扯。比如在实际工作中，我们不能为了证明老板的判断，或者为了保持自己之前"拍脑袋"的英明形象而去进行数据分析。

第三，平时不烧香，临时抱佛脚。

这是一个很实际的问题，我们经常在做决策的时候才想起数据分析，但忽然发现手头没有数据可分析。一次又一次地发生同样的情况……为了避免这类问题，我们应该在产品设计的时候就把数据分析的需求加进去，比如记录每个按钮的点击次数、统计每个用户的

---

[1] 我认同一个说法：工程师为了人类的明天奋斗，科学家为了人类的后天努力。

[2] 推荐阅读《黑天鹅》和《统计数字会撒谎》这类统计学的图书，不似教材那般枯燥，适合工作以后的人阅读，附录中会有简单介绍。

登录频率等。这也是一种典型的非功能需求，这样做对产品的可持续发展非常必要。

日志分析的商业价值

下面举个小例子，看看数据分析是如何转化为商业价值的。将数据转化为商业价值的整体思路是：在对产品足够熟悉的基础上先做出方向性的假设，再提取相应的数据并分析，得到一些现象，最好是之前没发现的现象，然后尝试解释，接下来做用户调研修正解释，最终指导产品发展方向。

2008年年底的时候，我们希望产品的用户能更活跃，活跃的衡量指标是更多的登录次数。这一方向确定之后，我们假设有方法可以促使某类用户更多地登录，于是对产品的用户登录日志[1]做了一些分析，希望找到方法和对应的用户。结果，发现了一条很有趣的曲线，如图2-7所示。

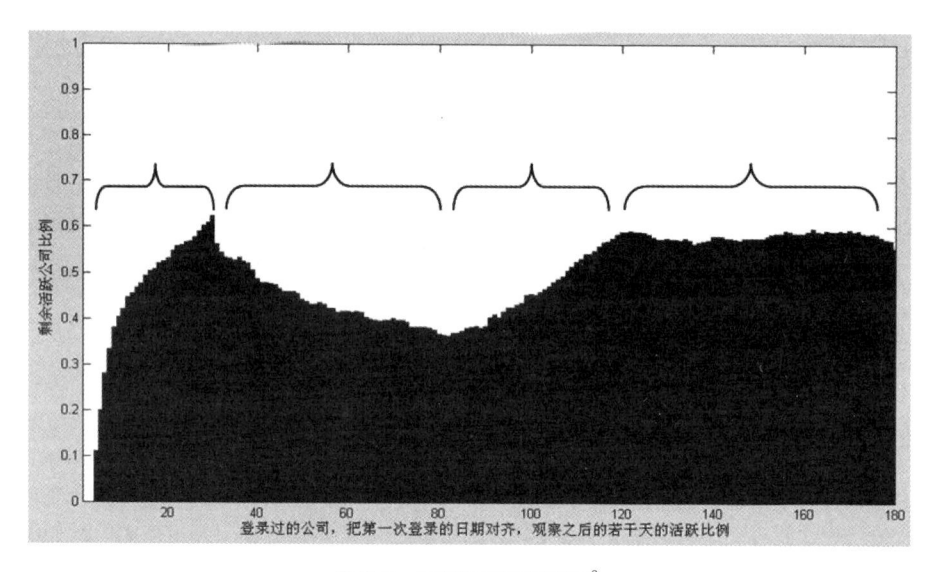

图2-7　用户登录产品的情况[2]

图中的横轴是把所有付费用户的第一次登录日期对齐，表示用户从这一天开始使用产品，查看他们在此之后半年，也就是180天的活跃情况；纵轴是这几千家公司的总体活跃

---

1 因为此处指的是企业用户，所以本例中"用户"与"公司"是一个概念。

2 这次的数据分析是我用一款工程软件——MATLAB做的。这完全是个巧合，正好上学的时候一直拿它做数据挖掘。我常有这种体会，以前学过的东西，当时不知道有什么用，多年以后说不定什么地方就真的用上了，很惊喜。所以，在学生时代，当你还没想清楚将来要做什么的时候，也不要一直空想而什么都不学，不妨先学着别人安排你学的东西，等想清楚自己的目标以后，再优化自己的知识结构。

情况，可以简单地理解成纵轴数值越高，用户登录次数越多。可以看到，活跃公司所占比例的变化情况明显分为四个阶段，特别是 1~4 个月之间出现了先下降再上升的现象，我们先试着解释：

该产品是通过经销商销售的，在卖出去之后，经销商在前期也会登录产品，帮助用户做一些初始化产品的工作，所以产品的登录行为有经销商登录和用户登录两部分，虽然通过已有的数据无法区分这两种行为，但它们确实各有特点。

第一阶段：第 1 个月，活跃公司所占比例考察的是 1 个月内用户的登录次数，所以 30 天内活跃公司所占比例不断上升达到峰值，约 60%。这段时间内，经销商登录次数较多，帮助用户初始化，用户的登录次数缓慢增加。

第二阶段：第 1~3 个月，活跃公司所占比例缓慢下降到约 40%，其中包含两部分，经销商行为和用户行为。

- ▶ 经销商登录次数逐渐减少，导致这条曲线只有一个趋势：衰减，这个衰减绝对比图中的更陡峭。
- ▶ 用户登录行为有两种趋势：衰减与增加，从第三阶段可以看出增加是大于衰减的。

第三阶段：第 3~4 个月，活跃公司所占比例逐渐上升到 60%，这是因为到 3 个月之后，几乎再没有经销商登录行为了，完全是用户登录，并且经过两个月的使用，用户已经通过产品体会到了实际的商业价值，所以登录产品并使用的行为越来越多。

第四阶段：第 4 个月以后，活跃公司所占比例稳定在 60%左右，进入动态平衡期，用户使用产品的情况不再有大变化。

上面这些解释，完全是我们根据对用户的认识主观做出的判断，为了验证上述观点，接下来我们做了用户访谈，采取了两种形式——先电话调研、然后有选择地登门拜访，试图区分出经销商登录和用户登录的不同。果然让我们发现，两种人群的主要登录入口不同，经销商通常从 A 入口登录，因为他们要做的初始化操作从这里进去方便，而用户通常从 B 入口登录，因为日常操作更多在这里。

由此启发，我们深挖了某段时间内从不同入口登录的日志，验证了用户的说法。于是，我们分离出了经销商和用户两种登录行为的曲线，如图 2-8 所示。

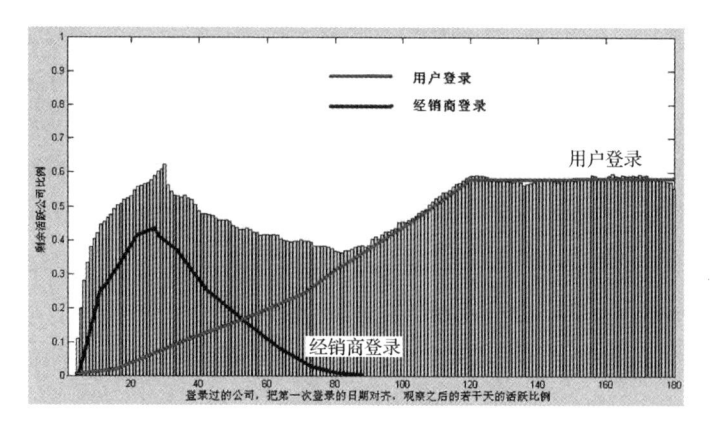

图 2-8 用户登录与经销商登录行为曲线

这么"劳民伤财"的分析，商业价值在哪里呢？

一方面，我们会考核每个经销商下面的用户活跃度，目的当然是为了让他们更多地服务用户、指导用户使用，但有的经销商会耍小聪明，自己登录来忽悠我们。原来我们很苦恼，现在可以通过分析登录行为，对这种情况做一个初步的判断。事实上我们后来就对不同入口的登录行为、同一台电脑登录多个用户账号的行为做了跟踪。如果某些用户登录次数的增加是以 A 入口为主，或者是某时间段同一台电脑登录多个用户账号，再关联这些用户的经销商进行分析，就能够找出作弊的经销商，以示惩戒。这样一来就增加了经销商作弊的成本。

另一方面，这次分析告诉我们，对我们有实际意义的是 B 入口用户的登录，所以产品的优化重点应该放在 B 入口。另一个数据也证明了上面的推论：有某种登录行为的群体，在出现该行为后几个月的活跃度情况如表 2-2 所示。基本上出现过"B 入口登录"行为的用户，之后的活跃度就会很高，这些是真正的用户登录。这次数据分析最终指导了产品改进。后来，我们对 B 入口登录做了很多引导，比如降低门槛，运营推广，在宣传手册、光盘上重点说明等，这些都起到了很好的效果，用户活跃度真真切切地上去了。

表 2-2 登录行为与若干个月后的活跃度

出现某种登录行为的群体	1 个月后	2 个月后	3 个月后
A 入口一周内登录≥2 天	68.70%	56.80%	58.10%
A 入口两周内登录≥8 天	92.00%	81.80%	78.10%
B 入口一周内登录≥2 天	95.40%	91.20%	87.10%
B 入口两周内登录≥8 天	99.60%	96.40%	94.40%

在此次用户研究的过程中，我们抽取了近 100 个样本，电话有效沟通了 30 多例，上门拜访了 10 例，用户所在行业涉及机械、纺织、五金、建筑、服饰等，比较全面，考虑到上门成本问题，所以只在杭州、常熟两地进行。从决定调研开始，加上前期的准备、后期的总结，总共花了 15 人天，也就是两个人 7.5 天的时间。整理报销费用的时候，我简单算了一下，上门采访的用户礼品平均每家 50 元，差旅费用均摊下来，大约每家 150 元，人力成本 1 人天粗略记为 500 元，平均分摊给最终上门的 10 家用户，每家大约需要 1000 元人民币，不算不知道，确实挺贵的……这还只是很简单的调研，所以用户研究的成本真的很高。很多小公司都能省则省，我们很无奈，老板也很无奈，以后在抱怨老板没用户研究意识的时候，也需要体谅一下他们的难处。

2.2.4 需求采集人人有责

前文用很大篇幅说了一些常用的需求采集方法，这一节，我想先抛出一个"一手需求与二手需求"的概念。[1]

有个很形象的比喻就是"生孩子与养孩子"。我们首先把"生孩子"——需求采集视为己任，希望所有人都参与。这就要给他们一个简单的"生孩子"的工具——"单项需求卡片"。本书最后会简单介绍一下其他常用的方法，这样才能做到"尽可能多地采集"。

生孩子与养孩子

之前所述的各种方法，都是直接从用户那里获得需求，我称之为一手需求，就像"生孩子"。很多时候，我们还会接受二手需求，比如老板说要给用户做个××功能、销售人员说用户哪里用起来不顺等，这些需求和一手需求比起来，就像"养孩子"。

"生孩子"更多的时候发生在新产品诞生前，这时候外部没有用户，内部没有运营、销售、服务人员等，所以更多的是依靠产品人员去主动采集需求，比较常见的方法就是直接去潜在的目标用户那里采集。

而"养孩子"通常发生在产品已经运行了一段时间以后，用户也有了，公司内部也多了很多相关的人员，比如销售和服务人员。虽然产品部门与用户的直接接触变少，但多了

---

[1] 对此话题，我还写过一篇"直接采集 > 间接采集"的文字，供参考[延伸阅读 8]。

很多间接来源，即与终端用户接触的干系人，他们会向你反馈很多需求。此时，用户也开始主动提出需求了。

对比一下，"生孩子"的时候，我们去主动"拉"需求的比例较高，需求都是直接从用户那里得到的，有点"进攻"的感觉。"孩子生出来"以后，就不再是你一个人的"孩子"了，必然是大家一起"养"，所以我们需要照顾到各个方面，并且会收到很多"推"过来的需求，比较像"防守"的感觉。

有很多读者从一开始工作接触的就是已经存在的老产品，需求始终堆积如山。如果碰上销售占据强势地位的产品，光销售人员提过来的需求都来不及响应。也许做了半年一年，突然回想，发现自己连真正的用户都没有接触过，而是始终在满足销售的需求。这种二手需求，或多或少有些扭曲。以销售人员为例，考核指标决定了他们会比较注重眼前利益，希望产品的卖点越多越好，而之后用户用得如何，就不那么关心了。比如我就经历过一些让人很抓狂的二手需求：销售希望产品增加一个功能，这个功能在说服客户购买产品时有"临门一脚"的作用；而用户买完以后，销售又希望用户最好别用这个功能，以免增加服务部门的压力……所以在公司层面上看，产品部门至少应该和销售、服务等部门有平等的地位，坚持不懈地从终端用户那里直接获得需求，才能保证产品的可持续发展，或者用流行一点的说法，叫"接地气"。[延伸阅读8]

但接收二手需求毕竟是常态，我们经常收到的可能是口头的几句话，或者一封邮件的几行说明，这中间理解的偏差只能靠我们主动地、反复地沟通来弥补，那么有没有什么办法解决呢？下面我就介绍一种简单的二手需求采集工具——单项需求卡片。

单项需求卡片

一张单项需求卡片描述了一个用户的需求到底包含哪些内容，重点是描述用户场景，谁在什么时间、地点产生了何种需求。

单项需求卡片的理念是：产品的需求工作不只是需求分析人员的事，也是产品的每个干系人应该完成的义务，至少得参与"采集"的过程，理想的状态是产品的所有干系人都参加过"需求采集"的培训，然后在日常工作中养成主动提交需求给产品人员的习惯，但在实际工作中很难做到，所以作为专业的需求分析人员，就应该尽量降低同事们，比如销售、服务、技术人员提交需求的成本，也是在节省我们自己的时间。

单项需求卡片的模板，如表2-3所示。

表2-3 单项需求卡片模板

需求编号（可由需求人员填写）	需求类型（可由需求人员填写）
包含"采集时刻 + 采集者"信息	功能需求、非功能需求等
来源（Who）（重要信息，方便追根溯源）	
产生需求的用户：最好有该用户的联系方式等信息 用户背景资料：受教育程度、岗位经验，以及其他与本单项需求相关经验	
场景（Where、When）（重要信息，用来理解需求发生的场景）	
产生该需求的特定的时间、地点、环境等	
描述（What）（最重要的信息）	
尽量用"主语+谓语+宾语"的语法结构，不要加入主观的修饰语句	
原因（Why）（需求人员要保持怀疑的心，很多时候理由是假想出来的）	
为什么会有这样的需求，以及采集者的解释	
验收标准（How）	需求重要性权重（How much）：
（如何确认这个需求被满足了） 1. 尽量用量化的语言 2. 无法量化的举例解释	满足后（"1：一般"到"5：非常高兴"） 未实现（"1：略感遗憾"到"5：非常懊恼"）
需求生命特征（When）	需求关联（Which）
1. 需求的紧急程度 2. 时间持续性	1. 人：和此需求关联的任何人 2. 事：和此需求关联的用户业务与其他需求 3. 物：和此需求关联的用户系统、设备，以及其他产品等
参考材料	竞争者对比
在需求采集活动中的输入材料，只要引用一下，能找到即可	按照"1分：差"到"10分：好"进行评估： 1. 竞争者对该需求的满足方式 2. 用户、客户对竞争者及公司在该需求上的评价

由于填写卡片的人经常不是专业的需求人员，所以卡片的质量无法保证，比如下面这个例子就是一个典型，如图 2-9 所示。

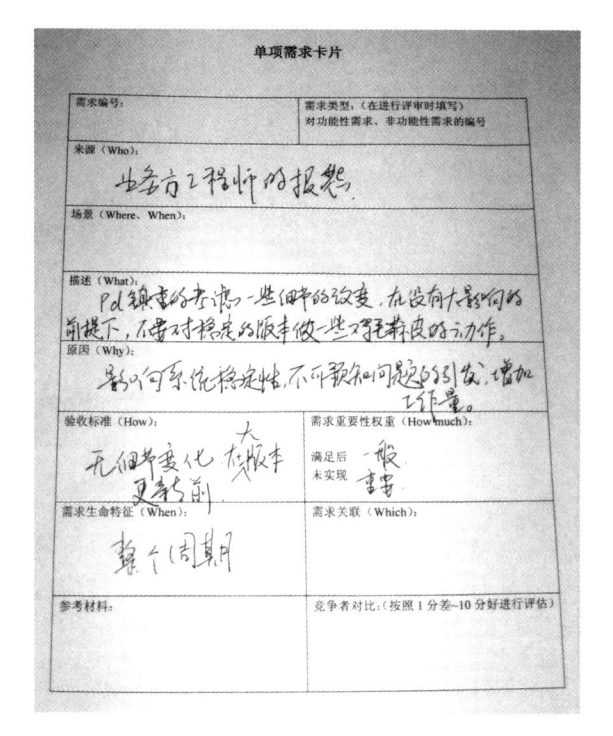

图 2-9 单项需求卡片实例

图 2-9 是工程师提的一个需求。"单项需求卡片"原本是让大家给产品提需求，而工程师却拿它来给产品经理提意见。从这份表格就可以看出来，实际工作中我们能拿到的大部分卡片都是填写不完整的，甚至是字迹难以辨认的。当然，也可以尝试电子版，或者直接用某些需求管理系统，那样我们整理卡片的成本低一些，不过这样一来很可能愿意填的人就少了。我们心里得有个底线，一张有价值的单项需求卡片，至少得有"需求描述"，需求编号、来源、场景最好也能有，其他的就很少有人愿意填写了。

每当我们拿到卡片，就需要主动去和提交人交流，完善卡片的内容。在真实的工作中你能体会到，这张卡片只是需求过程的中间产物，所以我们在这上面花费的精力也要尽量缩减。单项需求卡片所描述的用户需求，最终要转化为产品需求才有真正的价值。

尽可能多地采集

需求采集，并不是产品设计之前的工作，而是一个贯穿产品生命周期的过程。它不只是产品人员的事情，而是所有人的责任。它没有特定的方法，"不管白猫黑猫，抓到老鼠就是好猫"。它并不怕发现什么荒谬的需求，而是怕遗漏合理的需求……这才是需求采集的大生产运动。

最后再简单分享几个有特点的需求采集方法，希望大家能灵活应用，尽可能多地采集。

现场调查。说简单一点就是打入"敌人"内部，和客户一起工作一段时间，深入了解需求。它是一种典型的定性分析，持续时间长，从几个小时到几个月不等。现场调查既能听到用户怎么说，也能看到用户怎么做。不过，它的受众面极其狭窄，一次只能针对一个客户开展，我们要特别小心被"非典型"用户带到沟里去。

AB 测试。同时做方案 A 和方案 B，并应用在不同的用户身上，然后根据反馈再做下一步决定，这个方法比较适合用户量大的产品。比如有一个按钮不知道放在页面的左边好还是右边好，那就先随机挑选少量的用户发布这个按钮。如果我们有 10 万个用户，就挑选 1000 个用户放左边，1000 个用户放右边，然后过一段时间分析结果，再决定剩下 98%的用户该怎么办。很明显，这也是让用户直接参与了设计过程，这样低成本的方法让很多传统行业的产品同行羡慕不已。

日记研究。即去阅读分析用户写的关于产品的文章。它比较适合新兴的互联网个人应用。某个新产品出来以后，很多业内的朋友都会去尝试，然后写一些使用体会。但产品设计者在看这些日记的时候，要明白日记的作者往往是同行，而不是主流用户。

卡片分类法。我们把产品的各种需求写在便利贴上，让用户一起讨论并完成分类。这能让你深入了解用户是怎么给产品划分模块的，以及用户认为这个网站应该是什么样的结构。因为产品设计人员的思维方式和用户的思维方式通常不一样，如果是产品设计师来单方面决定网站结构的话，很可能导致用户理解上的困难[1]，所以卡片分类法能让最终的产品更加符合用户的心理模型。

自己提需求。这是最简单的方法。我们可以通过自己多用相关的产品，多看相关的报告来发现需求。比如，每一个靠谱的产品都会有一群粉丝用户，即使我们不刻意去找他们采集需求，他们也会给我们惊喜，主动提出很多需求。作为产品的主人，我们难道还没有用户了解产品吗？产品要用才能感觉出好坏，特别是自己做的产品。产品做多了，我们看到别人做的产品，总能一下子挑出很多问题，反过来看自己的产品却越看越完美，这一定有问题。所以，必须不断使用自己的产品，从中发出产品的不足，才能帮助我们破解这种敝帚自珍的情结。

需求采集的各种新方法层出不穷。和学习任何领域的知识一样，建议大家在了解知识的框架后，坚持"需求驱动学习"。

---

1 可以延伸阅读："设计模型"与"用户模型"的概念。

2.3 需求分析：听用户的但不要照着做

我们采集了很多需求，但是一团乱麻，从哪里着手？

用户都帮我们想好该怎么做了，照他说的做吗？

在开始需求分析之前，我们先回到 2007 年 7 月——我写了一篇里程碑意义的博文，是"产品设计体会"系列文章的第一篇，在这篇文章中，我总结了自己对需求的看法：

2007 年 6 月 28 日，网店版 2.0 上线，这是我主导的第一个付费产品，之后的三周我基本天天都会在淘宝论坛上泡不少时间，最大的体会就是：要听用户的意见，但不要照着做。

有的用户很"危险"，在提意见的同时还说你们应该做成什么样了，这时候产品经理一定要头脑清醒，用户提的解决方案往往是站在自己的立场上考虑的。比如对"快递单打印"的功能，用户提出要添加一个他经常用的小快递公司的快递单模板，而我们调查发现，这家快递公司只在一个区域内运营，最终针对这个需求，我们的解决方案是做一个"自定义快递单"的功能。

有时候，用户给出的做法存在明显的逻辑矛盾，就算他给出的解决方案合理，也要再深挖用户最根本的需求，比如用户描述"新建非支付宝交易订单的时候必须要选择用户不合理，希望能自己填写客户姓名"。这里更深层的需求就可能是他需要把线下客户也管理起来，所以我们或许更应该做一个新增线下客户的功能，而不是在新建非支付宝交易的时候让用户自己填写客户姓名。

我们是产品经理，最终怎么做应该由我们决定。

2.3.1 明确我们存在的价值

用户跟福特要一匹更快的马，福特却给了用户一辆车。

这就是我们存在的价值。还记得第 1 章中的小明吗？

小明说他需要一个电钻，这是他提出的解决方案，但在大毛的刨根问底之下，发现小明其实想要的是一种温馨的家的感觉，有了这个认识，我们就可以给出很多产品来满足。比如卖他一套实施方案，带着电钻、油画上门安装；比如用背面有强力胶的钩子挂画；比如直接把画黏在墙上；比如直接在墙上画，并且让小明自己画；再比如放一组书架在那里……经过我们分析得到的解决方案，比起小明自己说的，优势就在于可能省了钱、省了时间、更温馨，等等。

对同一个问题，这两套解决方案的区别就是：一个是用户需求，一个是产品需求[1]。而这中间的转化过程，就是这节的主题——需求分析。

用户需求 VS 产品需求

用户需求：用户自以为的需求，并且经常被用户表达为解决方案。

产品需求：经过我们的分析，找到的真实需求，并且表达为产品的解决方案。

需求分析：从用户提出的需求出发，找到用户内心真正的渴望，再转化为产品需求的过程。[2]

需求分析与常见的技术分析最大的不同是思路的本质差异，技术分析是"树干——树枝——树叶"的任务分解过程，技术人员很适应并乐于用这种方式思考，可以把大问题分解成小问题，发现难点逐一攻克。不少需求人员都是做技术出身的，所以开始往往会用这种思路做需求，听到客户提出的功能点，直接想怎么做系统设计了，这导致有时候需求分析甚至已经具体到"详细设计"了。大多数人在生活中也习惯于用这样的思路来对付问题，而真实情况是，需求分析是先"树叶—树枝—树干"，再"树干—树枝—树叶"的过程。也就是说，完整的需求分析是一个"分—总—分"的过程。一方面不能漏掉提炼用户需求的这个过程，它的目的是透过现象看本质[延伸阅读10]；另一方面也不能停在本质上，试想如果做到"树干"就结束，后端的执行人员可能还是不知道要做什么东西，所以我们还要继续把树干再重新分解成树枝、树叶。我们可以通过下面的小故事来加深理解：

小明又出现了，这次他说要吃猪骨头火锅（用户需求），预计消费80块，但没想到又碰到了大毛。

"真的想吃？"

"想吃！"

"为什么？"

---

1 在"人人都是产品经理"系列的后续图书中，很少用"产品需求"的说法，更多用"产品功能"的表达，主要是担心"用户需求"与"产品需求"皆为需求，容易混淆。其实这两个词说的东西类似，"产品需求"指产品需要做什么，"产品功能"指产品呈现出来的解决方案。为了保证上下文的连贯性，本书继续用"产品需求"一词，在此说明一下。

2 有关需求分析的方法论，我后来又提出了一个更详细的"Y理论"，有兴趣的同学可以参考《人人都是产品经理（思维版）》第5章。

"我饿了……"（找到了本质！）

"哦，这里是两个馒头（产品需求），请你吃，才1块钱。"

"……"

小明无比不爽，但没办法，真的饿，还是吃了。

大毛是这样分析的，想吃猪骨头火锅，这个用户需求无非两个原因——饿了或者馋了。如果他真的是馋了，那就吃吧，不过如果是饿了，那我完全可以用一个低成本的解决方案——馒头。虽然小明眉头紧锁，但现在经济不景气，毕竟节省了98.75%的成本啊！

伟大的需求分析师，可以无视用户想要的东西，去探究他内心真正的渴望，再给出更好的解决方案，或者说是用户真正需要的东西，这就是我们存在的价值。

销售人员经常说："用户为想要的东西买单，而不是需要的"，用上文的分析思路来理解，其实是"用户为自己提出的解决方案买单，而不是我们的解决方案"。那我们为什么不直接做用户要我们做的呢？

其实这是短期利益和长期利益的权衡。如果是一锤子买卖，卖出以后又不用负责售后，那么不妨用户要什么就给他什么，这样用户掏钱最爽快。这种情况下追求的就是短期利益。但是，我们的产品通常都是希望用户长期使用的，并且后续的服务也是我们来做，所以为了长期利益，我们就有必要找到用户的真实需求，然后给他真正合适的产品，哪怕这个过程不那么顺利。

满足需求的三种方式

我们通过产品需求来满足用户，这意味着我们要做一些用户真正需要的功能或服务，虽然在字面上这是最直接的理解，但在实际工作中，它也是最"劳民伤财"的。在甩开膀子干活前，我们有必要扩展一下思路，从问题的本质出发，寻找新路。

之前我们说过，需求来源于理想与现实的差距，那么减小这个差距就有三种方法：

- **提高现实**。我们最常用的方法，去开发某种产品，但也是最笨的方法。
- **降低理想**。"打预防针""丑话说在前头"这类句子想必大家都经常听到。
- **转移需求**。因为人类的注意力是有限的，所以引导用户去关注其他事物，他就会觉得这个差距没那么可憎了。人的行为是需求驱动的，想改变人的行为，可以寻找更强烈的需求展现给用户，让他不再纠结于原来的需求。

给大家说一个写字楼电梯的故事。

某写字楼因为建造时间较早，考虑不周，电梯明显不够用，每天中午吃饭的时候总是很挤，最上面几层的小白领们平均要等 20 分钟才能下到 3 楼的餐厅吃饭，于是抱怨很多，他们给物业提意见，要求解决。物业公司找到了大毛，大毛帮他们分析了一下。

提高现实。对现有产品做一些改进，在这个案例中就是增加电梯数目，或者加快电梯运行速度，但成本太高，直接被否定。

降低理想。告诉楼里的小白领们，隔壁那个写字楼中午要等 40 分钟呢。俗话说"不患寡而患不均"，人们更在意的是相对而不是绝对，这样确实可以减少抱怨，但是低水平的需求满足对提高产品美誉度没有帮助。这种方法要慎用。

转移需求。电梯门上贴一些锻炼身体的公益广告，内容是说爬楼有益身体健康。这样做的效果不错，部分用户走楼梯去餐厅了。但是刚吃过饭怎么办？最后，大毛采用了一个看起来很傻的方案，在电梯门旁边安装一面镜子，让等待的人们可以整理一下仪表，或者搔首弄姿一番，不至于那么无聊。

我们后来发现还有其他的解决方案，比如电梯广告，不但可以转移用户注意力，减少抱怨，而且对写字楼来说，既不用花钱，又额外挣得一笔广告费；又如错开午饭时间，让人们的等待时间都更少。满足用户的需求，不一定要做新产品或者新功能，而是更应该想想是否有"四两拨千斤"的妙招。

也谈创造需求

我们开阔了思路以后，认识到有多种满足需求的方式。但这些做法的基础都是用户提出来的需求，我们的思路能不能再开阔一点？比如直接达到产品设计的最高境界——创造需求！

工作中典型的需求设计创意大多来自老板或者产品人员的突发奇想，这些灵感在潜意识里都有一定的依据，是基于我们对用户、市场、产品的充分理解。虽然有些创意最终获得了用户的认可，但更多的创意却被证明过于天马行空。

> 后来，我认为更准确的说法其实是——我们无法创造需求，但是可以创造性地满足用户的需求。

苹果公司的乔布斯，可以说是创造需求的大师，但这是需要天赋的。这份天赋非常值得保护，产品的进化和生物的进化一样，需要如基因突变一般的胡思乱想。

在实际工作中，我认为需求分析的过程其实也有创造需求的成分，当一个新人能力尚且不足时，不妨先做用户提出的需求，而不要自己去胡乱分析，创造用户需求。对于一个团队来说，要尽量避免"只有能力不足的需求分析人员"这种情况出现。

我们刚上路，既要怀揣梦想，也要脚踏实地。接下来我们老老实实地开始给需求做一次"DNA 检测"。

2.3.2 给需求做一次"DNA 检测"

需求的"DNA 检测"过程如图 2-10 所示，我们先把用户需求转化为产品需求，然后一步步确定每个产品需求的基本属性、商业价值、实现难度、性价比等。

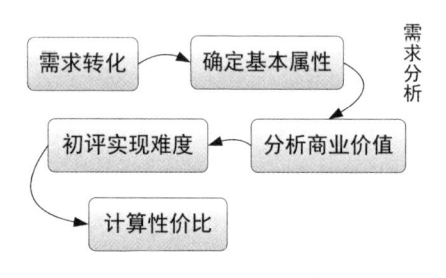

图 2-10 需求的"DNA 检测"过程

这里确定的是产品需求的各种属性，不同于之前提到的"单项需求卡片"里描述的用户需求的各种属性。

把用户需求转化为产品需求

检测的第一步就是"需求转化"。我们有很多用户需求，可能记录在"单项需求卡片"里，可能记录在 Excel 里，可能是用 Word 随意写的几段话，也可能是一张思维导图，如图 2-11 所示。现在我们就要发挥出"我们存在的价值"，在这个阶段，团队经常举行**头脑风暴**[1]，大家天马行空地讨论一番之后，对用户提出的需求有了比较全面的了解，对用户的内心世界有了比较统一的认识，对我们的解决方案也有了一些不成熟的想法，然后每个人负责各自的模块，把它们都转化为产品需求，最后记录在一起。

---

1 头脑风暴（Brainstorming）的发明者是现代创造学的创始人，美国学者阿历克斯·奥斯本。他于 1938 年首次提出头脑风暴法。Brainstorming 原指精神病患者头脑中短时间出现的思维紊乱现象，病人会产生大量的胡思乱想。奥斯本借用这个概念来比喻思维高度活跃，用打破常规的思维方式产生大量创造性设想的方法。

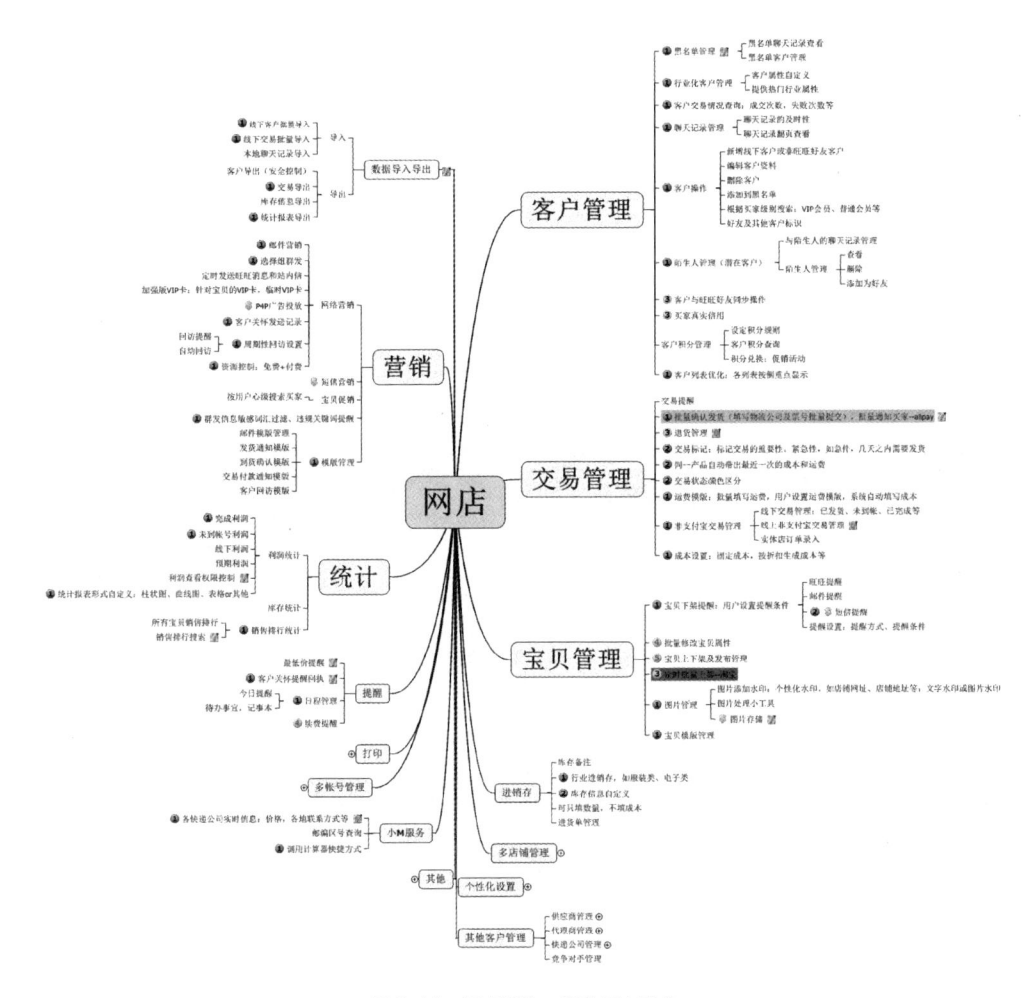

图 2-11 网店版的一部分用户需求

举个例子，如果用户需求是"删除数据之前需要我确认，以免误删"，转化分析以后，我们给出的产品需求可能是"数据回收站：删除的数据进入回收站，如果是误删，用户可以去回收站找回数据"。

整理好的产品需求列表如图 2-12 所示（因为有商业隐私问题，所以我把具体内容弱化了）。我们把它叫作 Feature List（功能列表）。

表格中每一行是一个产品需求，而每一列描述了产品需求的一种属性。

用户需求与产品需求是多对多的关系。我们可以用多个功能来满足一个用户需求，也可以用一个功能来满足多个用户需求，甚至是用几个产品需求来交叉满足几个用户需求。

模块	子模块	Feature	任务描述	商业价值描述	商业属性	商业优先级	开发量	性价比	备注
Web邮件			繁体中文支持	港台商家	扩展	C		高	
		邮箱容量可视化	邮箱总容量可视化（用颜色表达）		扩展	B		高	
			容量将满需自动邮件报警		扩展	B		高	短信提醒先不做
			可以设置每页显示邮件数		扩展	C		高	
			可以设置邮箱皮肤		扩展	C		高	
		邮箱设置	有邮箱各个属性的统一设置模块： 如邮件规则，文字过滤器、黑白名单、提醒设置等（在垃圾邮件设置）		基本	A		高	更多的是我们前台展现的设计
		快捷键支持	支持键盘快捷键操作		扩展	C		—	
	邮件列表	邮件列表排序	可按收件时间、大小、主题、发信人等排序		基本	A		高	
		显示邮件属性	图形化显示邮件已读、未读、有无附件、已回复、已转发、优先级等信息		基本	A		高	
	邮件	HTML格式解码	支持HTML格式编辑邮件，完全所见即所得，HTML格式邮件的自动识别及显示，包括背景图案、插图、正文格式等，已显示的图片不再当作附件		基本	A		高	提供类似live邮箱的方案
		编辑邮件正文	包括字体、段落、贴图等较丰富的编辑功能		基本	A		高	提供类似live邮箱的方案
		保存为草稿	可以将邮件保存到草稿夹，并允许多次修改		基本	A		高	
		邮件签名	可以设置多种签名； 写信时可以选择各类签名	早期可单一签名	基本	B		高	
		支持多种发送形式	支持抄送（CC）、秘密抄送（BCC）、回复作者（Reply）、回复全部（Reply All）、转发（Forward）		基本	A		高	
		发件箱备份	可以选择发出的邮件在发件箱中保留一个拷贝---已发送邮件的List		基本	A		高	
		自动回复	可以启用/禁用自动回复 可以设置自动回复内容 （系统管理员可针对某域设置是否开放该功能）	假期自动回复	扩展	B		高	
		自动转发	用户可以设定条件，对某些邮件（与过滤器结合）自动转发到某邮箱；		扩展	B		高	缺点：降低用户黏性 系统管理员可针对某域设置是否开放此功能
		邮件分类	缺省提供收件箱、发件箱、草稿箱和垃圾箱四个目录		基本	A		高	
			有单独的未读邮件标签，方便查看未读邮件数		基本	A		高	
			可以将邮件标为已读，标为未读		扩展	B		高	
			可以自定义邮件过滤器（邮件规则） 过滤器可与自定义邮件夹结合		扩展	B		高	
			可以给邮件打标记（Outlook的彩色小旗，后续标记）	标识待办事项	扩展	B		高	
		邮件搜索	可按照信件的标题、发件人及信件内容中的关键字搜索所需要的邮件，支持模糊搜索	节约时间，提高效率	基本	A		高	
		邮件删除	可对一封、多封、整页、整个邮件夹的邮件进行删除操作		基本	A		高	
		邮件移动	用户可以将一封、多封、整页、整个邮件夹的邮件在不同目录间移动		基本	A		高	
		读信提醒	发信时可设置要求回执，收件人读信时，同意回执后，自动信件通知		扩展	C		高	
		失败提醒	信件发送失败提醒（发不出/对方没收到等）		扩展	C		高	
		大附件发送	支持大附件（如>50MB）发送给多人		扩展	B		高	
		添加附件	可以从用户系统中选择文件并添加为附件；支持添加多个附件（目前支持3个附件）		基本	A		高	

图 2-12　产品需求的列表

对任何产品来说，只要需求采集的工作做足了，我们就会发现产品需求列表的行数很多。在需求转化过程中，我们也会做一轮筛选，把明显不靠谱的用户需求直接过滤掉，不计入上述列表。当然，是否"明显不靠谱"就要由我们自己来把握了，不要把"没资源做""短期内有技术难点"的用户需求给错杀了。

确定需求的基本属性

关于产品需求列表的维护，有时候我们是在产品团队里指定一个人负责，所有的需求都由他来录入；有时候是采取共享文档的形式，大家共同维护，更多相关话题我会在 3.5.1 节的"多人协作与版本管理"中和大家讨论，但不管怎样，我觉得对于每个需求，提交人都可以独立确定一些基本属性，这些属性如表 2-4 所示。

表 2-4 需求的基本属性（*标注为必填项）

需求属性	属性说明
编号	需求的顺序号，唯一性标识
提交人*	需求的录入 PD，负责解释需求
提交时间	需求的录入时间，辅助信息
模块*	根据产品的模块划分
名称*	用简洁的短语描述需求
描述*	需求描述：无歧义性、完整性、一致性和可测试性等
提出者	即需求的原始提出者，有疑惑时便于追溯
提出时间	原始需求的获得时间，辅助信息
Bug 编号	将一些 Bug 视为需求，统一管理

编号：看似作用不大，实际非常有用。有一次大家把列表打印出来讨论，当提到某个需求的时候，我发现很难告诉大家是哪个，因为 Excel 的行号没有一并打印出来，后来我们都把编号加上，作为需求的唯一性标识。有时候在某个需求的备注里，也会写"与 273 号需求类似，可以参考"。

提交人：这是必填项。提交人是 PD 本人。我们的需求管理方法是轻量级的，更多时候只是管理产品需求，而对于用户需求，我们并没有很好地进行整理，经常只是一堆各种格式的文档。所以，提交人要负责在今后的任何时候解释这个需求的来源，并且有义务充分理解原始的用户需求。

提交时间：这是一个辅助信息，记录提交人是何时录入这个需求的。

模块：一般来说，根据人类记忆的特点，产品有 5±2 个模块比较合理，如果超过 7 个，你就要考虑重新划分，甚至增加一个基本属性叫"二级模块"。如果做的是网站产品，这些模块的划分就很可能影响到网站的导航结构，这属于信息架构[1]领域的知识。在设置自己电脑里的文件目录结构时，我们也可以遵循这个原则。

举个例子，如图 2-13 的网店版菜单结构，就可以从其产品需求列表里的"模块"设置里看出来。

名称：用简洁的短语描述需求，要给用户提供什么功能，比如黑名单。

描述：具体解释一下名称里说的功能是什么意思。比如用户可以选择某个联系人并将其加入黑名单，在黑名单里的联系人将无法给该用户发消息；用户也可以将某联系人移出黑名单。描述模块中只要说明此功能要做什么，无须解释怎么做。另外要注意语言的无歧义性、完整性、一致性和可测试性等，关于具体怎么写，可以参考 3.3.1 节中"概要设计与详细设计"里的讲解。

图 2-13　网店版的需求模块与菜单结构

提出者：即用户需求的提出者，对需求有疑惑时便于更进一步追溯。

提出时间：原始需求的提出时间，区别于提交时间，这是个辅助信息。

Bug 编号：这是一个可选项，因为我们把产品的某些 Bug 也视为需求，所以加入这个表格统一管理。当然，你也可以用其他方法来专门管理 Bug。

上述只是我在需求管理时常用的基本属性，为了便于管理需求，大家可以按照自己产品的不同特性自由定义。上文例子中的表 2-4 是一个简化方案，在实际工作中，我们还可以借助一些更专业的需求管理软件来确定需求属性。

需求种类知多少

确定需求的基本属性后，需求的提出者需要自己辨别一下这个需求的种类，为后续的

---

[1] 信息架构（Information Architecture），简称 IA。它的主要任务是为信息与用户认知之间搭建一座畅通的桥梁，是信息直观表达的载体。通俗点讲，信息架构就是研究信息的表达和传递。

商业价值判断提供一些辅助信息。我们尝试过两个维度，如表2-5所示。

表2-5　需求的种类

需求属性	属性说明
分类	新增功能、功能改进、体验提升、Bug修复、内部需求等
层次	基础、扩展（期望需求）、增值（兴奋需求）

分类：可以分为新增功能、功能改进、体验提升、Bug修复、内部需求等。

其实产品需求不仅仅包括我们可以直接想到的功能需求，还包括了很多非功能需求，比如：性能、可培训、可维护、可扩展……有很多需求不是为终端用户做的，而是为销售、服务、测试团队的同事做的。

举几个例子，"论坛需要支持1000人同时在线"，这是一个性能需求；"系统功能升级，必须在发布2周前完成对客服部门的培训"，这是一个培训需求；"如果硬件压力突增，应该有报警，具体细节是……"，这是一个运维部门的维护需求；"在用户数增加10倍的情况下，硬件投入必须小于10倍"，这是一个可扩展需求；"此功能的用户操作日志需要记录"，这是一个内部数据分析的需求。

当然，对于一些边缘的需求，是将它们列入这个表格统一管理，还是另外单独对付，可以随机应变。

通常来说"产品功能需求+产品非功能需求 = 产品需求"，而"产品需求+市场需求+开发需求+测试需求+服务需求+…… = 产品包需求"，对这些概念感兴趣的读者可以去查阅"需求管理"相关的资料。

层次：把需求分成基础、扩展（期望需求）、增值（兴奋需求）三层，理论依据参见KANO模型[1]。

小明："我想到一个手机的例子，打电话、发短信是基本功能；给电话录音是扩展功能，和基本功能相关；而如果这个电话特别结实，可以当锤子砸钉子，或者当砖头防身，那就是增值功能了。"

大毛："嗯，好多山寨手机的特点就在于满足了一些诡异的增值需求，比如可以当手

---

1 KANO模型以东京理工大学教授狩野纪昭（Noriaki Kano）的名字命名，是一种对顾客需求或者说对绩效指标的分类，通常在满意度评价工作前期作为辅助研究模型，KANO模型主要通过对顾客的不同需求区分处理，来帮助企业找出提高顾客满意度的切入点。我在《人人都是产品经理（创新版）》里提到了对KANO模型最新的理解。

电筒、当验钞机、当剃须刀……"

小明："你是在夸还是在贬呢？"

大毛："我也不知道，那些已经超出普通手机的范畴了……"

需求种类的区分标准其实没那么绝对，它取决于很多因素，比如商业目的的变化。有时随着时间的推移，某个功能的分类也会发生改变。对于这个问题，可以从"雪中送炭"还是"锦上添花"的角度去理解："雪中送炭"的功能是基本功能，对用户很有用，产品缺了这个功能根本跑不起来，比如 E-mail 系统里的"收发邮件"；"锦上添花"的功能是指非必需的功能。用户有时用得到，有这个功能的话会给用户的使用带来方便，比如在填写 E-mail 收件人的时候，系统根据你输入的内容自动提示你曾经发送过邮件的联系人，如图 2-14 所示。

我们在和用户接触的过程中会很明显地感受到这两种需求的不同。没有"雪中送炭"功能的产品就是有缺陷的系统，所以它应被优先考虑；而当一个"锦上添花"的功能被用户普遍接受以后，几乎所有的产品也都拥有了，也就渐渐提升为"雪中送炭"的功能了，比如现在彩屏手机普及之后，几乎没有人能接受黑白屏的手机一样。

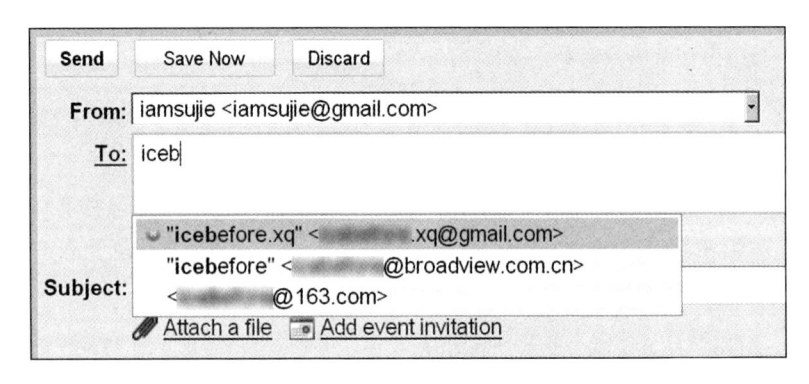

图 2-14 Gmail 的收件人提示功能

分析需求的商业价值

一个公司做任何产品，一个产品做任何需求，最终都是要满足一定的商业目的，所以"需求的商业价值"是最关键的内容，有条件的团队最好利用群体智慧来确定。我们通常在这个时候举行"需求讨论会"。

正因为商业价值如此重要[延伸阅读 11]，所以我们用重要性、紧急度、持续时间 3 个指标来衡量，如表 2-6 所示。

表 2-6 需求的商业价值

需求属性	属性说明
重要性	重要程度,辅助确定商业价值
紧急度	紧急程度,辅助确定商业价值
持续时间	持续时间,辅助确定商业价值
商业价值*	商业优先级,不考虑实现难度,群体决策

重要性:可以参考时间管理里"重要与紧急"的概念。这里的重要性又可细分为满足后"一般"到"非常高兴";未实现时"略感遗憾"到"非常懊恼",通过学习 KANO 模型加深理解如何制定重要性指标。

紧急度:在时间维度上判断这个需求是否迫切,紧急不重要的需求通常表现为短期的、对产品长期影响不大的问题;或者是局部的、对大多数用户没有影响的问题。比如某个用户是大老板的朋友,通过大老板"天外飞仙"地提过来一个需求,就很可能是一个超级紧急的需求,但重要性未必很高。

持续时间:需求是有生命周期的。迎合过年过节的运营活动需求的周期就比较短。比如 8 月我们录入了一个国庆的主题运营活动,如果到了 9 月底还没有资源做,那一年内也就不用再考虑这个需求了。

商业价值,或者叫商业优先级,是对上述几种商业价值指标的综合评判。这一条是整个需求列表中最核心的部分,这里的判断直接影响着产品未来的方向。所以,我们在列表里增加了一行"商业价值"。按照通俗的理解,"商业价值"就是这个需求的卖点是什么,可以给用户提供什么价值,对公司又有什么帮助。

如此重要的商业价值评估,我们的做法是在需求讨论会上由产品团队集体讨论,再叫上有必要的干系人,比如销售、服务人员等。对于某个需求,需求提交人对它最熟悉,所以讨论会上提交人先基于自己对商业目标的理解做一番陈述,从主观上判断该需求的级别,比如高、中、低等不同等级。在这个讨论会之前,每个人都应该做好功课。

上述 3 项指标可以经过加权平均后得到综合的商业价值,我们甚至还可以在列表中增加一项"某关键人物的打分",在绝大多数的实际操作中,我们都会直接把商业价值抽象为一个指标,用"高、中、低",或者"5、4、3、2、1"来衡量。而具体讨论的时候,大家充分表达意见之后,可以由团队负责人或者老板来决定商业价值的高低,这是一种高效的办法。我曾经考虑过群体打分取均值等方式,可是实施起来成本太高。

初评需求的实现难度

绝对不能因为某个需求的商业价值很大就马上去做，也不能因为另一个需求的商业价值不大就不做。

我们知道了每个需求的商业价值后，接下来决定做哪个还需要另一个关键指标，那就是实现难度。有时候我们会叫上技术人员代表参与需求讨论会，当场确定这个指标，但更多情况下会留给做技术的同事一点时间，会后与相关的 PD 讨论确定。

但实现难度太难量化，所以在实际操作中我们会对它进行大刀阔斧的简化。

首先简化为人力成本，即工作量。至于其他资源的消耗，比如额外的硬件成本，只有极少数的需求会有这样的问题，它不具有普遍性，所以碰到的时候我们可以做特例处理。

其次，我们把工作量再简化为开发量。我们工作中有产品人员、开发人员、测试人员、服务人员等人力资源。但一般情况下，团队里产品人员相对弹性，测试人员可以调配，服务人员可以临时补充，但是开发人员经常成为瓶颈。于是，我们一般评估每个需求所需要的开发工程师工作量来表征其实现难度，也就是以团队里的瓶颈资源为评估基准，如表 2-7 所示，大家视自己团队的情况灵活应用。

表 2-7 需求的开发量

需求属性	属性说明
开发量*	需求的开发工作量，表征实现难度

在这个时候，需求其实并不明确，往往只是一条"要做什么"的要点，而具体怎么做根本还没有考虑，所以有的技术人员会觉得无法评估开发量，这很正常。对于技术人员来说，产品部门不明确每个需求怎么做，他们就无法准确评估开发量，而产品人员又没那么多时间明确每个需求该怎么做，技术部门不评估每个需求的开发量，产品就不知道哪些值得进一步分析怎么做，而哪些又不值得……在实际工作中，我们不必在这类矛盾的问题上纠缠过多，下面是我的做法。

开发量是非评估不可的，我把它叫作"初评"。初评的开发量允许误差，并且会由经验丰富的人来评估，通常是技术经理，或者系统分析师、架构师。他们做出简单的评估，并且靠不断的实践来反复修正。此时的评估一般用"人天"作为单位，比如某个需求需要"2 人天"意味着需要 1 个人做 2 个工作日，或者 2 个人做 1 个工作日。

初评时常用的方法是"三点估算法",即评估出最乐观的工作量、最悲观的工作量、最可能的工作量,然后按下面的公式估算出工作量:

"工作量 =(最乐观+最悲观+最可能)/3"

或"工作量 =(最乐观+最悲观+最可能×4)/6"

在项目启动之后,制定项目开发计划的时候还会有一次更精确的评估,那时候已经知道需求要怎么做、由哪位开发工程师来做,所以可以推算出相对准确的工期。

> 工期和工作量有很大的区别。比如生一个小孩需要1个女人9个月的时间,工作量可以说"9人月",但9个女人1个月的时间,同样的"9人月"却是绝对完成不了这个任务的,所以不管几个人,这项工作的工期都只能是9个月。

判断需求的性价比

我们已经做了需求采集,把用户需求转化为产品需求,知道了某个需求的基本属性、种类、商业价值、开发量,现在似乎应该开始写文档干活了,但经验告诉我们不是这样的:

绝对不能因为某个需求的实现难度很小就马上去做,也不能因为另一个需求的实现难度大就不做。

一个实际的例子:

我做过的某个产品页面的访客,在 2009 年某段时间内使用各种网页浏览器的比例如图 2-15 所示,第一名是微软的 IE,99.14%(其中 IE 6.0 又占 75%);第二名 Firefox,0.45%……[1]

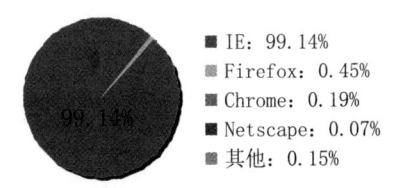

- IE: 99.14%
- Firefox: 0.45%
- Chrome: 0.19%
- Netscape: 0.07%
- 其他: 0.15%

图 2-15 某产品页面的浏览器使用情况

对应的需求是:"产品页面在 Firefox 下显示有问题,比如……",而我在注释里写道"对不起,我们就是不支持 Firefox"。当然,这句话是写给自己人看的,千万别对用户讲。

---

[1] 时过境迁,现在的 IE、Firefox、Chrome 等浏览器的市场占有率又有很多变化,不禁唏嘘。

这个需求实现难度不大，但一直在功能列表里放着。说实话，能在列表里出现的需求，严格意义上讲，没有任何一个是没有价值的，也没有任何一个是做不了的，那么到底先做哪个，后做哪个？

就像在 2.1.1 节中就谈到的那句话："不要试图满足所有用户"，一切皆看性价比。

做了那么多的准备工作，现在我们只要做一道简单的小学算术题就可以回答上面的问题了。

$$性价比 = 商业价值 \div 实现难度（简化为开发量）$$

现在可以做决定了，我们把产品需求列表按照"性价比"从大到小排序，先做排在上面的就可以了，如表 2-8 所示。

表 2-8 需求的性价比

需求属性	属性说明
性价比*	"商业价值/开发量"，用于决定先做哪个需求

尽管可以清晰量化性价比指标，但是我们在工作中对"性价比"的判断还是会经常有偏差。一个很实际的因素是我们经常受哪类人的影响。2007 年下半年的工作中，由于我一直和工程师直接接触，经常听到他们抱怨某个需求太麻烦之类的话，所以综合考虑时有点倾向于做实现难度小的需求；而如果经常和销售、运营的同事一起开会，就会倾向于更多地考虑商业价值。这点我们需要时刻注意。

道理说完了，对需求的"DNA 检测"也暂告一个段落，接下来我们将迎来一场残酷的"战争"。

2.4 需求筛选：活下来的永远是少数

这是一场公司内部的战争，每个产品的产品经理都要上场，我们争夺的是下个月的人力资源，即总是不够用的开发工程师、测试工程师等。战场就是令人闻之色变的产品会议，而我们手上的武器，则是精心准备的商业需求文档。我越来越觉得，为了我们的产品，有些需求死得其所。

这个过程，就是需求筛选，也有个很传神的说法：需求 PK。如图 2-16 所示。

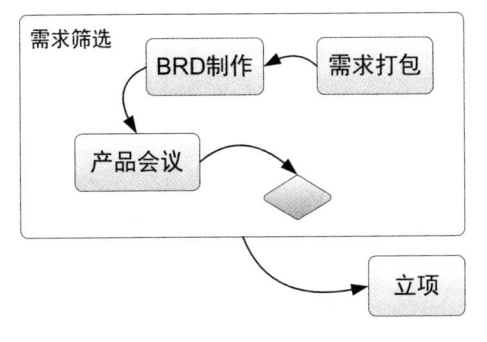

图 2-16　需求筛选

2.4.1　永远忘不掉的那场战争

为什么原来没有这样的战争？

更早的时候，阿里巴巴是按照产品线划分部门的。某个产品有自己的产品设计师、开发与测试人员等。下一段时间要做哪些需求，完全可以在产品经理的层面上决定。在分析商业价值的需求讨论会上，我们也就顺带着确定了下一段时间做哪些事情。

为什么后来有战争了？

2008年年初，阿里软件进行结构调整，变成了按职能线划分团队：产品中心包括所有的产品经理和设计师，研发中心包括所有的开发工程师、架构师等，质控中心包括所有的测试工程师……这样的话，每个产品还是由原来的产品人员做，但是开发与测试资源在一定程度上就有了流动的可能。每个产品想做的需求都很多，所以产品经理都想尽可能多地抢到开发与测试的资源。然而人力资源总是严重不足，所以最终把资源投给哪个产品，就必须由几个中心的大老板来决定了，而大老板的决策依据就是各个产品团队制作的商业需求文档。

按产品线划分的团队对产品本身是有利的。产品经理权力更大，可以按照自己的想法做。不但资源有保证，产品规划也不容易被改变。此外，各种职能的员工之间沟通顺畅，开发的领导、测试的领导等都对产品经理负责。

按职能线划分的团队对多个产品间的资源共享有利，可以让资源流向更需要的地方，保证对核心产品的投入，但是效率不高。由于产品规划的决策需要在更高层面上敲定，单个产品的发展速度会有所降低。但是，资源战争可以把"鲶鱼效应[1]"从产品内部扩大到

---

[1] 鲶鱼效应是指鲶鱼在搅动小鱼生存环境的同时，也激活了小鱼的求生能力。这里指企业通过引入资源战争，激励员工积极参与竞争、激活员工队伍。

公司层面，使产品经理和设计师们更抓狂地为产品的发展而苦苦思索，这是一件好事。

两种组织结构，呈现"一攻一守"的不同面貌。在创业期，公司需要全速发展，必然是产品线结构，产品经理带头往前冲。而当公司里有多个产品慢慢成熟之后，就可以用职能线来更充分地利用资源。因为在成熟的产品团队中，要做的事情通常比创业时期少，或者没那么急，那么各种资源就显得有富裕，可以更加稳扎稳打，所以按职能线划分团队可以实现资源共享，同时还可以促进不同产品团队之间的互相学习，让员工的个人能力得到更多的提升。

准备出发：把需求打个包

上战场之前，就像战士要把自己的物品打包一样，我们对需求也要打包。

做项目，终极目标就是：多快好省[1]，即范围大、时间短、品质高、资源省。

但"又要马儿跑又想马儿不吃草"的事情是没有的，所以我们通常是在上述4个要求中做平衡。我负责过的互联网、软件项目，都比较推崇敏捷方法[2]，它们都有比较固定的项目时间，专业说法叫"迭代周期"，一般是2~4周。同时，我们有一个人员相对固定的团队，意味着项目资源确定。此外，任何时候我们都要保证项目品质，最后可以改变的只能是项目范围。

我们确定了项目时间长短，也就意味着可以估计出留给开发的时间，而团队里有多少开发工程师也是相对固定的，所以我们可以直接算出有多少"可用工作量"，同样以"人天"为单位。上一节中我们把产品需求列表按照"性价比"从大到小进行了排序。如果从上往下看，每一行后面都还对应着一个"工作量"。现在我们只要做一个简单的加法，将每一行需求从上到下依次纳入项目，我们把这个动作叫"需求打包"。而对这些需求的整体描述，即商业需求文档里的功能说明。

当然，这只是一个基准，可变因素很多。我们每次产品会议都要准备好几个项目让大老板们选，每个项目也有可能在产品会议上被砍掉部分需求，所以可以先相对随意地超出"可用工作量"。

这个过程完全定量地回答了"做多少"的问题。但到了实际操作中又要复杂很多，下面说几个需要注意的地方。

第一，"需求打包"最好打包类似的功能点。一般来说业务上逻辑关系密切的需求才会被包含在一个项目里，实际操作中打包多大，更多的是取决于这一点。更好的方式是，

---

[1] "多快好省"对应了经典的项目TRQ：项目时间（Time）、项目资源（Resource）、项目质量（品质Quality和数量Quantity）。
[2] 一种项目管理方法，在本书3.5.3节"敏捷更是手段"里有相关描述。

需求在打包以后，通过业务逻辑图的方式可视化，可以更直观地给别人讲解。

如图 2-17 所示，是我做过的一个项目的业务逻辑图，因为涉及一些商业问题，所以图中有些关键词隐去了。

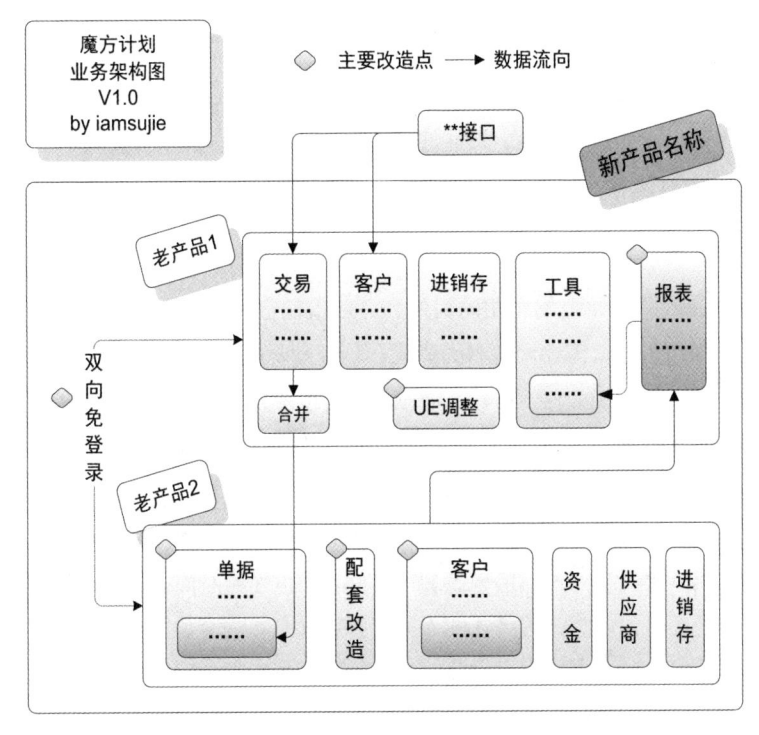

图 2-17　魔方计划的业务逻辑图

第二，功能互相之间有依赖关系。那些只能先做的功能，应该在产品需求列表里注明。功能与人力资源之间的依赖关系也会经常存在，比如有些功能只能由团队里的特定成员来做。但评估工作量时不会考虑"谁来做"的问题，在正式立项、组建团队时才会重点考虑。从长期来看，为了避免这类风险，提升与平衡团队成员的能力才是根本办法。

第三，需求的粒度大小问题。如果细分那些商业价值很高的功能的话，我们会发现其中也有价值相对低的部分，所以需求的粒度应该尽量细，前提是细化所需要的管理成本在可接受的范围内。举个生活中的例子帮助大家理解：大开间办公区域里的灯，不可能用一个开关控制，也不可能每一个开关只控制一盏灯。具体细到多少，要根据具体情况具体分析。我们的经验是，在需求列表里出现的任意一行，工作量最好不要超过"5人天"。

战场：产品会议

需求打包完成了，战争就要打响了。

某天，各个部门的老板们都聚集到一个大会议室，准备待上一整天。各个产品的产品经理和设计师们等着被轮流召唤，当然如果你有空且愿意，也可以旁听一整天。其实对资源的争夺，在部门内讨论商业价值的时候就已经预演过了，通常来说每个人都会尽力为自己提出的需求说好话，毕竟实现自己想法的感觉总是好过帮别人实现想法。

一般来说产品会议一个月一次，当然这和产品性质有关，如果你们公司的产品周期比较长，那也可以两三个月一次。

当某个产品团队开始登场亮相的时候，一般他们会先回顾上一次产品会议通过的项目，现在进展如何、是否需要调整时间进度、是否需要追加资源、是否有重大需求变更、已经发布的项目数据表现如何、有什么问题等。这样一方面是为了让大老板们更新各个项目的信息，更重要的是为了总结经验，让今后产品会议上的决策越来越合理。

回顾之后，就是会议最关键的部分了，我们会拿出准备好的商业需求文档，每个产品都会拿出三五个，占满 2~3 倍的潜在资源。这里说的潜在资源，是指相对固定的开发、测试人员，因为技术人员对产品的熟悉程度不同，所以在短时间内，不可能太多的人同时转去做其他产品。这也就意味着潜在的人力资源数量是在一个值附近做微小浮动的，所以我们也可以认为，在一定程度上，资源的争夺是以产品内多个项目的争夺为主，产品间的争夺为辅。很有意思的是，这三五个商业需求文档通常是同一个产品团队里不同的人做出来的，所以内部也会争得"你死我活"。

接下来的重头戏是一直提到的商业需求文档。

武器：商业需求文档

我们刚刚把需求打好包，接下来就要描述一下这个包了，这就是商业需求文档，Business Requirement Document，简称 BRD，它也是我们参加资源争夺战的武器。

下面来聊聊我们的武器——BRD 怎么写，都包含哪些内容。

项目背景："我们在哪里？"即为什么要做这个项目，这个项目解决什么问题，可以列出一些数据说明项目的必要性。

商业价值："我们去哪里？"这是最关键的重点。大老板们最感兴趣的是做了这个项目以后有什么价值。这部分内容一定要说在点子上。一般我们还会预测一下相关数字的变化，提出这个项目的商业目标。

功能需求描述："我们怎么去？"即做哪些事情来达到目标。我们要把打好包的需求描述一下，可以用功能列表的形式表达，但最好能画出业务逻辑关系。当然我们也经常会搞点技巧性的东西，比如故意加入一些让老板砍的需求，希望老板砍完之后心有愧疚不好意思再砍我们真正想做的东西。

非功能需求描述：如果有重要的非功能需求的话，在这部分内容中提出。

资源评估：这是第二个重点。大老板们在了解达成项目的目标需要多大的花费以后，才能做出决策。

风险和对策：有的项目会有一些潜在风险，这个时候不妨抛给老板们看一下，并且给出自己的对策，说不定你觉得是很大的麻烦，在老板那里一句话就可以搞定。而且由于信息的不对称，我们无法了解某些功能是否会与公司将来的战略冲突，这时候提出来也是让老板们把一下关。

BRD 中的"商业价值"和"资源评估"两个重点在本质上其实是大老板们在追求性价比。大家都希望花费最少的资源获得最大的商业价值。

下面通过一个 BRD 的实例，再给大家讲一点直观的认识。

首页，我们会给 BRD 起一个有意义的名字，再配上一幅图，这样有助于提升团队的归属感。比如下面这个 BRD 叫"魔方计划"，如图 2-18 所示，因为这个项目打算将两个老产品像魔方一样打散、组合，整合为一个新产品。

商业价值如图 2-19 所示，它的作用是给老板们看他们最关心的指标，比如魔方计划就聚焦在"活跃用户数"上。

图 2-18　魔方计划 PPT 的首页　　　　图 2-19　魔方计划的商业价值

功能需求描述方面，我们给出了业务逻辑图，如图 2-20 所示，若能给出一些简单的 Demo 更好，让老板们提前看到产品完成后的样子，很可能成为争取资源的加分因素。

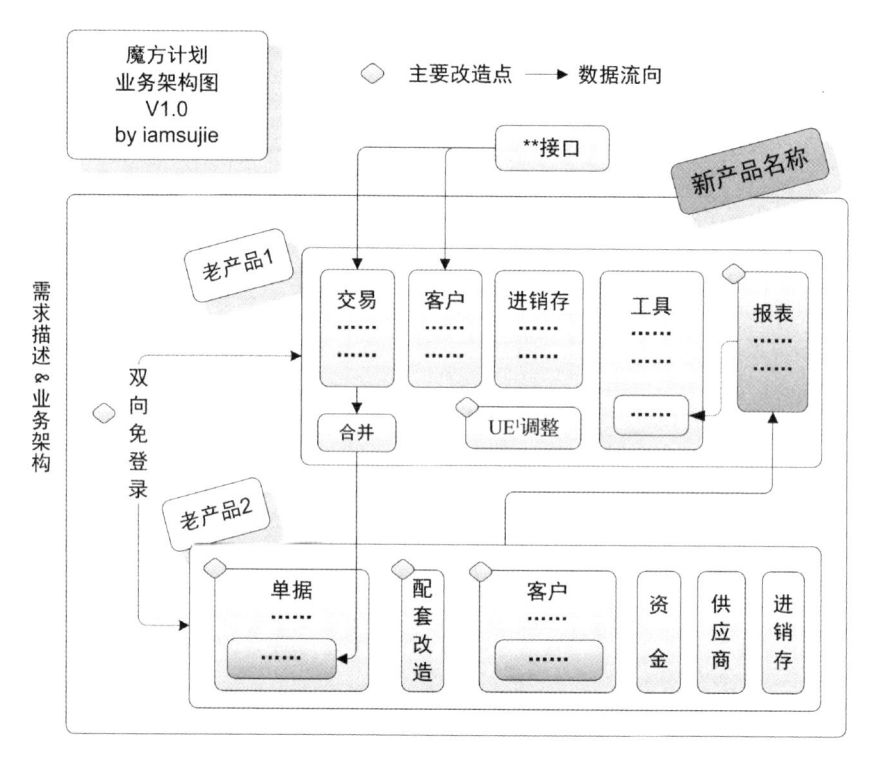

图 2-20　魔方计划的业务逻辑图

资源评估方面如表 2-9 所示。我们会根据团队的实际情况，重点评估主要功能对产品设计师、用户体验师、开发工程师的人力需求。

表 2-9　魔方计划的资源评估

	PD	UE	开发	测试
功能 1	10	2	22	
功能 2	6	18	20	
功能 3	5	2	10	
功能 4	3	10	5	
功能 5	2	0	6	

注：测试资源有保证，暂不评估。资源单位是"人天"。

---

[1] UE，User Experience，用户体验。

老板很可能会把多个 BRD 合并为一个项目，或者把一个 BRD 拆成多个项目，或者直接砍碎了再重新组合。不管怎么说，产品会议开完以后，我们终于确定了接下来一段时间要做哪些需求了，接着就要准备启动项目，迎接新的开始。

2.4.2 别灰心，少做就是多做

2007 年国庆长假回来，我在全力做阿里软件网店版"自动上架"的功能。当时，淘宝为了防止一些没人打理的商品始终停留在搜索结果中，稀释了有效信息，所有商品会隔一段时间后自动下架，不能再被搜索到，这时就需要用户重新将商品上架。而阿里软件网店版的用户都是淘宝的优质卖家，所以我们给他们提供了一个"自动上架"的功能。

这是一个确定"怎么做"的过程，当时的体会能很好地表达我的想法。

一个功能的多次需求会议必然是这样一个过程：开始大家对一个功能想得不完整，说着说着大家都想把这个功能做得再强一点，这里加一点那里加一点。但后来通常因为技术实现、资源等原因，又把这些加上去的功能点一个又一个地砍掉，砍到最后甚至会发现和一个月前的第一次方案是一样的。这个看似白搭的过程其实是有用的。大家一起经历了"见山是山、见山不是山、见山还是山"的三段过程。那些加上又砍掉的功能点，在第一个阶段我们根本没有想到；第二个阶段想到了，很兴奋，那就做吧；第三个阶段再次砍掉是权衡利弊之后的决定，和"没想到"是完全不同的。我们无法绕过第一阶段的无知，也千万别停在中间那个功能点"大而全"的时候，因为这样必死无疑！而第三阶段的"少做"则是超越第二阶段"多做"的"少做"，这才是真正的"多做"。

有很多文章谈到这样的思想，用 100% 的质量去实现 75% 的数量，而不是反过来！吸引用户的往往只是功能模块中的一两个点，我们一开始只要让这一两个闪光点拥有 100% 的质量其实就够了，这样留给用户的是对升级的期待。而如果反过来，功能铺得很开，但每个点都不爽，反而喧宾夺主，把闪光的地方给掩盖了。

情愿把一半的功能做到尽可能完美也不要把全部功能都做成半吊子。

当发现一个功能可有可无的时候，甚至只要是没有强烈的理由要做的时候，要明确地选择：不做！因为少做就是多做！

最爽就是"四两拨千斤"

做得少不如做得巧。

2.3.1 节中我们提到满足需求有三种方式，其实就算"提高现实"这样一种最常用的办法，也有很多"四两拨千斤"的方案。如果机会闪现，就千万不要放过。

我对下面这个故事过目不忘。

某跨国日化公司，肥皂生产线上存在包装时可能漏包肥皂的问题。

于是公司组织了以博士牵头的专家组对这个问题进行攻关。该研发团队使用了世界上最精尖的技术（如红外探测、激光照射等），在花费了大量美元和半年的时间后终于完成了肥皂盒检测系统，探测到空的肥皂盒以后，机械手会将空盒推出去。这一办法将肥皂盒空填率有效降低至5%以内。

问题基本解决。

再说某乡镇肥皂企业也遇到类似问题，老板命令初中毕业的流水线工头想办法解决。经过半天的思考，该工头拿了一台电扇到生产线的末端对着传送带猛吹，那些没有装填肥皂的肥皂盒由于重量轻就都被风吹下去了。

这样做得更少，但是效果更好，至少性价比更高。这是个很有"段子感"案例，后来也有观点说，事情没那么简单，比如"生产环境里不可能放一台普通电扇"。不过，故事想表达的意思，我想大家已经明白了。

另外，具体情况还要具体分析，任何事情总有它的两面性，比如上例中乡镇企业的解决方案换到跨国公司的环境中，也许并不适用。

我们不必觉得只有"吃苦耐劳"，做了很多事情才是贡献。产品经理经常犯的错误就是——很努力地做"错误"的事情。回想一下自己做过的部分需求，有些是不是做不做并没什么区别？有一句话说得好：内部（指偏技术）的大改动往往是外部（指偏商业）的小改动，反之亦然，所以我们应该在动手前先找找有没有成本低、收效大的解决方案。

尽可能多地放弃

2.2.5节里，我说"尽可能多地采集"。本节中，我又说"尽可能多地放弃"。它们看似矛盾，其实正反映了我们对事物的认识过程。只有在采集阶段没有遗漏，才可能完整地看到事物的全貌。有了大局观，在放弃的时候才知道孰重孰轻，也更下得了手。

多年以前我看到白鸦[1]写过的一段例子，说的是如果不放弃，最终会被自己折腾死。他是这么说的：

---

1 白鸦，支付宝前产品设计师、有赞创始人，专注于以用户为中心的互联网产品设计的Blogger。

比如，一个最简单的"评论"功能：既然可以发评论，那么……

是不是需要改评论？

删评论？

发的权限是否要管理员设置？

那么改的权限呢？

删的权限呢？

是否可以引用别人的评论？

评论被人引用了是否可以再改？

如果可以改那么是不是要保留修改记录？

如果管理员改了一个评论那么作者是不是不能再改？

评论是否要有数量和时间限制？

评论要不要翻页？

如果要翻页是在本页翻还是打开新页？

评论能不能带图片？

带了图片那么是不是能上传？

能上传之后是不是要能删除？

是不是要提供自定义评论排序？

是不是要 xx？

是不是 xx？

xx？

……

"需求越来越多，让人崩溃，但是要做的事情太少，似乎也会有问题。"小明忍不住跳出来问。

小明："有资源空出来了怎么办？"

大毛："要做的数量是少了，但要达到100%的质量，一般很难空出资源。"

小明："真的空出来了怎么办？"

大毛："去找其他意义更大的功能。"

小明："找不到怎么办？"

大毛："把空闲下来的人拉去做另外一个意义重大的产品，这不可能再找不到了。"

"少做就是多做"，阿里巴巴的马云也说过。

2.5 需求管理：心急吃不了热豆腐

没有产品生下来就是完美的，一天又一天、一月又一月，我们的产品反复地经历着需求采集、需求分析、需求筛选的过程，从而不断进化。我们不要想一口吃个胖子。很多案例表明，追求一步到位的产品经常像陷入沼泽的巨兽，挣扎着一步步走向死亡，用户甚至根本都不知道它曾经存在过。

在这个过程中，需求会越来越多，就像工作永远做不完一样。而我们要做的事情是，在资源在限的情况下找到最有价值的需求，然后把它做好。那么，新的问题产生了，我们得找个办法把越来越多的需求管理起来。

2.5.1 一个需求的生老病死

这是一个真实事例：

网店版 2.0 发布上线后的两个月内，从各个方面采集到的需求多达四五百个，经过 PD 们的初步判断，记下来供团队讨论的有 200 多个，决定暂缓的有 60 多个，仅 7 月当月内发布了 70 多个……

每个需求的去留一定是需要管理的。我们可以在产品需求列表上再加几个属性，试着管理需求的生命周期。

需求状态：通常有"待讨论""暂缓""拒绝""需求中""开发中""已完成"几个状态，可按照实际情况有所增减，比如管理的粒度细一点，还可以增加"测试中"。

负责 PD：在需求状态变为"需求中"时指定，最可能是此需求的提交人，在需求的整个生命周期中，此人要从头到尾跟进，他是这个需求的主人。

开发工程师：在需求状态变为"开发中"时指定，负责这个需求的技术实现，并解决将来可能发生的故障。其他人员，比如测试负责人、项目经理，大家可以按需要决定是否填写。

项目名称：辅助信息，在需求进入"开发中"时确定，用来确定该需求属于哪个项目。

发布时间：辅助信息，在需求状态变为"已发布"时填写，用来查看某段时间发布的需求。

备注：其他任何信息都可以写在这里，如需求被拒绝的理由、需求被暂缓的理由和重启条件、其他相关文档，等等。

至此，我们终于得到一个需求完整的"DNA"，如表 2-10 所示，表中星号（*）标识的项目是我心目中的必填项。

表 2-10 一个需求的"DNA"

需求属性	属性说明
编号	需求的顺序号，唯一性标识
提交人*	需求的录入 PD，负责解释需求
提交时间	需求的录入时间，辅助信息
模块*	根据产品的模块划分
名称*	用简洁的短语描述需求
描述*	需求描述：无歧义性、完整性、一致性和可测试性等
提出者	即需求的原始提出者，有疑惑时便于追溯
提出时间	原始需求的获得时间，辅助信息
Bug 编号	一些 Bug 视为需求，统一管理
分类	新增功能、功能改进、体验提升、Bug 修复、内部需求等
层次	基础、扩展（期望需求）、增值（兴奋需求）
重要性	重要程度，辅助确定商业价值
紧急度	紧急程度，辅助确定商业价值
持续时间	持续时间，辅助确定商业价值
商业价值*	商业优先级，不考虑实现难度，群体决策
开发量*	需求的开发工作量，表征实现难度
性价比*	"商业价值/开发量"，用于决定先做哪个需求
需求状态*	需求生命周期："待讨论""暂缓""拒绝""需求中""开发中""已完成"

续表

需求属性	属性说明
负责 PD*	状态进入"需求中"后确定
开发工程师	状态进入"开发中"后确定
项目名称	需求的发布项目
发布时间	需求的发布时间
备注	其他任何信息，如： 1. 被拒绝的理由 2. 被暂缓的理由和重启条件 3. 其他相关文档 ……

我们每次"需求讨论会"讨论的，自然是状态为"待讨论"的需求了——所有的需求由提交人录入列表，初始状态都会被标为"待讨论"。讨论确定"商业价值"的时候，需求的状态一定要变化，或是进入"需求中"，意味着要继续"初评工作量""计算性价比"，甚至进行"需求打包"并做成 BRD 了；或是被"拒绝"，被拒绝的需求通常被认为在相当长时间里对产品的商业目标没有价值，拒绝理由不那么明显的，最好在备注里注明；或是"暂缓"，暂缓的需求是"有价值，但是现在不做"的，通常要注明重启的条件等。

而产品会议上通过的需求，状态会变成"开发中"，正式进入项目。等到项目发布，这个需求的状态又变成"已发布"。产品会议上没通过的需求，连同"需求中"但未被打包的需求，状态可以变成"暂缓"，并备注说明情况。

现在，我们可以把"一个需求的'DNA'"从静态变成动态，画成"需求的生老病死"流程图，让我们实时看到每个需求的"何时做、谁来做、状态如何"等信息，如图 2-21 所示。

在一个需求"死了"之后，我们也有了这个需求完整的"DNA"。

工具和方法都是为了目的服务的，大家更应该了解其背后的原因，并根据自己的实际情况，比如产品的大小、资源多少，做出最合适的表格。

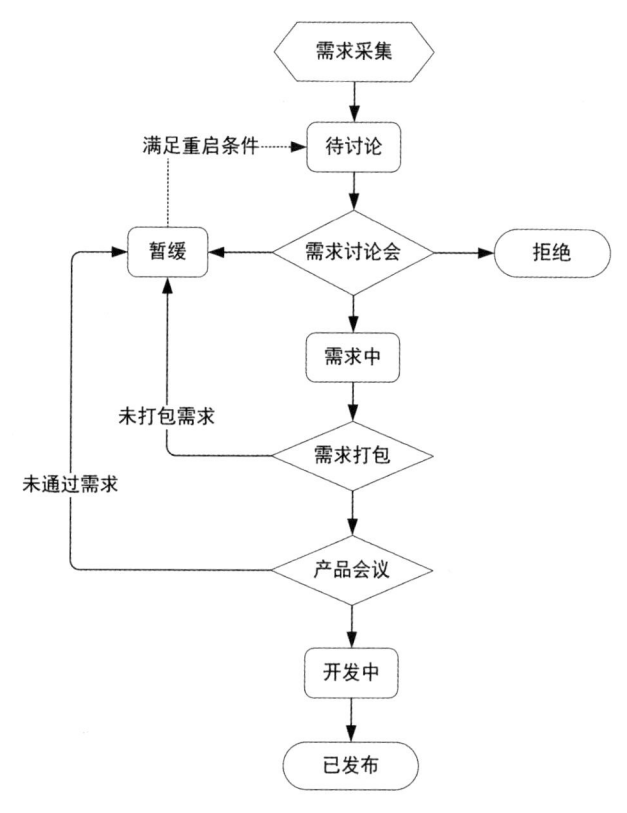

图 2-21　需求的生老病死

2.5.2　需求管理的附加值

在实际工作中，我们发现需求管理还可以带来额外的价值。

这里要用到一些 Excel 的统计功能，对产品需求列表做一些简单的统计，就可以形成一份需求简报，形式如图 2-22 所示，举几个应用实例。

统计每个"提交人"的需求数量：通过这一数据，我们可以看出产品团队里每个人提交了多少需求，如果再加上时间段的条件，就可以从一个侧面反映出某段时间每个人的工作情况。

统计"提交时间""发布时间"等信息：比如按月统计，我们可以从需求数量的侧面看出产品发展是在增速还是在减速。如果需求提交的数量明显减少，我们就需要考虑对策了。

当前需求总数
195

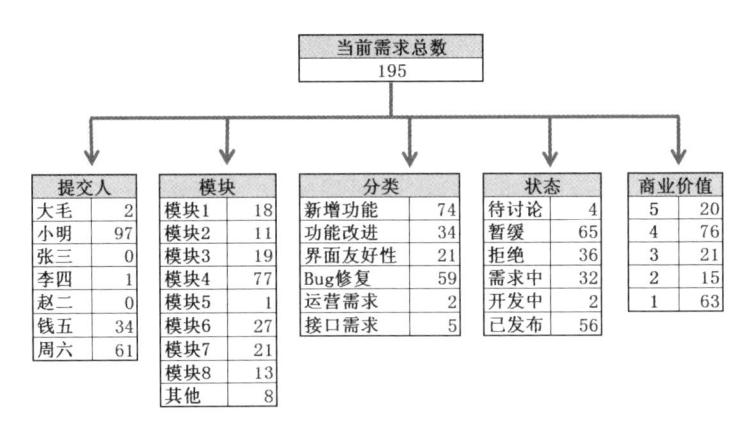

提交人		模块		分类		状态		商业价值	
大毛	2	模块1	18	新增功能	74	待讨论	4	5	20
小明	97	模块2	11	功能改进	34	暂缓	65	4	76
张三	0	模块3	19	界面友好性	21	拒绝	36	3	21
李四	1	模块4	77	Bug修复	59	需求中	32	2	15
赵二	0	模块5	1	运营需求	2	开发中	2	1	63
钱五	34	模块6	27	接口需求	5	已发布	56		
周六	61	模块7	21						
		模块8	13						
		其他	8						

图 2-22 需求简报

统计每个"模块"的需求数量：因为需求都是直接或间接从用户那里采集的，所以从各个模块的需求数量分布情况就可以看出用户对产品的哪些模块感兴趣，这可以指导产品发展的方向。

统计每个"分类"的需求数量：从各种分类的变化情况，我们可以看出最近产品团队是在做新功能开发，还是更多地做老功能优化，从而了解产品是在成长期还是成熟期。

统计需求的"商业价值"和"性价比"变化：我们从这些内容可以看出这个产品的发展空间还有多大，如果连续几个月，需求的"商业价值""性价比"都不高，就要考虑改变方向以求突破，或者减少对这个产品的资源投入了。

除了可用 Excel 来管理需求，还有更专业的需求管理方法和工具，如 Mantis 系统、Mercury Interactive 公司的 Quality Center[1]、IBM[2]的 Rational RequisitePro 等，可以根据自己的产品与团队的情况选用。

2.5.3 和需求一起奋斗

本章说到这里，一个需求的奋斗史就结束了，而我的奋斗才刚刚开始。让我们再一次看一下图 2-23，这是一个需求的奋斗史，也是我的第一年。

在这期间，我第一次因为产品发布而感动，也经历了做产品以来最激动的一刻，只有做得很辛苦，才能修成产品经理最基本的素质之一——热爱产品。

---

[1] Mecury Interactive 在 2006 年被惠普收购，在 Mercury 中这个测试管理工具叫 TestDirector，被收购之后改为 Quality Center。

[2] 国际商业机器公司或万国商业机器公司，简称 IBM（International Business Machines Corporation）。

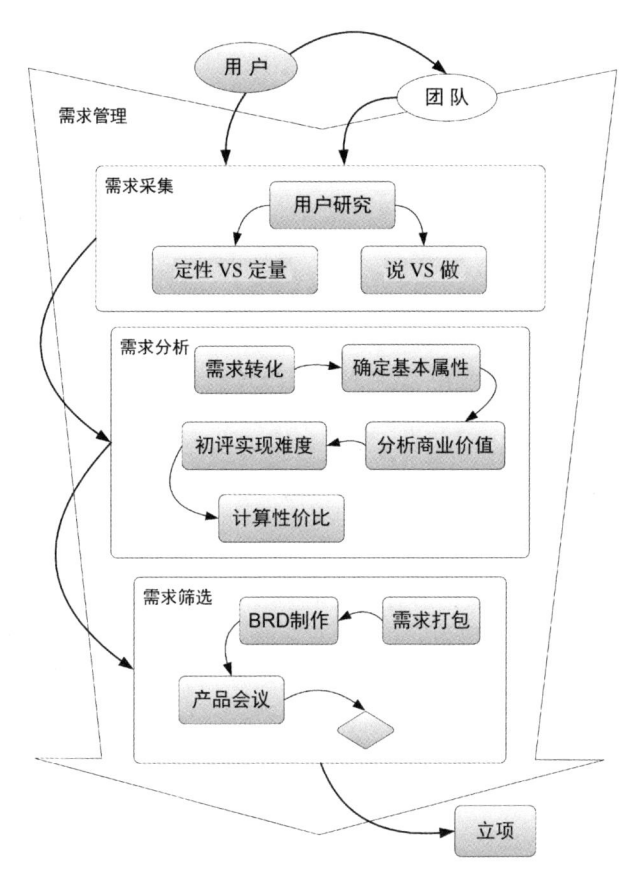

图 2-23　"一个需求的奋斗史"详图

2007 年 6 月 28 日,那是我作为主力 PD 的第一个付费产品发布的日子。临近发布的最后几周,因为各种原因,几乎是一个人扛下来的,非常辛苦,也有很大的收获。当时我在博客里写道:

从 4 月 18 日网店版 1.0 上线以来,到 6 月中旬:

用户数破 20 万,活跃用户破 2 万!

网店版 2.0,经过 70 天来兄弟姐妹们的努力,一次一次的 PK,几个小时前终于上线了!

经历了一个月的预热!

几天前,发出去几十万条消息说今天 19 点~22 点产品上线。

今天傍晚还发生了意外事件。

18点左右收到消息，网通的淘宝专用机房断电！淘宝数据库全挂，万年一遇！

19点多的时候淘宝还是只有主页面可以看到……首页顶端有个红红的告示……后台全挂……

20点20分左右，淘宝终于起来了！

20点58分左右发布成功！

21点出头，收到第一笔款！

22点47分，现在，又刷新了一次账户：1770元！

24小时不间断"数钱"终于实现，哈哈！

毕竟是第一次自己作为产品主设计做出来的收费产品发布，值得鼓励一下。

继续努力！

到23点左右，我仍坐在显示器前，不愿意走，鼻子泛酸。这可能是我做产品经理几年来最激动的时刻，也是真心觉得"这个产品是我的[1]"的时刻。

---

[1] 给新人们一句话，也是我到目前为止仍然信奉的：在高层决定公司战略的前提下，**好的产品对我们的帮助会远远大于我们对产品的帮助**。所以，做产品经理的前若干年，好的公司、好的产品、好的老板，很重要。

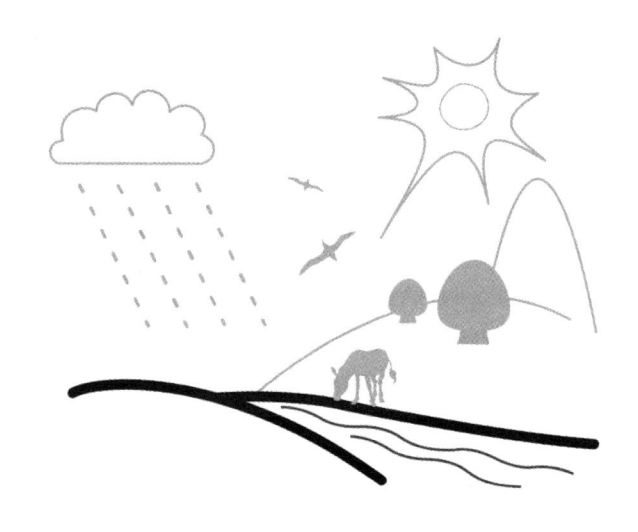

第 3 章

项目的坎坷一生

生态系统中,云变成雨落入河流,河流会把水运送到各地。河流中,有乱石、有浅滩,处处潜藏了危险。

第 3 章　项目的坎坷一生 / 103

3.1　从产品到项目 / 106
- 做产品 VS 做项目 / 106
- 产品经理 VS 项目经理 / 107
- 为什么让产品经理管项目 / 108

3.2　立项：一切从 Kick Off 开始 / 109
- 帅哥美女，我们需要你 / 110
- 别忘了最初的约定 / 111
- 沟通从头开始 / 112
- 不可或缺的誓师大会 / 113
- 任何时候都要心中有"树" / 114

3.3　需求开发：关键的青春期，又见需求 / 115
3.3.1　真的要写很多文档 / 115
- 产品需求文档，PRD / 116
- 再学一点 UML：时序图、活动图及其他 / 117
- Demo 也要我们做吗 / 119
- 概要设计与详细设计 / 122
3.3.2　需求活在项目中 / 122
- 作为重要监控点的需求评审 / 123
- 再看需求的生老病死 / 124

3.4　项目开发、测试、发布 / 125
- 开发阶段，旁观者说 / 126
- 测试阶段，大家一起上 / 126
- Bug 眼中的项目 / 127
- 那一夜，项目发布 / 130
- 以终为始，项目小结 / 132
- 怕什么来什么，只能拥抱变化 / 134

3.5　山寨级项目管理 / 134
3.5.1　文档只是手段 / 135
- 建立自己的文档规范 / 135
- 模板作用知多少 / 137
- 多人协作与版本管理 / 138
- 玩转 Office 足矣 / 138
3.5.2　流程也是手段 / 139
- 项目 VS 流程 / 140
- 流程的本质目的 / 141
- 那么多评审，可以省吗 / 142
- 商业评审与技术评审 / 143
3.5.3　敏捷更是手段 / 143
- 从书本到实践 / 143
- 项目中的敏捷沟通 / 145
- 与外包团队的敏捷尝试 / 147

3.6　我所亲历的特色项目 / 148
- 如何做好"老板项目" / 148
- 秘密行动，封闭开发 / 149
- 开发外包，项目外包 / 149

2007 年下半年，我在逐渐掌握了用户与需求相关的工作之后，又渐渐担负起了项目管理的职责。个人的最大感触是自己从一个会议的参与者变成了组织者。原来只需要接受各种会议邀请，现在则需要与老板、同事们约时间，发出会议邀请了。我意识到自己迎来了角色转变的挑战。

从一个在项目组中负责产品需求的人转变为项目经理让我认识到"从产品到项目"对个人的要求有哪些变化。

接下来，从"立项"开始，我们确定了团队成员、时间计划、沟通方法等，就可以做到"任何时候都心中有'树'"。

然后，项目进入了"需求开发"环节。这时候我们会发现作为互联网、软件行业的产品经理，"真的要写很多文档"，从产品需求文档、用例文档到 Demo，甚至是设计文档。作为与第 2 章的呼应，我们会在项目的需求阶段里"再看需求的生老病死"。

确定需求之后，项目会进入开发、测试、发布等几个主要阶段。在每一次的成长经历中，我们要一步一个脚印，"以终为始"，随时总结经验教训，还要"拥抱变化"。

接着，我要和大家分享我们的"山寨级项目管理"，对于互联网、软件行业，这些方法也许有一定的通用性。下面主要谈三个话题，分别是文档管理、流程管理、敏捷方法，但"文档只是手段""流程也是手段""敏捷更是手段"，因为它们都是为项目、产品、团队服务的。"项目的坎坷一生"缩略图如图 3-1 所示。

本章的最后，举了一些例子，都是"我所亲历过的特色项目"，比如"老板项目""封闭开发"等。

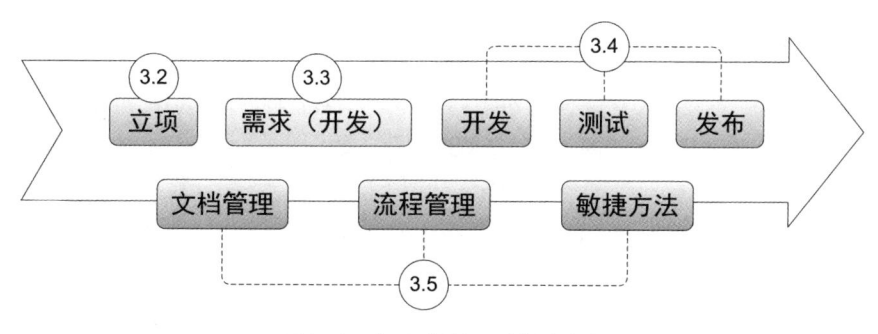

图 3-1 "项目的坎坷一生"缩略图

3.1 从产品到项目

产品的定义在第 1.2 节中的"产品究竟是什么"里和大家分享过，在本节中，我特别针对互联网、软件产品领域，给出了项目的定义[1]：

> 只进行一次且包含多项互相关联的任务，并有绩效、时间、成本和范围限制的一项工作。

从这句话里可以看出，产品是解决某个问题的东西，而项目是一个过程。两者是两个不同层面上的概念，可人们经常说"做产品""做项目"，二者所做的事情确实有几分相似，所以我们有必要把它们放在一起比较一番。

做产品 VS 做项目

我们从三个方面来比较"做产品"和"做项目"。

第一，从生命周期的角度来看。

"做产品"的生命周期相对较长，关注的是整个产品从规划到制造，再到最终维护和消亡的整个过程。而"做项目"有特定的目标，所以生命周期较短，通常在项目开始以前就有明确的起始和结束时间，通过验收就表示项目生命周期结束了。

我们开始做一个产品的时候，没法明确这款产品何时"结束"，一般会随着时间的推移、市场的变化、公司战略调整等因素，渐渐走向"生命周期完结"。所以，我们会有一个已经"结项"的项目，但不可能有一个已经"完成"的产品（只有不断完善的产品，除非它被新产品替代）。

第二，从具体要做的事情来看。

在"做产品"的过程中，会有更多的探索行为。随着各种内外部信息的变化，产品负责人需要不断地修正自己的判断，进行适宜的创新；而"做项目"在开始时就已经有明确的目标，更注重计划与控制。当然，也有很多事情无论是做产品还是做项目都是必不可少的，比如与团队成员的协调沟通，对未来工作做出计划等。

第三，从产出物的角度来看。

产品是可以批量生产，并且提供给大量用户使用的，所以产出物最好能相对通用，通

---

[1] 本书说的项目是指为了实现产品而发起的一个又一个工作，相对比较简单。更严谨的项目定义是指一系列独特的、复杂的并相互关联的活动，这些活动有着一个明确的目标，必须在特定的时间、预算、资源限定内，依循规范完成。比如三峡工程，其复杂性与我们日常所做的项目是不可同日而语的。特此说明。

常会首先考虑用有限的资源去满足更多的、能有更多回报的需求；而项目只进行一次，意味着每次需求都是定制的、个性化的，通常为了满足这些特定的需求，产出物也比较个性化。

下面我举几个例子帮助大家理解。

你找裁缝做一件衣服，会当面沟通清楚需求，对于裁缝来说是接了一个项目。而如果这个裁缝是一位设计师，他做的衣服被某服装厂看中，最终做成流向市场的上万件成衣，这就是做产品了。

门户网站为国庆60周年做了一个新闻专题，一定要在10月1日之前上线，可以看成一个任务明确的项目。而整个新闻频道持续更新一个又一个新闻专题，随时关注各种时事风云，持续创新，这就是在做产品。

一家小型软件公司接到某酒店的订单，要在6个月内做出一套管理软件，这就是一个典型的项目。而一家更大的软件公司发现了这个市场，受此项目的启发做了一套通用的软件，可以卖给更多的酒店，这就是在做一款产品。

"做产品"和"做项目"也是分不开的，"做产品"的过程，正是通过做一个又一个项目实现的，但产品并不是项目的简单累加。在产品渐渐满足目标用户群体的通用需求后，我们需要细分市场，这时候产品可能升级为"产品线"，按不同的细分市场，推出不同的产品。最终通过合理地安排项目来实现产品的规划。

产品经理 VS 项目经理

产品经理和项目经理有何异同？一个是 Product Manager，一个是 Project Manager，两者工作都需要跨团队，工作范围也有重叠。

产品经理——靠想。产品经理是做正确的事，思考其领导的产品是否符合市场的需求、是否能给公司带来利润。

项目经理——靠做。项目经理是把事情做正确，把事情做得完美，在时间、成本和资源约束的条件下完成目标。

产品经理关注的是做正确的事，关注的是产品生命周期，关注的是产品能否赚钱、能否持续地赚钱。因此，产品经理必须能够规划整个产品的架构和发展路线，能够确定产品的定位和受众，能够预计产品真正的价值和效益。

项目经理需要按照产品规划制定的项目目标正确地做事情。只要项目能够按照目标完成，那么项目就是成功的。即使项目产出的产品不能真正盈利，那往往也是产品规划出现了失误。

项目经理关注的是项目能否按照既定的目标顺利完成。产品究竟应该规划哪些功能点那是产品经理的事情，是项目范围的输入。

用我自己的话总结，就是：产品经理是内部驱动，项目经理是外部驱动。

对产品经理来说，最重要的是判断力与创造力，产品经理决定做不做、做什么、做多少，保证方向正确。

对项目经理来说，最重要的是执行力与控制力，项目经理决定怎么做、谁来做、何时做，保证方法得当。

为什么让产品经理管项目

两个PM[1]的职责确实有所不同，连最重要的能力要求都有很大区别。一个人很难能同时做好这两项工作，那么为什么在很多团队里，都让产品经理来做项目管理呢？

2007年年底之前的约1年时间里，我一直只是很单纯地在做产品的功能设计，在为产品所发起的一个个项目中，扮演一个产品经理的角色，主要负责"做多少、怎么做"的问题，那时项目经理是由开发经理兼任的，他负责"何时做、谁来做"的问题。

后来公司发现这样的一些弊端：

对产品经理的考核内容是产品的商业价值，比如用户活跃度等，而这些指标和产品的用户体验关系极大。让用户轻松，通常我们就要"受罪"，特别是开发人员，要额外做很多在他们看来价值不大的细节工作。

比如一个最简单的登录页面，有两个填写账户和密码输入框。想要用户体验好一点，就要考虑如何限制输入内容长度、如何控制输入非法字符、如何给用户提示等很多问题。仅仅是"判断输入账号的字符长度的时机问题"，就要考虑是单击"登录"按钮提交数据时判断，还是鼠标焦点移动到密码输入框时判断，还是输入账号时随时计算长度直接判断……

但是对开发工程师的考核内容，一般是项目的完成情况、Bug数量等。很显然，如果他们做项目经理，就会倾向于简化项目、尽量少做、做自己熟悉的功能，使得项目顺利完成，并且Bug很少，但是做出来的东西也许商业价值不足、用户体验不好。

由于上述原因，公司决定让产品经理兼任项目经理，希望能让对商业目标负责的人自己来掌控项目，在商业目标、项目资源、用户体验等各种限制条件下取得平衡，解决目标不一致的问题。

---

1 产品经理（Product Manager）和项目经理（Project Manager）的简称都是PM。

当然，在项目中仍然保留了开发经理的岗位，毕竟在"哪位工程师更适合做哪个任务，需要多少时间"这类问题上，他们是专家。

后来，有的团队又调整为让开发经理担任项目经理了。因为他们发现产品经理会不断地给项目增加新的需求，导致项目总是无法按期完成，影响了团队的士气。

从公司的角度来说，职责的划分是为了寻找平衡点，但作为产品经理或项目经理来说，如果我们认识到问题的本质和公司的良苦用心，也就无须在意形式上是谁来做项目管理了，正如下面这段话所说：

一个产品经理可能想要增加非常多的功能和特征以满足获取到的用户需求，但是项目经理却想要尽可能小地控制工作范围，以保证项目在规定时间与预算内完成。好的产品经理和好的项目经理能在冲突中找到平衡。好的项目经理明白，一个项目真正的成功并不是看它是否在规定的时间和预算内完成，而是它是否达到了拟定的目标。好的产品经理则明白，如果项目被不断延期并且从未投入市场，又或者因为大大超过预算而被结束，那么所有的产品功能特征都会变得毫无意义[1]。

3.2 立项：一切从 Kick Off 开始

"Kick Off"是足球比赛开球的意思，现在被广泛指代开始做某事。在项目里，"Kick Off"指的是项目的启动大会，而启动大会及其准备工作（主要是团队组建和各种计划的确定），即所谓立项阶段的工作内容，如图 3-2 所示。

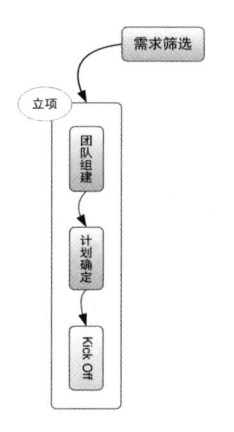

图 3-2 立项阶段的工作内容

---

[1] 互联网行业里，经常用"迭代"的思想来解决这个问题，大家可以延伸阅读。

帅哥美女，我们需要你

这节要聊的是"团队组建"的话题。产品经理并没有行政上的管理权，也就意味着每次项目我们都需要去跟不同团队的主管、经理要人，其中的艰辛只有经历过才能体会。

如果要降低团队组建的难度，作为项目经理可以从以下两点入手：一是我们启动的项目经过产品会议并得到了大老板们的认可，项目所需的基本资源有保证；二是经常合作的都是相对固定的人，沟通也比较顺畅。

在项目的组织结构中，项目经理并不是结构中的顶端，组织一个"项目督导委员会"很有必要。其成员一般是项目成员的老板，甚至老板的老板。当项目因为种种原因出现重大变更的时候，比如成本、时间、需求等，我会向他们提出申请，获得批准后才执行变更，这也是项目经理对自己和项目成员的保护。而在整个项目过程中，各种资源的提供也需要靠他们。整个项目期间，各种信息会随时知会督导委员会成员，但大多数情况老板们无须有什么动作，所以他们也乐于参与。同时，对于项目成员来说，知道老板们随时在监督项目，并且看得到自己的努力，也会做得格外卖力。

通常在项目中，项目经理下面会有这样几种角色，如图 3-3 所示。

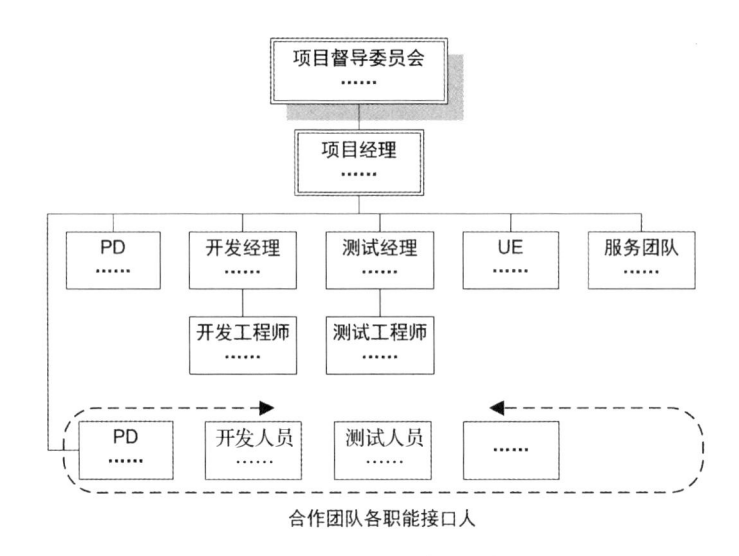

图 3-3 典型的项目组织结构

PD 负责这个项目的需求，他们中的某一个可能兼任项目经理；开发经理及其团队负责开发相关的任务，其中开发经理需要负责拟定开发的时间计划与任务分配，并全程掌控设计、编码直至产品上线；测试经理及其团队负责测试相关的任务；UE（用户体验团队）负责产品的用户体验，对于互联网、软件类产品来说，他们负责将产品展现给用户，比如交互效果、视觉效果等；服务团队负责产品帮助文档的编写，以及产品上线后的服务工作等；如果项目牵涉了其他产品，我们还会设置各种职能的接口人以协同工作。

这个组织结构会随着项目的进行不断微调，我们无须在项目一开始的时候就把人凑齐，一般来说，最关键的几个人到位了，就可以进行项目后续的流程。他们通常是以下几位：项目经理，统筹管理整个项目；PD，负责编写需求文档；开发经理，制定项目的开发计划。

别忘了最初的约定

约定，就是提前说好谁在什么时间要做什么事情。在项目中就是项目计划。

日常项目最重要的一件事情是：评估"工作量"并推算出"工期"。

从产品会议结束到制定项目计划的日子中，PD 们同时也在做 PRD[1]的细化。开发部门的人员看到 PRD 时，每个功能点的工作量已经评估得更准确一些了。此时还需要把各项开发任务分配给合适的人。每一位领到任务的开发工程师将评估自己的工作量，并承诺任务完成的可能时间。

此时的工作量粒度也会比初评的时候细，至少精确到"1 人天"，短期项目甚至是"1 人小时"（即一个人工作一小时所承担的工作量）。按照经验，"1 人天"通常等价于"5 ~ 6 人小时"，而并不是按照一人一天工作 8 小时计算，因为每个人都很难保证持续高效，并且不被其他事情打断。

之后，开发经理会把项目中各位工程师评估的工作量做汇总，推算出工期。需要注意的是，工作量只是说某人完成这件事需要多少时间，而工期要转化到日历上，说明这件事从何时开始到何时可以结束。这时候要考虑到各项任务的依赖关系，以及项目成员在这段时间内的其他工作，并适当留出机动时间。

比如某个开发任务只需要工程师甲做"2 人天"，但它需要等工程师乙"5 人天"的任务完成后才能开始，那么这两个任务就没法并行，整个任务的工期也就是"7 个工作日"而不是"5 个工作日"；又如开发团队每周五下午有周例会，项目中的成员必须要参加各种评审会议，还需要响应随时可能发生的线上故障，等等，这些因素排工期的时候都需要考虑到。

一般来说，如果各个任务相对独立，则可以通过更多地并行、投入更多人力资源来缩短时间，比如给一大片果园摘苹果就可以采用此方式；但如果任务之间互相依赖严重，就只能更多地串行，这时候加入再多的人力资源也往往无能为力。因为日常项目的资源瓶颈

---

1 PRD：Product Requirement Document，产品需求文档。

一般在开发阶段，所以其他计划会在开发计划初步确定之后再与之配合生成。项目经理需要把开发计划、测试计划、发布计划等合并成为项目计划，并确定项目的几个监控点。这些监控点通常是需求完成、编码完成、发布上线等关键节点。如图 3-4 所示是"魔方计划"的粗略时间安排。

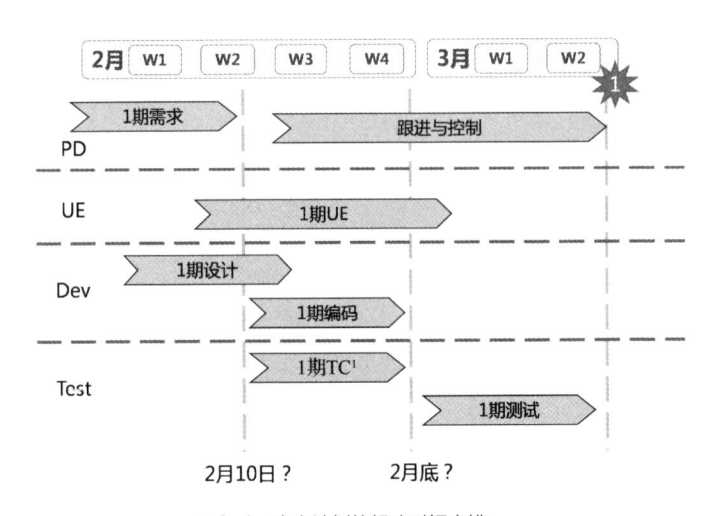

图 3-4　魔方计划的粗略时间安排

沟通从头开始

从项目开始到项目结束，我们无时无刻不需要沟通，由沟通问题导致的项目不顺利也占了极大比例，所以我们有必要一开始就约定好项目的沟通方式。

关于项目沟通方式的约定包括以下这些要素：

周期：以"日"或"周"为单位，主要取决于项目时间的长短及变化的频率。

渠道：会议、邮件等，需要在成本和效率之间取得平衡。

发起者：一般由项目经理、开发经理、测试经理主导相应的沟通。

参与者：发起者确定参与者，不要遗漏项目边缘的同事。

不管选择何种沟通方式，目的都是相同的——为了项目成功。一般来说，常做的项目，通用的沟通方法有如下几种，供大家参考。

项目晨会：自项目进入开发阶段起至发布日止，开发经理每日召集相关人员参加，主要是 PD、开发人员、测试人员。

1　TC：Test Case，测试用例。

项目日报：自 Kick Off 起至发布日止，项目经理每日发给项目的所有干系人，测试阶段开始后以测试日报为主。

评审会：相应 PD 召集需求评审，相应开发人员召集设计评审，相应测试人员召集 TC 评审。产品可用之后，项目经理尽快召集功能评审，项目所有干系人参与评估。

项目变更申请：项目发生重大变更，项目经理与项目督导委员会沟通后确认变更。

发布预告及公告：项目经理在项目发布前两个工作日发预告给项目所有干系人，项目发布成功后发公告给所有干系人。

不可或缺的誓师大会

前文说的团队组建、时间计划、沟通方法准备好以后，我们就可以举行项目 Kick Off 会议了。项目 Kick Off 会议很重要。有很多项目成员在 Kick Off 会议之前很可能完全不知道这个项目要做什么，而且 Kick Off 会议在心理上可以起到鼓舞士气的作用，就好比周瑜在战前发表"演讲"。

Kick Off 会议通常只需要 15 分钟左右的时间，在这 15 分钟内，需要传达的信息有以下 6 点：

项目背景

明确为什么要做这个项目，说明何种用户痛点促使我们启动这个项目。

项目意义、目的与目标

描述项目的美好前景，明确项目目标。

需求、功能点概述

阐明项目的需求和功能，解释为什么这一项目可以解决用户痛点。

项目组织架构

目的是让项目成员互相认识，明确有什么事应该找谁。

在项目的早期，务必要让老板们多多参与，反复确认正确的方向，因为此时做各种调整的成本都比较低。也要注意不要遗漏工作不多的项目成员。

项目计划

让所有人了解两个关键点：

第一，项目的时间点与里程碑。

第二，各个时段需要的资源，即每个人要在各个阶段做什么事情。

> 沟通方式
>
> 让所有人在项目过程中都按照约定的沟通方式进行沟通交流。

任何时候都要心中有"树"

做项目的目标无非是"多快好省"：项目范围大、流程时间短、产品品质高、所需资源省。但"又要马儿跑又想马儿不吃草"的事情是不可能的，所以，我们通常是在上述 4 个目标中寻找平衡。

上述的 4 个目标可以对应经典的项目 TRQ 三要素：项目时间（Time）、项目资源（Resource）、项目质量（Quality）。但我个人觉得此处把 Q 解释为"Quality + Quantity"（品质+数量）或许更为准确。我所经历的项目，Q 更多的是表达数量（Quantity），这是因为除非有特殊情况，"品质高"这点要求是不会被舍弃的，所以可变的是项目范围。

因此，我们做项目的本质就是在保证品质的前提下，在时间要求、人财物花费、项目范围三点上做平衡。

我们在工作中碰到的大多数都是常规的项目，公司或团队已经做过无数遍了，所以项目该有哪些人、按照何种顺序做什么事情也相对清晰。但偶尔也会碰到一些全新的项目，我们该如何入手呢？

在了解背景、目的、目标等内容的前提下，明确任务之后，我们首先分解任务——即 WBS[1]——分解任务时我们要重视完整性，保证"滴水不漏"。WBS 做完后，其表现在图纸上是一张颠倒的树状图。

对于有经验的项目，我们可以利用原来用过的 WBS 模板，自上而下地优化并套用；对于无经验的项目，我们可以自下而上，列出一个个底层的任务点，向上建构整个任务分布情况。图 3-5 就是我自己通过多次的项目经验，总结出的"产品模块级项目 WBS 模板"的一部分。

接下来，应对每个具体的项目，我们评估出每项任务的工作量，安排人力资源去完成任务，把工作量转化为工期，也就得到了项目的时间计划。

随着做的项目越来越多，你可以一边做项目，一边形成自己的 WBS 模板，以后再遇到类似项目的时候，不管规模大小，有些事情总是大同小异的，你就心中有"树"了。

我们都知道，实际工作中，其实任何项目都没有特别清晰的步骤，通常我们都是"边计划、边行动、边修改"，这是现实，是无奈，但不论怎样，我们终于要甩开膀子干活了。

---

1 WBS：Work Breakdown Structure，工作分解结构。

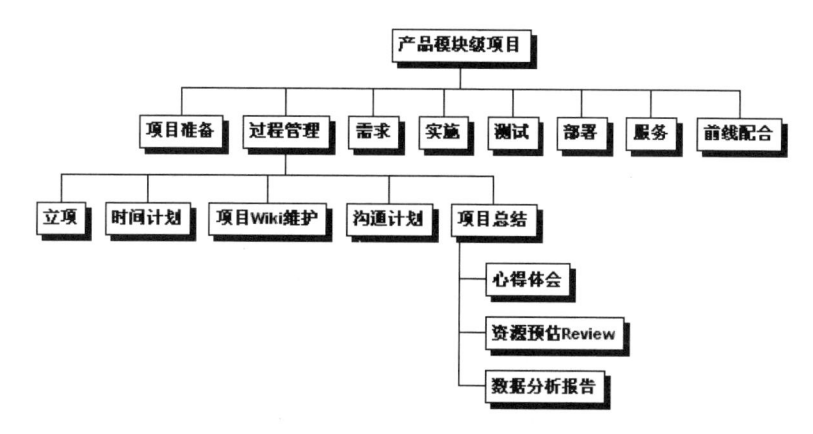

图 3-5　产品模块级项目的 WBS 模板（部分）

3.3　需求开发：关键的青春期，又见需求

为什么做产品通常从写文档开始呢？如果你是一名缺乏经验和实战能力的新人，或者刚转到一个全新的团队，只能先做一些执行层面的任务来熟悉产品、团队，以及团队做事的方法、常用的工具等。经过采集、分析、筛选需求，决定要做项目，经过团队组建、计划制订、Kick Off 会议等步骤后，产品正式开始实施的第一步就是"写文档"，再明确不过了，所以拿来练手正合适。

3.3.1　真的要写很多文档

曾经我看过一个叫"Michael on Product Management & Marketing"的博客，它讲述了产品设计中的几种核心文档，我结合实际工作整理之后，形成了我心目中产品从抽象到具体的过程中主要产出的文档：BRD、MRD、PRD 和 FSD。

BRD：Business Requirements Document，商业需求文档。这是产品生命周期中最早的文档，其内容涉及市场分析、销售策略、盈利预测等。其形式通常是给大老板们演示的 PPT，短小精炼、没有产品细节。它也有点像创业者给投资人看的商业计划，主要作用是为了获得认可、争取资源。

MRD：Market Requirements Document，市场需求文档。产品进入实施阶段，我们需要写出 MRD。MRD 中要有更细致的市场与竞争对手分析，包括可通过哪些功能来实现商业目的、确定功能、非功能需求分哪几块、功能的优先级等内容。实际工作中，PD 常使用的 Feature List、业务逻辑图等，都属于 MRD 文档。它也是从商业目标到技术实现的关键转化文档。

PRD：Product Requirements Document，产品需求文档。PRD 是对产品功能的进一步细化，是 PD 新人写得最多的文档。文档主要包含整体说明、用例文档、产品 Demo 等。

FSD：Functional Specifications Document，功能详细说明。FSD 比较像我们常写的用例文档，经常包含在 PRD 中。在 FSD 中，产品界面、业务逻辑的细节都要确定，比如网页上的某个表格中的数字保留几位小数等。

每个公司并不会严格地写这么多文档，比如我在阿里巴巴待过的团队主要写"BRD"和"PRD"，"BRD"实际上包含了上述 BRD 和 MRD 的核心内容，"PRD"实际上包含了上述 PRD 和 FSD 的核心内容；而百度有的团队主要写"MRD"，包含了上述前三种文档的主要内容。在实际中，文档的名称和其实际内容并不一定完全匹配，但是我们要知道写这些文档的目的。

产品需求文档，PRD

通常一个项目会有一到多份 PRD，每一个 PRD 会包含逻辑相关的若干功能点，这些相关的需求在"需求打包"的环节已经被识别出来，也就是产品需求列表里的若干行。

文档的结构如图 3-6 所示。

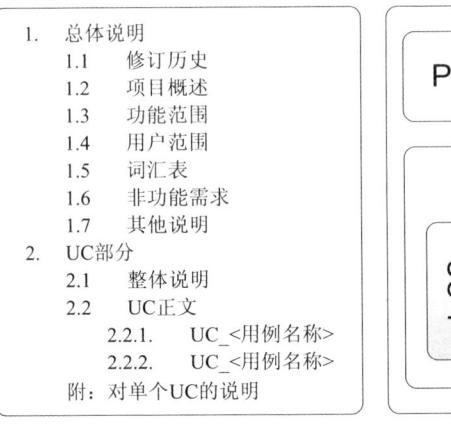

```
1.  总体说明
    1.1   修订历史
    1.2   项目概述
    1.3   功能范围
    1.4   用户范围
    1.5   词汇表
    1.6   非功能需求
    1.7   其他说明
2.  UC部分
    2.1   整体说明
    2.2   UC正文
        2.2.1.   UC_<用例名称>
        2.2.2.   UC_<用例名称>
    附：对单个UC的说明
```

PRD总体说明

UC部分

UC-1 UC-2 ……

图 3-6 一份实际的 PRD 模板目录与结构示意图

修订历史：写清楚每次修订的日期、版本号、说明及作者，便于以后追溯。

项目概述：简单描述项目的背景、意义、目的、目标等，描述业务领域知识，让文档读者明白这个项目是为什么而做的。这部分可以参考 Kick Off 会议所用 PPT 里面的内容。如果此 PRD 没有包含项目的全部需求，也应注明这部分需求是什么，其他需求在哪里等内容。

功能范围：给出本 PRD 的业务逻辑图，重点描述系统中各个角色的职责、与周边系统的关系、全局的商业规则等。

用户范围：对本 PRD 涉及的角色、系统做出简单的说明。

词汇表：对本 PRD 涉及的专有词汇、术语、缩写等做出说明。

非功能需求：如性能需求、数据监控的需求等。阿里巴巴曾要求针对每个新功能设置监控点，并且在功能上线两周后由 PD 给出数据分析报告，以验证是否达到预期的商业目标，从而不断改善前期判断的准确度。

其他说明：其他任何需要说明的内容都可以写在这里。

总体说明之后是用例文档[1]部分。

在这个部分，我们首先需要对这个 PRD 中所有的用例进行说明，给出用例的可视化表示，说明各个用例之间的关系，一般有类图、用例图、状态图几种表示方法，其中用例图最为关键。

接下来才是用例的正文，它由一个个的用例组成。

最后一部分"对单个 UC 的说明"是一些注释，我常用的 PRD 模板里有如下内容：

注 1：视觉层面的描述通常直接通过 Demo 表达（如页面大小、颜色、字体、字号等）。

注 2：界面细节，引用界面规范文档（如表格中的文字对齐方式等）。

注 3：交互细节，引用交互规范文档（如出错提示的方式等）。

注 4：文案细节，引用文案规范文档（如各种提示文案等）。

接下来，我们从用例文档部分开始慢慢解释。

再学一点 UML[2]：时序图、活动图及其他

上文提到了 UC 里的流程描述，我们再学几种 UML 的图，它们描述的是用例的内部事务。当然，用例内部不一定指"单个用例"内部，也可能是用例之间的关系。这些图在描述业务规则和流程的时候非常有用。

---

[1] 用例即 Use Case，简称 UC。

[2] UML（Unified Model Language），统一建模语言，又称标准建模语言。

- 时序图：Sequence Diagram，也叫顺序图，描述事物变化在时间维度上的先后顺序，善于表达多个对象之间的交互，比如多个页面之间、多个角色之间。如图3-7所示就是在点菜过程中，点菜者、服务员、厨师三个角色之间的交互。

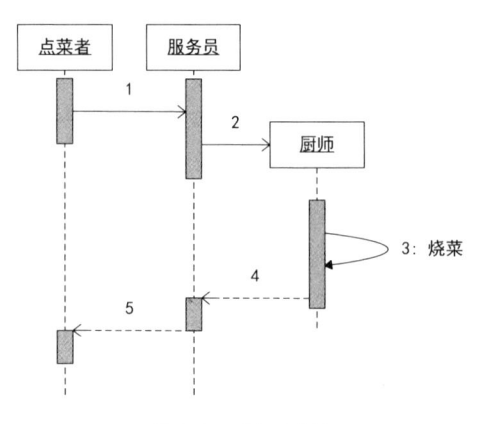

图3-7 时序图举例

- 活动图：Activity Diagram，比较接近我们常说的流程图，描述各种动作如何引起系统变化，善于表达泳道[1]较多、分支较多的情况。图3-8描述了点菜过程中点菜者与服务员两个泳道内由于各自的动作引起的系统变化。

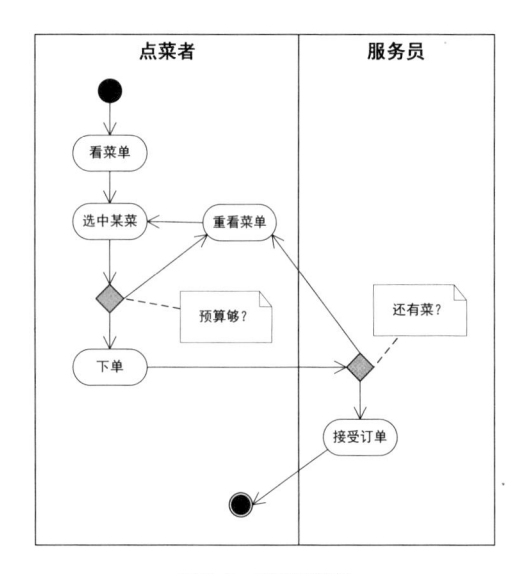

图3-8 活动图举例

---

1 在活动图中，每条泳道代表整个系统工作流程中某个部分的活动。

▶ 协作图：Collaboration Diagram，表达不同对象之间是如何互相影响的。这幅图在日常的项目中用得不多。它和时序图是可以等价转换的，只不过时序图关注交互在时间上的步骤，而协作图关注交互过程中各个对象间的关系。

很多时候多种图都可以描述同一件事情，只是视角不同而已。我们判断选用哪种图时，要看对于特定的系统来说从哪个角度来描述更容易让受众理解。另外还有表述软件实施的构件图、描述硬件结构的部署图，这些图更偏向技术一些，对 PD 的用处不大。

工具是为人服务的，如果团队里其他成员都看不懂 UML 图，且学习成本太高，那一定不要强推 UML，我们也可以寻找合适自己的工具[1]。描述需求的原则很简单：把要做的事情跟受众说清楚！

Demo 也要我们做吗

产品 Demo，也经常被称为产品原型、演示版、Mockup。

某个产品功能的用例是否包含对界面的描述取决于产品的特点、团队的习惯等。每个团队有自己的做法，好坏难以评估。我的建议是问问这些文档的用户，即团队里的开发工程师、测试工程师，按照他们喜欢的方式写就好了。现在在有一些可以嵌入富媒体内容的文档方式，可以直接把 Demo 嵌入用例文档。如果要表现更多交互和视觉的细节，Demo 是必须独立存在的。

Demo 最好由用户体验部门的人员主导。有的团队可能并没有一个叫 User Experience（简称 UE）的部门，那么做 Demo 的人也许叫用户体验师、交互设计师、视觉设计师，甚至是——美工。但产品经理必须参与 Demo 制作的过程，Demo 的制作在产品会议之前就可以开始了，有可能的话在 BRD 中展示出来，可以成为争取资源的加分因素。在制作 Demo 的过程中，我们要保证 Demo 的设计师们充分理解了商业目的和用户目标等内容，大家才能在方向正确的前提下自由发挥。

Demo 也会经历从低保真到高保真[2]、从抽象到具体、从全局到细节的渐变过程。图 3-9、图 3-10、图 3-11 三幅图展示了"e 网打进"新首页的 Demo 在几个关键步骤上的样子。一般来说，最开始会有一个纸面 Demo，画笔加 A4 纸的组合，如图 3-9 所示，或者是马克笔加白板再用手机拍个照。

---

1 在移动互联网时代，我们对速度的要求提高了很多，需求文档的形式也更加自由，也常常表现为"Demo+标注"的形式。

2 低保真到高保真，在这里用来描述 Demo 与将来真实产品的相似程度。

图 3-9 纸面 Demo

接下来会有一个线框图，如图 3-10 所示，线框图只关注界面框架而不考虑细节，使用的工具可以是 Visio、PPT、Word，甚至 Windows 操作系统自带的画图板。

图 3-10 线框图

进一步，我们要关注视觉效果。如图 3-11 所示，我们可以用 Photoshop 做几张典型页面的效果图。然后，在表达交互细节方面，我们可以使用 Axure[1]、Dreamweaver[2]制作页面，这些页面很可能就是将来产品里真实可用的网页了。

图 3-11 视觉效果图

产品不同，用到的 Demo 工具不同。同一个产品在不同阶段用到的 Demo 工具也不同。

实际工作中，PD 会对 Demo 给出一些自己的想法，甚至经常自己做。越是低保真的 Demo 越需要 PD 介入。

---

1 Axure：一款原型设计软件，能帮助网站设计者快捷地创建带注释及交互效果的网页，并可以自动生成网页文件，以用于演示与开发。

2 Dreamweaver：美国 Macromedia 公司开发的集网页制作和网站管理于一身的所见即所得的网页编辑器，它是第一套针对专业网页设计师的视觉化网页开发工具，利用它可以轻而易举地制作出跨越平台限制和跨越浏览器限制的充满动感的网页。

团队分工的形成总有各种各样的原因，虽然 PD 做 Demo，能够锻炼各方面的能力，但如果有 UE 的同事，我倾向于信任专业人员，PD 只提建议而不做决定，让专业的人做专业的事，这样产品才更完善。

概要设计与详细设计

我在写用例文档的时候，经常写着写着就觉得是在越俎代庖地做概要设计，甚至是详细设计的事情。比如，网页上简单的一个"公司名称"字段就有很多细节的设计问题需要考虑。比如：

长度应该限制在多少个字符，是 64、128，还是 100？

界面上应该允许输入多少个汉字？

不允许输入哪些非法字符？

有没有敏感词需要屏蔽？

输多了何时检测？何时提示用户？

是否必填？

是否有默认值？

在页面上的对齐方式？

……

但在实际工作中，有人希望你写得越详细越好，而有人希望你交给他来决定。后来我们渐渐总结出两种做法。

第一，不以写的东西是"需求"还是"设计"区分职责，而以"业务"或"技术"区分。比如在上例中，在业务上需要对"公司名称"的长度做何限制由 PD 确定，而"公司名称"的数据在数据库里如何存储，由工程师决定。

第二，细节的设计经常重复，PD 应该和开发工程师一起协商，渐渐形成产品规范。比如在上例中，通过几次协商后，我们确定了之后产品中各种字段的各种限制规范，下次再写用例文档的时候，只要引用规范即可，省去了很多重复劳动。

3.3.2 需求活在项目中

我们把各种需求文档都写完后，开发和测试的人员不会直接使用，为了保证产品的质量，需求还必须要在项目中通过各方的评审，方可进入开发阶段。下面，我们来仔细聊聊需求评审的话题。

作为重要监控点的需求评审

简单来说，评审就是项目中相关的几个小团队坐在一起，大家经过讲解和讨论统一认识的过程。评审的作用是及时发现偏差，防止问题随时间放大。如果不做关键的评审，看似省了时间，但往往无法及时发现问题，待到问题爆发时就会耽误更多时间，而且会在谁负责的问题上纠缠不清。与其亡羊补牢不如尽早在流程上预防，所谓"防病优于治病"。

我做过的项目中，最重要的三种角色就是 PD、开发人员、测试人员，所以这些项目往往有三次评审——需求评审、设计评审、测试评审。

需求评审，是 PRD 评审、UC 评审、Demo 评审的统称。需求评审在需求的相应部分完成以后进行。PRD 评审、UC 评审会上由 PD 向开发人员、测试人员解释说明 PRD 和 UC，Demo 评审则由 UE 人员主讲。

一般，我们可以在做出比较大粒度的 PRD 之后马上安排一次评审。评审中还需要提交 UC 和 Demo 的半成品，以期尽早发现问题，比如业务规则不合理、产品界面太丑陋、某功能技术上无法实现等。PRD 评审会重点关注偏商业的内容，我们可以叫上老板、营销人员、服务人员，甚至用户一起来听。

PRD 评审通过以后，PD 会和 UE 人员一起细化 UC 和 Demo。而开发人员也会同步进行一些开发前的准备工作，比如细化和修正项目计划，部分系统的设计等。

接下来的 Demo 评审决定了产品的外观，项目干系人都需要参加。而 UC 评审更偏重技术实现，商业团队的成员可以选择性地参加。

需求阶段的工作内容如图 3-12 所示。

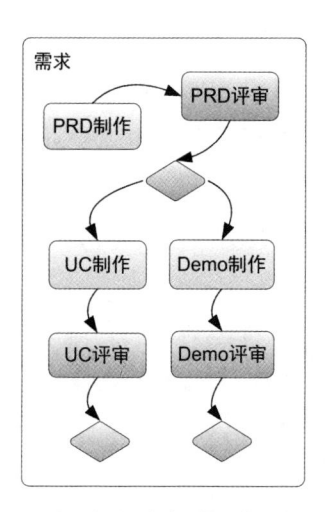

图 3-12 需求阶段的工作内容

设计评审在概要设计与详细设计完成之后进行，由开发工程师把对需求的理解以设计文档的形式向 PD、测试人员解释说明。

测试评审，俗称 TC 评审，在 TC 编写完成后，测试开始执行之前进行，由测试工程师把对需求的理解以 TC 的形式向 PD、开发人员解释说明。

在实际工作中，每一种评审都可能举行多轮评审会议，会议的通过原则是"改动较多必须再次评审，异议不大可以通过"。评审会议的组织者可以考虑都由 QA[1]担任，将评审会议作为项目过程管理的一部分。也可以考虑由每次评审的主讲人发起评审会议。

需求评审会的组织过程中，特别要注意两种容易漏掉的参与者：一是能做决定的人，评审的时候多方不可避免地会对需求有不同理解，从而出现争论，这时候就需要有人能拍板，有人能负责；二是与此项目有关的产品接口人，他的参与可避免太晚发现产品与其他系统有冲突，以便提前修改漏洞。

"需求评审通过"是项目中一个重要的监控点，称为"需求确认"或"需求冻结"。进入开发阶段后，如果还需要修改需求的话，我们要更加慎重地启动需求变更的流程。这也是为了更好地控制项目风险。

再看需求的生老病死

大家还记得第 2.5 节里聊过的"一个需求的生老病死"吗，现在我们把它融入项目，再次审视一番。图 3-13 是一个简化版的项目流程，也是一个需求从提出到发布的简单过程样例。

除纯技术项目外，PD 是产品不断改进的原动力，所以项目前期 PD 主导的环节比较多。这些过程可以用下文几个"会议"来概括。此处的"会议"不一定有严格的会议形式，也可以是两三个人围在电脑前的几分钟交流。

项目开始之前：我们在产品团队内部举行分析需求商业价值的需求讨论会以及多个产品间的产品会议。讨论后通过的需求，我们会确定需求负责人，并将 Feature List 中的对应需求状态变为"需求中"。

项目中的需求阶段：项目启动之后，PD 就得经常召集需求评审会，大家一起讨论这个需求要怎么做。PD 收集到意见后反复修改需求，直至最后一次评审通过。此时，需求得以确认，我们将其状态变为"开发中"。

---

1 Quality Assurance，指质量保证人员，负责产品品质保证的相关工作，比如流程控制，不同于测试人员。

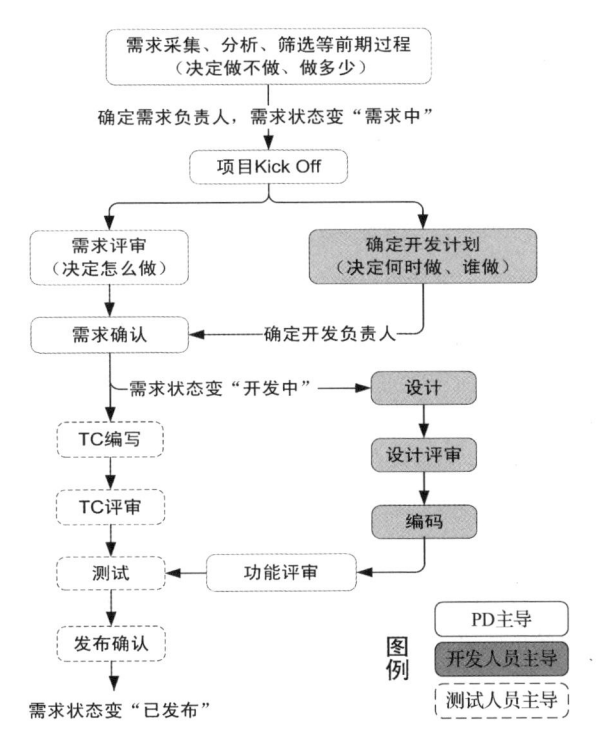

图 3-13　日常需求发布流程

项目中的需求阶段之后：进入开发阶段之后，PD 需要不断地和开发、测试人员确认各种细节。在开发完成、进入测试环节之后，PD 需要在测试环境[1]中代表用户做功能验收，确认产品与自己的设计是否相符，以及是否存在可用性问题。如果能让真实用户来验收则更好。此阶段，通常我们会组织一次功能评审会，让项目干系人来确认这些功能是不是大家想要的，如果有问题还可以补救。直至功能上线后，再把需求状态改为"已发布"。

需求发布之后仍然会有改动，可能是客户反馈了问题，或者自己想到了更好的解决方案。我们应该把它视为一个新的需求或当作一个 Bug，重新进入流程。

3.4　项目开发、测试、发布

需求阶段之后的常规项目过程是开发、测试、发布，这类项目都是围绕着产品研发工作的，所以上线后的销售、运营、服务等活动没有包括在常规项目中。立项与需求阶段是

1　测试环境，Testing Environment，这里指产品进行测试的环境，包括测试平台、测试基础设施、测试实验室和其他设施。与开发人员所用机器的本地"开发环境"、发布前最后验证的"预发布环境"、用户真实可见的"生产环境"相对应。

PD 作为主要角色参与的环节，而本节的主角则是工程师们，PD 要随时配合他们确认需求，项目经理要做的就是"控制"。

开发阶段，旁观者说

在开发阶段，开发经理的存在会帮 PD 省不少心。该阶段的工作内容如图 3-14 所示。

能力较强的开发工程师，可能也被称为开发经理、架构师、系统分析师等，他会带着普通工程师一起做概要设计、详细设计。如果项目涉及数据库、硬件系统的改动，他还会带上运维人员一起参与。设计完成以后，开发团队会组织一次设计评审，PD 和测试人员都会参与，审核一下工程师们对需求的理解是否正确。设计评审通过以后，项目就进入了编码阶段。

编码阶段完成之后，工程师们需要对自己的代码做单元测试。如果这一自测环节执行到位，可以减少后期测试人员很多的工作量。

当开发工程师认为自测已经完成时，就可以把代码从开发环境提交到测试环境了。按照开发计划，当项目的主体部分提交测试时，我们又走过了一个监控点——开发完成。

测试阶段，大家一起上

开发工程师在设计与编码的同时，测试工程师也没有闲着，他们会继续细化和调整测试计划，并完成 TC 编写的任务。在 TC 中，测试人员会描述测试任务、测试方案，以及测试方法、技术和策略。内容包括测试目标、测试环境、输入数据、测试步骤、预期结果、测试脚本等，并形成文档。

测试阶段的工作内容如图 3-15 所示。

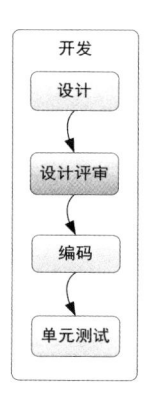

图 3-14　开发阶段的工作内容

图 3-15　测试阶段的工作内容

TC 编写完成后，测试经理会组织 TC 评审，时间一般在开发人员提交测试之前，PD 和开发人员都要参与评审，再次确认大家对需求的理解是否一致。很多在需求阶段无法全面考虑的需求细节会通过开发和测试阶段的反复沟通来不断细化。

TC 评审通过开发人员提交测试以后，测试人员会迅速完成一轮"冒烟测试"[1]，目的是确认软件基本功能正常，可以进行后续的正式测试工作。

在测试人员正式开始测试的同时，PD 将组织一次产品的"功能评审"，或者叫"产品演示会"，利用测试环境，把可以使用的产品在第一时间展示给所有的项目干系人，进一步确保做出来的东西就是大家想要的。功能评审通过之后，PD 一般还会代表用户做更详细的 UAT[2]，或者称为"验收测试"[3]。

接下来，测试人员会做多轮测试，这些测试是"发现 Bug、开发修正、测试验证、发现新 Bug"的循环过程。在 Bug 都处理妥当之后，项目紧接着就进入了发布阶段。有的项目除了功能测试，还需要做性能测试，比如验证系统是否能承受 1 万用户同时访问的压力，有的公司有特定的测试工程师做这方面的性能测试，他们一般是为多个产品服务的。

在测试阶段[4]，商业方面的准备工作也早已启动。PD 可能要准备面向用户的功能、卖点介绍的文档、产品更新的公告，对服务人员和销售人员进行培训；运营人员可能已经在策划推广方案；销售人员可能在更新销售说辞；服务人员可能在依据测试环境里的产品制作帮助文档……多个部门协同将产品的发布准备工作完成。

Bug 眼中的项目

在测试刚开始的一段时间里，Bug[5]总是不断地蹦出来。本节从 Bug 的角度来说说项目，表 3-1 是我们使用过的一份 Bug 级别定义标准，从中可以看出，III、IV、V 级 Bug 是产品是否"能用"的范畴，II 级是"好用"的范畴，而 I 级是"有用"的范畴。对 Bug 级别的定义由团队在前期搞定，但在测试过程中，任何人都可以根据实际情况提出修改意见。

一般来说对一个 Bug 的描述有以下几个关键点。

---

1 冒烟测试，Smoke Test，顾名思义，该测试耗时短，仅用一袋烟工夫就足够了。也有人认为是形象地类比新电路板基本功能检查。任何新电路板焊好后，先通电检查，如果存在设计缺陷，电路板就可能会短路，板子就会冒烟。

2 UAT：User Acceptance Test，用户接受度测试。当然，更好的做法是直接让用户来测试。

3 对于外包项目，验收测试需要由 PD 与测试人员共同完成，除了把系统所有的功能、性能概要测试一遍，还需要检查项目交付物，比如项目阶段文档、用户手册等内容是否齐全，是否符合规范。

4 这里没有提到"可用性测试"，它是在产品的各个阶段都可以做的一种用户研究方法，并不一定在项目的测试阶段进行。

5 Bug 指缺陷或故障，项目发布之前发现的叫缺陷，项目发布之后发现的叫故障，通常故障会对用户造成伤害。团队里也针对故障制定了分级制度，针对责任人制定了相应的惩罚制度。

- ▶ 缺陷级别（Severity）：一般大于等于 III 级的 Bug 被认为是严重的问题。
- ▶ 所属产品、项目：有的测试人员需要同时处理很多产品、项目，这个属性可以方便其将 Bug 和项目对应起来。
- ▶ Bug 名称：通过一个短句对此 Bug 进行简单说明。
- ▶ Bug 描述："执行某操作，期望出现什么情况，实际出现什么情况"，还可以添加截图、文档等附件。

表 3-1 Bug 级别定义标准

缺陷种类	缺陷级别	详细说明
功能缺陷	Urgent（V级）	1. 操作系统无法正常使用、死机、出现致命错误
		2. 数据丢失
		3. 被测试系统频繁崩溃，程序出错，功能不能继续使用
		4. 性能与需求不一致
		5. 系统资源引发性能问题
		6. 系统配置引发错误
		7. 安全性问题
	Very High（IV级）	1. 功能与需求不一致，或功能未实现
		2. 功能有错误，影响使用
		3. 数据传输有错误
		4. 安装与卸载问题
	High（III级）	1. 功能有错误，但不影响使用
		2. 界面错误
		3. 边界条件出错
	Medium（II级）	1. 界面设计不规范
		2. 消息、提示不准确
		3. 交互不友好
需求缺陷	Low（I级）	1. 软件设计有问题
		2. 文档不完整或不准确
		3. 需求冻结后，描述不清楚

我们的测试过程使用了 Mercury Interactive 公司的 Quality Center 来管理，它是一个基于 Web 且支持测试管理所有必要方面的应用程序。规模较小的团队，用 Excel 来管理 Bug 也未尝不可。

作为 PD，我们也会经常提交 Bug。与测试人员相比，PD 做测试的时候主要是模拟用户的身份正常使用产品。在发现一个 Bug 以后，我们会提交给相应的负责人（一般来说，Bug 负责人应该是对应的开发工程师，但如果是需求问题导致的 Bug，我们也可以提交给对应的 PD），这时候 Bug 的状态为"Open"，Bug 状态流转过程如图 3-16 所示。

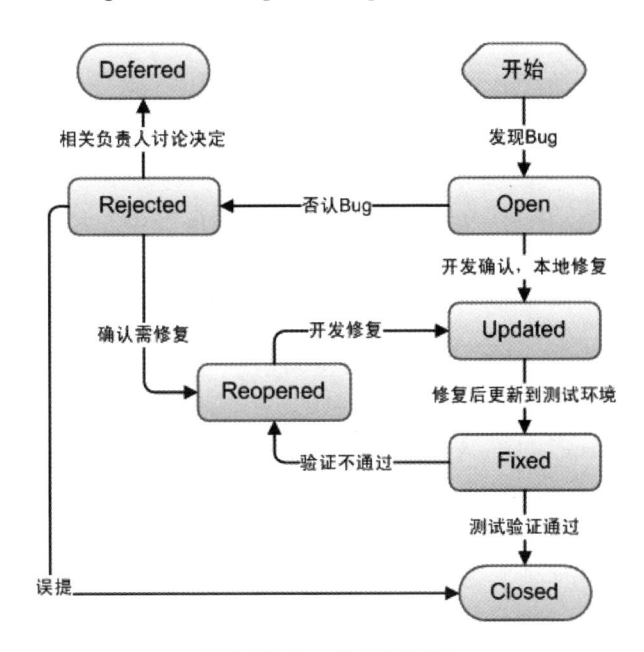

图 3-16　Bug 状态流转过程

对应的负责人收到"Open"的 Bug，确认并修复后，Bug 状态变为"Fixed"。如果此 Bug 属于提出者理解错误或负责人不打算修改，负责人将否认 Bug，则 Bug 状态改为"Rejected"。"Rejected"状态中的 Bug 将转交（assign to）给合适的人。

验证状态为"Fixed"的 Bug，验证通过后就进入"Closed"状态，否则改为"Reopened"状态。

"Rejected"状态下的 Bug 如果是因为理解错误等原因造成的，就可以直接"Closed"；如果仍然被认为是 Bug，则进入"Reopened"状态；如果是本项目中暂不修正的 Bug，则在测试经理、项目经理最终同意后，进入"Deferred"状态。

在整个过程中，Bug 的每次状态改变都可以添加注释说明，我们更鼓励有争议时叫上当事人面对面地交流，而不是在系统里不停地纠缠。

到了项目发布之时，我们要求所有 Bug 的状态必须是"Closed"或"Deferred"，当然对 I、II 级的 Bug，有时候并没有这么严格。

在每个 Bug 重要的状态转换点，我们要通知到相关人员，防止遗漏；项目中每个人在系统里的角色不同、权限不同，我们在管理 Bug 文档时要注意防止误操作的发生；同时做好对所有操作的记录，便于追溯。以上措施都可以有效避免人为因素导致的问题。

那一夜，项目发布

辛苦了那么久，项目终于进入发布阶段了，可黎明前总是最黑暗的，我们要考虑很多问题，如图 3-17 所示。

图 3-17　发布阶段的工作内容

首先是"发布计划"的评审（即发布评审）。这一评审需要运维人员的确认。特别是系统改动较大的项目，可能需要分模块分步骤发布，所以对"发布计划"的讨论尤为重要。对用户影响较大的升级，我们有时候也采用"分流发布"（也称"灰度发布"）的方式，即让一部分用户先用，收集反馈后再决定大面积发布的时机。Gmail 就经常采用这种方式，把一些还在实验室状态的功能先开放给小部分的用户试用。对于把握不大的项目，"发布计划"中还要加上"回滚方案"，一旦发布不成功，就赶紧把产品退回原来的状态。

接下来是更新"预发布环境"。预发布环境会尽量模拟生产环境的真实状态，测试人员会在预发布环境进行最后的回归测试。

如果"预发布"测试顺利，接下来就要更新"生产环境"，测试人员再做一次最简单的回归测试，即可完成发布。

当然，这么多次回归测试，其覆盖面不尽相同，越后面的回归测试内容越少，最后只需要测试至只包含最重要 TC 的"最小集"，就可以简单判断系统能否正常运行。

另外，在正式发布之前，可能还有一些手续要办，比如填写"发布申请单"[1]，写上项目的大致内容与影响，让所有关键人物签字，大家最后确认一次。有时候我们会发送 E-mail 进行申请。有一段时间，我们公司还有"立项申请表""预发布申请单"等，每张表格都需要很多人"签字画押"，烦琐的手续也许也会耽误时间，但这是为了防止出错，而每个手续的背后通常都有一段"血泪史"，如果你发现公司最近突然又多了一个单子要填，不妨去打听一下前段时间是不是有什么项目出了乱子。

下面是某段时间我们产品的发布注意事项，作为例子与大家分享。

▶ 发布标准

- SQL[2] 已经经过 DBA[3] 确认无问题，DBA 确认后，邮件通知到测试人员，抄送给某经理。
- 搜索引擎通过相关人员确认无问题。
- Quality Center 中的 Bug 全部 Closed 或 Deferred。
- 因技术或时间原因造成无法修改的 Bug，由测试、需求、开发三方人员一起研究是否能接受，如果有争议，上报上级主管。
- 测试过程中，如果因为技术无法实现造成的需求改动，PD 需要第一时间发送邮件到全组，让所有人都知道，同时修改相应的 UC。

▶ 发布过程

- 测试人员在确认完"发布标准"中的各项内容之后，会发出邮件通知同意发布，发布人员在没有收到通知前，不能自行发布。
- 测试人员在发布后，将做一轮生产环境的回归测试，测试完成后发出一封邮件通知"生产环境已验证完成，发布成功"。只有收到该邮件后，相关人员才能撤离现场。

发布的时间选择，能安排在白天的工作时间固然好，但很多互联网产品为了避开用户

---

[1] 后来，此类手续都在线上进行，方便了很多。

[2] SQL（Structured Query Language）：结构化查询语言，是一种数据库查询和程序设计语言，用于存取数据以及查询、更新和管理关系数据库系统。

[3] DBA（Database Administrator）：数据库管理员。

使用高峰，必须安排在晚上进行，难免弄到深更半夜。这时候作为产品经理兼项目经理，还有一件重要的事情——别忘了给大家买夜宵！

以终为始，项目小结

项目发布成功后，所有人终于可以松一口气，但是作为项目经理，我们的工作还没有结束。第一件事就是赶紧发出一封 E-mail——"项目发布公告"。这封邮件也是一次内部宣传的好机会，我们除了发送给项目的干系人，甚至会抄送给整个公司。作为项目经理，我们应该为团队成员争取各种精神、物质的奖励，这种邮件和老板的回信都是很好的鼓励。如果还有项目经费的话，再组织一次聚餐，大家皆大欢喜。

之后，我们还要写一份项目小结。对于一个持续几周到两三个月的项目来说，项目小结比较适合在项目发布后半个月内完成。我们通过这份小结来总结做这个项目的心得体会，比如碰到了哪些问题，原因是什么，怎么解决的，如何避免再犯；项目的资源评估是否合理，收获了哪些经验，如何提高准确度；根据数据监控的反馈数据分析出了什么结果，项目的商业目标是否达到，等等。下面是某个项目小结的实例：

1. 张××对系统不够熟悉的问题。

问题：项目交流中发现外包公司的张××对 A 接口、B 产品相关模块不熟悉，导致无法独立胜任现在的"双龙会"项目，增加了团队的工作量。

解决方案：继续催促 C 公司完成交接工作（负责人：××）。

2. 测试、预发布环境与生产环境差异过大的问题。

解决方案：下次升级项目前搞定（负责人：××）。

3. 流程问题，生产环境可以直接改代码吗？

解决方案：控制生产环境访问权限（负责人：××），张××工作中积极了解我们公司现有的流程（负责人：××）。

4. 系统复杂，升级发布方案不能单方面确认。

解决方案：确保 C 公司的叶某参与方案评估（负责人：××）。

5. 修改生产环境数据库的流程问题。

问题：有一位用户要改某信息，只能直接修改生产环境的数据库。

解决方案：找周××咨询如何实施（负责人：××）。

很多项目经理不重视写项目小结，导致下次项目再为类似的问题抓耳挠腮。对此，我的经验是通过项目的日报或周报随时记录每天的情况，到总结的时候就水到渠成了。千万不要把这种事情当作额外的任务,要想清楚它的价值,最直接的价值就是它可以保护项目成员,让老板们及时看到有哪些绕不过的坎,如果不帮我们解决,那老板就需要承担后果。表3-2是我在这本书写作过程中记录的某一周周报,便于控制进度、不断改进。

表3-2 本书的写作周报

项目名称:《人人都是产品经理》图书写作					
总体状况:正常					
本周要闻	1. 样章写作,《一个需求的奋斗史》				
下周看点	1. 样章写作,《一个需求的奋斗史》				
当前问题与解决方案					
问题	描述	紧急度	解决期限	解决方案	备注
时间不够	工作时间以外,每天还需要做康复锻炼,工作日晚上时间太短,难以进入写作状态,只能在周末写作	一般	?	质量优先,延长时间	
项目进度					
任务	描述	完成率	计划完成	实际完成	备注
样章(第2章)	搭建框架	100%	——	——	
	填充文字	100%			
	理顺逻辑	50%	9月6日	?	
	调整风格	10%	9月13日	?	
原材料积累	写作素材、思路的整理,如继续写博文	——	——	——	一直持续
里程碑					
名称	描述	完成率	计划完成	实际完成	备注
目录	以目录为表现,完成本书的定位与整体结构	100%	——	——	持续微调
样章	以样章体会写作过程,确定本书风格	20%	9月14日	?	
全文	全文初稿完成	5%	2010年元旦	?	

怕什么来什么，只能拥抱变化

现实中项目的执行情况往往很复杂，有各种各样的不确定因素和无法预料的信息出现，所以我们只能拥抱变化，这些变化常见的有下面几种。

变更事件，是指项目范围内需求的变化。需求细节的确认、微调总是在不断发生，变更主要关注的是"需求冻结"后较大的变化。对此，我们会制定一些流程进行控制，避免变更后出现需求方举棋不定、来回反复的情况。该流程会要求提出变更的人先和相关方确认，获得一致认可后，再进行修改文档、邮件说明、即时在通信群里通知等工作流程。对于过大的变更或过晚的变更，项目经理有权决定是接受、拒绝，还是上报老板定夺。

搭车事件，是指项目范围的扩展。一般来说，5个开发工作日以下的零散小需求不参与产品会议讨论，所以搭车事件总是存在的。但我们要尽量搭"顺风车"，找内容相关的项目处理这些扩展；尽量"早搭车"，在"需求冻结"之后一般不再提额外要求；尽量"不搭车"，我们作为项目经理需要把好关，不能因为随意让别人"搭车"导致团队长期、高负荷加班。

紧急事件一般是由较高层的老板确认后自上而下推动，不受常规流程限制的事件。越是高层确认的紧急事件，越可以突破常规限制优先处理。

上述几种情况发生以后，我们可以按照3.3.2节里的图3-13 "日常需求发布流程"来灵活处理。从这几点上也可以看到让产品经理做项目经理的好处：因为了解业务，所以在面对各种情况时，可以有比较全面准确的判断。

不过，即使没有出现上述的变化情况，项目中还会碰到资源不足的问题，比如因为早期评估的不准确而吃紧。对公司来说，多个项目并行是正常现象，它们之间肯定有优先级高低之分，我们在产品会议上应该确认资源冲突时遵循"慢车让快车"的原则。

3.5 山寨级项目管理

从3.2节到3.4节，我们从Kick Off开始讲到项目小结，完整讲述了"项目的坎坷一生"。本节中，我们再从互联网和软件项目自身的特点出发，看看项目管理中的几个关键问题，它们是：文档管理、流程管理、敏捷方法。

在大多数人的工作环境中，我们的项目没有系统的管理理论，没有成熟的文档与流程体系，甚至本身就不是一个完整的项目。但我们要牢记自己的目标是为了把产品做好，产品经理管理项目时，即使缺乏文档管理、流程管理、敏捷方法这些工具，我们也可以发扬"山寨"精神，找到适合自己的管理手段。

3.5.1 文档只是手段

在本节中，我先分享一下自己几年来建立的 PD 常用的文档规范，然后聊聊各种文档模板的本质作用，以及文档的多人协作与版本管理，最后就文档写作常用的工具——Office 软件说说自己的体会，希望读者们能更好地利用文档为产品创造价值。

建立自己的文档规范

从 2007 年下半年开始，我主动担负起了制定团队文档规范的责任，每隔几个月就会整理优化一次，然后像发布产品一样在产品团队内部发布一个文档包。图 3-18 就是 2009 年的某个版本。

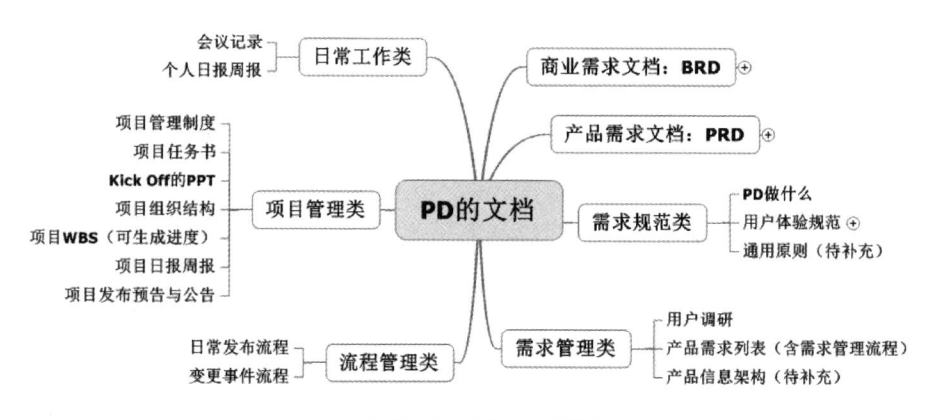

图 3-18 PD 常用的文档模板

通过几年的总结，我觉得图 3-18 中的文档基本能覆盖 PD 日常的绝大多数工作，下面从 BRD 开始，按顺时针顺序介绍一下各个文档。

商业需求文档：即 BRD，第 2 章里已有详细阐述。

产品需求文档：即 PRD，本章前文已有详细阐述。

需求规范类：

- PD 做什么：这是对产品和团队的 PD 工作内容的一份总结，可以让新人快速了解自己的工作职责。

- 用户体验规范：这部分由负责用户体验的同事编写。其中细分类目如下：
  - 交互规范：页面上各种控件的规范，如列表的默认排序、列表翻页控件的样式等；各种判断规则的规范，包括字段的校验规范、出错信息反馈的规范等。
  - 视觉规范：如页面大小、字体字号、颜色编码等。
  - 文案规范：如语言风格、语法模板、常用操作的标准说法等，最常见的问题是一个产品中同时出现"新增""新建""创建"等多个同义词。
- 通用原则：需求规范类文档的共性原则。

需求管理类：

- 用户调研：这份模板说明了典型的用户调研前、中、后都要做什么，调查问卷、用户访谈提纲怎么设计，有哪几块内容。
- 产品需求列表（含需求管理流程）：产品需求列表的模板、需求管理文档的模板、需求状态变化的流程图等。
- 产品信息架构：用来描述产品的页面或功能之间的关系，比如网站地图、导航结构等，可以和负责用户体验的同事一起制作。

流程管理类：

- 日常发布流程：需求讨论、需求评审、功能评审等正常项目环节的流程。
- 变更事件流程：如紧急发布流程、需求变更流程、需求搭车流程等。

项目管理类：

- 项目管理制度：项目管理中的原则性规定。
- 项目任务书：任务书模板，小项目可以灵活变通，用 BRD 代替。
- Kick Off 的 PPT：Kick Off 会议中的 PPT 模板。
- 项目组织结构：项目成员的组成、各个功能团队之间的关系。
- 项目 WBS（可生成进度）：WBS（Work Breakdown Structure，工作分解结构）图。
- 项目日报周报：主要有今日/本周要闻、明日/下周看点、当前问题、所需支持、项目进展等几项，在 3.4 节的"以终为始，项目小结"中给大家分享的本书项目周报，用的就是这个模板。
- 项目发布预告与公告：相关的预告、公告模板。

日常工作类：

- ▶ 会议记录：记录会议决议、遗留问题与行动方案等内容的文档。
- ▶ 个人日报周报：用于团队分享每个人的工作情况[延伸阅读 12]。

另外还有很多文档，比如编码规范包含一些编写代码的规矩、函数命名规则等，对开发工作非常重要，但 PD 使用不多，也就不含在内。

文档规范是在为公司、为团队、为产品做，更是在为自己做。试想一下，把这份文档去除公司的烙印，融入自己的理解，那么今后不管在哪里工作，只要做的还是产品相关的事情，这份文档规范都是一笔独特的财富，也是自己的核心竞争力之一。如果你想要这份模板，可以到我的博客上下载[延伸阅读 13]。

模板作用知多少

上节提到了我的常用文档模板，其实模板的本质作用有三：

- ▶ **让经常看同类文档的人提高效率**：当开发工程师看惯一种 UC 文档以后，如果突然换成另一种文档，他们会很不适应。
- ▶ **让写文档的新人可以尽快上手**：新人可以根据模板，快速写出和团队里"老人"差距不大的文档。
- ▶ **让写作者不会漏考虑某些内容**：比如 PRD 文档的整体说明部分有 7 项内容，如果每次都从零开始写，难免漏掉一两项。

其他各种结构化的方法，比如规范、流程的作用也大致如比。

在某个项目开始之前，我们必须约定好各种模板、规范与流程。如果和其他公司合作项目时双方的各种文档差异很大，还都在按照自己习惯的方式做，就会直接造成沟通成本的迅速提高，最终这个项目也不会太顺利。所以在一个长期合作的团队中，方法的统一非常必要。

各种模板、规范并不是与生俱来的。它不适合在团队刚成立、产品刚成型的时候强推，也不适合在团队、产品都已经很成熟的时候弥补。模板与规范应该在需要的时候自然生成，逐步从简单到全面，不断迭代优化。而最适合将文档规范化的时机是产品 1.0 版本发布，但尚未开始研发 2.0 版本的时间当口。这一时间类比到团队方面，应该是团队开始扩大，不断加入新人的阶段。这是因为产品 1.0 版本发布之前常常是急行军，顾不上文档之类的事情。1.0 版本发布后团队会有一个休整期，PD 会收集反馈以确定下一步方向。开发和测试的同学也要为扑面而来的线上故障忙一阵子，团队人员也会做相应的调整。所以这时候，我们应该总结第一代产品、第一代团队的得失，取精华去糟粕，并把优良传统传递给新人，以提高今后的效率，而模板和规范是很实用的形式。

当然，经常做的事情才有必要形成模板或规范，用一次就束之高阁的模板，就像只制定却不执行的规定，只会反过来降低已有规定的权威性。

多人协作与版本管理

项目的开始阶段并不需要多人协作与版本管理，但随着产品和团队不断前进，我们遇到了新的问题：经常需要多人维护同一份文档，某人更新之后，其他维护者或阅读者手中还是老版本。

文档版本管理的本质需求是多人合作、协同办公。

比如，团队每个人都有编辑产品需求列表的需求。我们在没有任何指导的情况下，想到了用局域网的共享文件夹、Google Docs、微软的 Office live 等方式和工具，经过一段时间的使用后，结果并不让人满意。后来，我们借鉴了工程师们对程序代码的管理方法，尝试过 SVN、VSS 等管理软件，但还是觉得这些管理软件过于麻烦。

再往后大家又尝试着用 Wiki[1]。主要有两种方式，一种是把任务做比较精细的切割，每个 PD 各自维护自己负责的文档并保持最新，上传到 Wiki 汇总整理，如有多人共同编辑的文档，养成随时去 Wiki 下载、及时上传最新版的习惯；另一种，直接把常见的 PRD、产品需求列表等写在 Wiki 上。

上述不同版本的文档管理方法，本质都是把"版本更新通知"的任务从文档维护者手中分散到每个人的手中，并通过相应的工具来降低这个过程所消耗的成本，不过工具不能完全解决问题，所以团队成员的积极主动也是此机制顺利运行的重要因素。

另外，我还建议大家都养成用版本号管理文档的好习惯。一套规范有序的版本号，可以向文档的阅读者传达出许多有用的信息。比如，我们可以用不同的版本号来记录该文档完成的时间点处在项目流程中的哪一阶段。

玩转 Office 足矣

在日常工作中，能熟练操作微软的 Office 就足够满足我们的文档需要了。所以我也只说几点自己平时的心得体会。

---

1 Wiki 是一种在网络上开放且可供多人协同创作的超文本系统。后来，各种在线文档工具越来越发达，需求文档在线协同也成为了常态。

- Word：合理设置好页面、格式、样式、标题级别等，充分利用 Word 的自动功能。
- Excel：在写结构化文档的时候很好用。它的几个基本功能——如条件格式、筛选、单元格有效性、单元格锁定、隐藏等——可以让你的表格看起来更专业。一些基本函数的应用，可以让我们处理表格、简单统计、数据计算与可视化的过程更加流畅。
- PowerPoint：PPT 中应该尽量减少文字，最好只有图片和超大的数字。但我们经常又要满足"受众拿到 PPT 就可以了解内容"的需求，此时我们可以使用"添加备注"的功能，把所有想说的东西都附加在这里。在演示的时候用双屏，自己的电脑上显示"演示者模式"，这样一来防止自己忘词，二来不干扰听众，三来可以让有事来不了的人通过看 PPT 了解全部内容，一举三得。

以上是我的 Office 三部曲，又是一次"字→表→图"的进化，越往后越高级，平时我们做文档的时候也可以多想想，如何尽量用高级的工具，让读者看着更轻松。此外，我还有一种平时经常使用的文档——MindMap（思维导图），它特别适合用来整理思路，经常在某项任务的早期使用，常见的生成软件有 MindManager、FreeMind、XMind 等。

下面还有三款更专业一些的 Office 软件。

- Visio：这个画图软件很强大，它适用于很多简单的绘图工作，如思维导图、业务逻辑图、产品 Demo（Axure 更专业）、简单的 UML 图（如用例图、活动图、时序图）、团队组织结构图、项目管理的甘特图，等等。
- Outlook：创建自己的收件夹结构、邮件规则、邮件标记等功能，可以有效提高工作效率。
- Project：可用于安排复杂项目，特别是牵扯到超多任务、多种资源，互相之间又有复杂的依赖关系时，是非常实用的。

Office 还有一些其他产品，如有不少人用 OneNote 作自己的时间管理工具；Access 可以当作简单的数据库管理工具（在数据量大到 Excel 打不开的时候很管用）。

3.5.2 流程也是手段

和文档一样，流程也是手段。这些手段都是为了把项目做好、把产品做好。在本节中，我们来聊聊流程。

项目 VS 流程

"项目流程"只是一种特殊的流程,我们先通过下文的对话辨析一下"项目"与"流程"这两个词的关系。

大毛:项目只做一次,所以追求可行解即可;流程要反复做,所以要追求最优解。相似的做多了,就不会满足于可行解而想追求最优解……

小明:这时会出现流程,比如结婚对于每一对新人来说都是一个很特别的项目,而对于婚庆公司来说就有整套的流程。装修也一样,如果自己做新家装修,那一定会起个项目来处理这件事,而如果是外包给装修公司,他们就可以走流程了。

大毛:嗯,例子不错,生活中的做事原则也是一样。项目是跳跃式发展,有始有终。但它在价值链上更重要;流程是常规活动,周而复始反复应用,地位总是差一些。但是项目管理是独特工作、风险大、效率低;流程管理则是例行工作、风险小、效率高。

小明:啊,我发现了,其实中国人不擅长做项目是有传统的,因为我们是农耕文明、生产制造大国,所以擅长做流程管理;而西方的狩猎、游牧文明,就有明显的项目管理的影子。

经过上百年的积累,传统行业的流程相比互联网行业要细化很多。比如奇瑞汽车的项目过程中有两三百个评审点,加上采购、物流等实体工业特有的元素也让他们的产品开发过程复杂了不少。不过,毕竟都是产品研发的流程,传统行业和互联网行业之间总还是有一些相似之处,比如制造业的样品就相当于软件的 Demo 版,小批量试产相当于部分用户的内测等。所以,传统行业中的流程管理也有我们可以学习的地方,以下是我总结的通用流程管理要素。

- ▶ 概念:启动阶段,关注商业规划,DCP1[1]。
- ▶ 方案:立项,项目执行层面的非关键成员加入,关注规格、计划,DCP2。
- ▶ 开发:控制过程。
- ▶ 验证:测试,DCP3。
- ▶ 发布:项目团队解散,成立 LMT[2],老人带新人做生命周期管理。
- ▶ 生命周期维护:DCP4。

---

1 DCP:Decision Check Point,商业评审点,DCP1 即第一商业评审点。
2 LMT:Life-Circle Management Team,生命周期管理团队。

流程的本质目的

对于项目来说，流程并不是从一个新项目刚开始就适用的；对于创业团队来说，流程是需求驱动的。下面结合我做"阿里软件网店版"这一产品的例子来解释：

2006年年底，在项目最初的阶段，团队主要成员都是新人，当时我们连要做什么都不知道，所以靠的是几位老大和我们"随机应变"式的个人控制来把握项目进程。那时每个人对产品的一切都非常了解，对需求的响应速度也超快。

到了后来，加入的人越来越多，产品也越来越庞大，大家已经不能掌握产品的全部，经常需要询问别人，有的时候甚至找不到一个知道的人。于是大家渐渐地不敢那么快了，不然出了问题都搞不清原因。

产品、团队、项目进化以后，依靠个人是不行的，否则项目就会失败。这时候，流程也就慢慢形成了。流程是产品在"快"和"稳"两大要求之间的平衡器。

设计流程的目标，在于保证"无论谁来做这个产品的设计，都能达到80分"。"又快又稳又有才"的100分产品是可遇不可求的。华为的朋友也跟我说过他对流程的体会：流程的好处是人走了，事还能做，减少特定的人的影响。

经常做的事情可以用流程这种形式固化、传承，这样新人在做这些事的时候就不会太无助。在这点上，规范、模板的作用也类似，这就是团队的核心竞争力。

一件事情总是有它的两面，流程帮助了产品，但也许对新人的个人成长不利。比如新人在成熟的流程体系中只能接触到产品工作的某一个层面，缺乏对大局的了解和把握，从而成为一颗"螺丝钉"。

古代有个著名餐馆有幸花重金请到了御膳房的一名厨子，老板毕恭毕敬地请他做一道拿手菜。

厨子：我不会做菜。

老板：啊？

厨子：我只是御膳房"调料部"的。

老板非常失望，转而又想调料也不错啊，很重要，至少能尝尝地道的宫廷味道，于是又毕恭毕敬地说：那烦请大师做一份宫廷特制的调料吧。

厨子：这个我也不会。

老板：啊？

厨子：我是调料部"青葱组"的。

老板：……转而一想，实在不行就尝个宫廷的葱味吧！

厨子：我也不会做葱的全部……

……

厨子：我是负责切葱的……

那么多评审，可以省吗

读过上文，你可能会想：小团队哪有这么复杂，没有规定好每一步该怎么走，从来都是具体情况具体分析，能省则省。没错，其实我们也会适当地省去一些流程。幸运的是当时团队里有头脑清醒、经验丰富的前辈清楚哪些流程可以省、哪些不能省，这让我们少走了不少弯路。

接下来，我们来分析一下日常的项目中那么多的评审会议是否可以省，如果不能省的话如何召开。这些评审会议包括立项之前的产品会议、Kick Off 会议、需求评审（又可分为 PRD 评审、UC 评审、Demo 评审）、设计评审、代码评审、TC 评审、功能评审，以及发布评审等。

产品会议：这一会议决定"做不做、做多少"，非常重要。而且，我们可以把确定需求商业价值的需求讨论会、初评工作量等工作都纳入产品会议中。参与者最少得是产品、开发、测试、销售、服务等各个部门的头儿，或者有话语权的接口人。

Kick Off 会议：这一会议可以起到鼓舞士气的作用，尽量不要省去。我们可以考虑与需求评审合并为一次会议，Kick Off 环节安排在最开始的 15 分钟。这个会议，项目干系人都应该到场，其中不参加需求评审的人员可以在 Kick Off 结束后离开。

需求评审：PRD、UC、Demo 评审统称为需求评审，我们通常视项目情况，将其中任意两者合并或三者全部合并。举些例子，如果某个项目产生的新页面不多的话，Demo 评审就可以并入 UC 评审；如果是一个简单的功能改进项目，不涉及重大业务调整的话，很可能三个评审合并；如果是一个产品页面改版项目，也许把 PRD 与 UC 评审合并，单独做 Demo 评审更好。

设计评审：这一会议经常在时间紧、开发人员实力很强的情况下省略，而开发人员较弱、新人多、业务不熟的团队，则必须进行设计评审。设计评审时还有一些技巧，比如在设计比较简单时合并 UC 评审与设计评审。又如有的团队在需求评审时，让开发人员自己来讲述他要开发的那部分需求，PD 则来提问。对比更常见的 PD 讲述需求、开发提问的方式，这样做有两个好处：一是倒逼开发人员认真看需求；二是降低不做设计评审的风险。

TC 评审：重要性次于需求评审，如条件确实不允许可以省去。但相应地需要做更细致的验收测试。与设计评审类似，TC 评审也属于纯技术的评审，商业团队一般不参加。

功能评审：这一评审是必须的，而且需要项目干系人都参与。但对互联网行业来说，因为功能评审经常采取线上的方式进行，所以一般不需要专门召开会议。

发布评审：这一评审可以让开发经理决定是否需要。

评审会议本身并不产生价值，应该尽量简化。但是重要的评审不能省，并且要单独评审。

商业评审与技术评审

上文中我们把所有常见的评审放在一起进行了比较，它们分为两类，即"商业评审"与"技术评审"。简单地讲，商业评审决定"做不做"，是产品会议与功能评审；而技术评审决定"怎么做"，是需求、设计、TC、发布评审。

商业评审要做的三个决定是：项目继续、重新定向、项目终止，它的重要作用就是审议项目的商业价值。而技术评审的作用则是确保项目的推进。

商业评审与技术评审两者最好分开，或者说在任何评审会议上不要同时讨论商业与技术问题，否则商业人员会被技术人员带入细节讨论，或者技术人员被商业人员打击，或者决策者思维被搅浑。当然，无论哪种评审，来参加评审的人都要承担相应的责任。反之，没关系的人都不要来参加。

评审是流程中的关键节点，节点设置的顺序正确、数量合适，才能保证流程的通畅。

3.5.3 敏捷更是手段

很多互联网产品都保持着平均一两周发布一次的频率。这么快的速度，是为了迅速响应市场与用户。这个特点和互联网、软件项目的其他特性杂糅在一起，必然要有相应的方法论支撑。工作中，我们常常使用的"敏捷方法"就是顺应了这个"快"的特点。

从书本到实践

在互联网和软件领域中，项目管理理论的发展一开始很混乱，不同的项目经理在不同的项目中使用不同的管理理论。后来人们想定出一个统一、简单的流程，以减少人为影响，所以软件工程里的瀑布模型[1]出现了；再后来发现瀑布模型有其局限性，于是人们提出了敏捷方法[2]。

经典的软件工程方法旨在定义一套完备的过程规范，使软件开发的运作就像是机器设备的运转，人在其中则是可更换的零件，不论是谁参与其中，机器都能运转良好。这意味着开发进度的可预见性、流程方法的固化与可复用、人员流动不会对软件开发构成影响等好处。这样的做法对于公司而言，是具有很大吸引力的。但是其背后所隐含的观点则是：软件从业者无须是具备非凡智力的高级人才，人是一种可以被随意替代的资源，并且软件的需求从项目开始的时候就是确定的，而且不会改变。这显然是不符合事实的。

在瞬息万变的互联网行业，大家渐渐体会到敏捷方法的优势。我们参考了几种经典的敏捷模式，按照产品、团队的需要定制了属于自己的敏捷方法，特点如下：

有计划，更要"拥抱变化"。

随着时间的推移，必然有新的信息出现，特别是在市场环境、用户情况等瞬息万变的互联网行业，不调整项目计划是没有逻辑的做法。并且，项目计划的不确定性是会随着项目推进而不断增加的。项目开始时制订的计划应该不断地被修正。当然，在一开始的计划中就应该留有一些弹性时间。

迭代周期内尽量不加任务。

敏捷方法再灵活，也不能应对毫无控制的变化。"迭代"权衡了变化的成本和不变的成本，这是一个将"大项目长期不变"细化为"当前迭代不变，下次迭代待定"的做法。如果某次迭代内的任务无法完成，我们可以为了时间点的要求，移出一部分任务到下一个迭代。

我们可以把每次迭代看作一个小的瀑布模型，罗伊斯前辈早在1970年提出瀑布模型时就谈到过迭代的思想，不过经常被后人忽略。所以说敏捷其实并没有排斥经典的项目管理方法，只是各种方法都应该用在最适合的场景，瀑布模型对于需求固定的项目还是不错的，比如它在管理一个工厂时就非常有效。

集中工作，小步快跑。

项目干系人都在一个区域办公，或者在一间会议室里办公；团队规模较小，一般小于

---

[1] 瀑布模型（Waterfall Model）于1970年由温斯顿·罗伊斯（Winston Royce）提出，直到20世纪80年代早期，它一直是唯一被广泛采用的软件开发模型。简单地说，瀑布模型是将软件生存周期的各项活动规定为按固定顺序连接的若干阶段工作，形如瀑布流水，最终得到软件产品。

[2] 敏捷开发（Agile Development）是一种以人为核心，迭代、循序渐进的开发方法。在敏捷开发中，软件项目的构建被切分成多个子项目，各个子项目的成果都经过测试，具备集成和可运行的特征。简言之，就是把一个大项目分为多个相互联系，但也可独立运行的小项目，并分别完成，在此过程中软件一直处于可使用状态。

十几人；项目有较短的迭代周期，通常是 2~4 周。此外，我们推崇每日"站立晨会"，会长小于 20 分钟，每个人只能说 3 个问题：昨天做了什么？今天要做什么？碰到什么问题、打算如何解决、需要什么帮助？"集中办公、团队较小、文档较少"等外在表现让很多创业团队看似敏捷，但其实他们盲从于"敏捷的形式"，却没有领会"敏捷方法"的精髓。这些团队往往项目前期推进很快，发现问题的时候已经晚了……

持续细化需求，强调测试。

需求唯一不变的特征就是"不断变化"，项目与产品都要小步快跑。有些需求在开始的时候是没法细化的，只能随着项目流程的推进持续地完成需求分析的工作。

我们在开发和测试过程中完善需求，并且特别看重测试驱动项目。TC 编写、TC 评审，甚至测试执行的过程中都可以补充和细化需求。

不断发布，尽早交付。

让需求方不断地、尽早地看到结果，并给予反馈，我们的"冒烟测试""每日构建"就符合"尽早交付"的概念，可以让需求方尽早看到最新的产品。不断地发布也是为了把大问题分而治之，先解决最核心的、风险最大的部分。不过，这代表需求方要有话语权，也要求需求方充分投入，包括集中办公、参与验收测试等。

我们会先完成最重要的功能，所以说敏捷的里程碑是功能驱动的。

以上各点之间也存在着千丝万缕的联系，比如固定的迭代周期可以保证新版本不断地发布，较轻量级的文档降低了持续细化需求的成本等。

项目中的敏捷沟通

"无论最终发现什么，我们必须理解并完全相信：每个人在其当时所处情况下、在其能力范围中，做了最大的努力。"

针对每个项目，项目经理都会建立一个即时通信的 IM 群和一个临时的邮件列表，把项目干系人全部加入。IM 用于实时沟通，比如发了重要邮件要大家赶紧查收、文档有重要更新、测试环境正在构建暂时没法访问等，都可以在群里通知。IM 群有群公告的功能，我们可以贴上项目各种文档、资料的 Wiki 地址，以及一些测试环境的地址等公共信息。项目相关的第一封邮件会把大家的 E-mail 地址收集齐，在此邮件最后说明"本项目干系人以此封邮件为准，大家的项目邮件可以直接回复全部并修改邮件名称和正文"，我们可以通过此邮件建立项目的邮件列表。当然，之后有人员变化也可以随时增删。

此外，我们还可以坚持每日"站立晨会"，对于周期为 2~4 周的项目，控制粒度到"天"为宜，"项目看板"视情况而定，举例如下。

如图 3-19 所示，是用白板做的项目看板，该项目为期两周，看板可以和项目日报、晨会整合应用，板上横向为各个功能点的进度百分比，纵向为项目成员。

每个项目成员负责的功能点，用一张张便笺表示。每天晨会的时候，大家都围在白板前，集中调整便笺的位置。红黄绿不同颜色的便笺可以用来代表不同类型的任务。白板最右边留出一块写其他必要的信息。有了这种看板，对于周期较短的项目，邮件日报有时就可以省略了。这类看板的作用一方面是随时可视，可以作为一种督促和帮助；另一方面，如果真遇到困难，大家也能及时发现并提供帮助，让每个项目成员都对项目进度负起责来。

图 3-19　白板做的项目看板

图 3-20 是"魔方计划"的项目墙。和白板比起来，这个项目周期相对较长，为期两个月左右，需要的展板更大。上面主要有整个项目的时间轴、各个团队的重要里程碑、产品设计过程中的一些可视化文档等。它的好处也是让所有项目干系人随时可以了解到项目各方面的信息。

图 3-20　"魔方计划"的项目墙

从团队沟通扩大至整个敏捷方法,任何团队都在探索一个介于"无过程"和"过度过程"之间的折中方案,以便为团队带来最大的收益。

与外包团队的敏捷尝试

2008年春,我在做一个比较大型的项目,团队有二三十人,历时三五个月。亲身经历了一个项目是怎样不顺利地一步步走下来的。

先说一下背景。这是一个外包项目,我们公司是甲方,我是甲方的代表,也算是项目经理,负责项目实施的乙方是一家很大的外企。项目工期是由商业谈判决定的,时间非常紧,在没有充分评估工作量的情况下,乙方项目经理按照比较传统的"需求、设计、开发、测试、发布"的模式,把三个月的时间按照比例划分给各个阶段。于是,项目出现了延期现象,大家先试图简单地用加班的方法赶上进度,并没有起效。后来我带头强行推行了一些笨拙的"敏捷"方法,但结果也不能让人满意,这个项目也引发了我对敏捷的兴趣。

事后分析,我觉得那次"项目外包"的模式本身就与敏捷格格不入,主要是在甲乙双方的意识上,存在着太多与敏捷理念冲突的问题,双方都有问题,也都付出了不小的代价。以下是我对这次外包项目的一部分总结:

首先,项目外包使得甲方不愿意砍需求。甲方认为,反正是乙方干活,合同都签了,那么显然是能多做一点就占一点便宜。比较而言,公司内部项目的需求在很大程度上是可以砍的,"保质不保量",这更符合敏捷的原则。但是项目外包,甲方在提需求的时候不愿把任何一个功能像平时那样推到下一期做,因为这个项目结束后,下一期在哪里都不知道,所以"保质保量"变成了"不保质保量",希望一口吃个胖子。

其次,甲方"验收测试"团队的工作方式与乙方配合困难。敏捷必然会导致提交测试的产品和最初的需求之间有很多变化,并且文档很难完全反映,而这种敏捷在公司内部之所以运行得很好,是因为PD、开发人员、测试人员在项目过程中可以充分交流,测试人员在TC评审的时候会叫上PD和开发人员,有些属于详细设计的细节是在评审时直接与开发人员确认的,在测试执行过程中也会协助确认需求细节并迭代测试。而这次项目外包的时候,甲方的测试团队没有和乙方一起办公,只是从一份颗粒度过粗的需求文档上派生出"验收测试"的TC。又因为验收有"考试"的性质,所以不允许乙方的开发人也参加甲方的TC评审,导致我只能和甲方代表确认细节,而我对细节又没有要求,无奈之下只能按照自己的想法描述。我经常发现甲方的测试人员考虑到了很多乙方开发人员根本没有考虑到的问题,再通过我来传递信息,必然导致双方对需求理解的鸿沟。虽然乙方也有自己的测试团队,但明显他们的测试强度比起甲方的验收测试差很多。

乙方缺乏"敏捷"的经验和意识，职业性质和国内的项目管理现状决定了外包团队里的工程师习惯于按照详细的设计文档做开发和测试，抗拒需求改变，所以强行"敏捷"会导致失控。由于没有一份完整的详细设计文档，开发人员会按照自己的想法编码，测试人员也按照自己的想法测试，又没有和需求人员充分沟通的习惯，也没有一个迭代的过程，再为了工期的死命令削减测试强度，最终发现做的东西与需求不符时已经晚了。

这个项目的验收测试做了好几次，最后一次虽然通过了，但由于项目时间从三个月延长到七八个月，早已失去了当初的价值。很多原因共同造成了不好的结果，还有一些我到现在可能都没有发现的原因，但失败的收获往往大于成功的收获，幸运的是我学到了这一点：**任何情况下，我们都要做好手头的事情，确保有所收获。**

3.6 我所亲历的特色项目

每个项目中，我们总会有第一次碰到的独特情况，所以随机应变也很重要，这一节就说几个让我印象深刻的项目。

如何做好"老板项目"

大毛突然被老板叫到办公室，老板和蔼可亲，又情绪激动地对他说："大毛啊，组织上有个重要项目要交给你，BlaBlaBla……"，最后，老板还说了一句："某月某日之前一定要发布！"

在前文中我们提到过，**做项目通常要在保证品质的前提下，在项目时间、项目资源、项目范围三点上做平衡。**

传统项目管理中的先确认需求、做好产品规划，再协调资源，最后推算出时间计划的工作方法在这样的"老板项目"中行不通。那我们来看看在这三方面应该如何适应这类"老板项目"。

项目时间是**限定的**。我们可以试着和老板商量一下时间问题，但在"老板项目"中通常时间的改动余地不大。如果有可能，我们应该在制订计划的时候给自己留出一定的机动时间，用于处理突发事务。

项目范围是**可变的**。一般老板给出的指示越具战略性就越不具体。所以具化落实项目范围的时候，我们应该尽职地帮老板排出各种功能的建议优先级和所消耗的资源。

项目资源是**丰富的**。由于"老板项目"的特殊性，人财物花费我们可以向老板多争取一些。这样能保证项目的顺利执行。

"老板项目"到底好不好？如果从纯项目经理的个人角度来说，这就是本职工作，无所谓好坏，而对于产品经理来说，"老板项目"没有成就感。有成就感的项目是自己去做市场分析、用户研究，然后发现问题、发起项目。从老板和公司角度看，这样的项目效率高，但也有很大的决策风险。

秘密行动，封闭开发

一些特别的项目，我们把临时的团队集中在一个会议室里办公，将其称之为封闭开发，这也是敏捷方法里面常用的一招。

封闭的好处比较明显：首先，大家都挤在一间房里，甚至围着一张大会议桌办公，交流非常方便；其次，小空间更容易产生讨论，而且参与者会更加投入，不用担心激烈的争论会打搅到外人；再次，封闭的时候经常会不自觉地加班，并且是高效地集体加班，这就是种创业的精神力量；最后，当大家对项目有激情，或者经常有团队激励的时候，可以保持高昂的战斗气氛。

另一方面，封闭的缺点也是显而易见的：环境较差，工位比较挤，长时间难免会让人感到心理疲惫、压抑，封闭项目的时间上限以两三个月为宜。

开发外包，项目外包

任何一个项目开始的时候，合作的多方必须要明确合作模式、划分权责利。接下来，我和大家分享一个我参与过的外包项目。我们把这个项目外包给乙方，乙方又把开发外包，谁对谁负责、什么事情谁做一直没有明确界定，导致甲方投入的资源越来越多，最终产生矛盾。

既然是项目外包，由甲方来做项目管理的风险是极大的，因为项目团队完全不熟悉甲方的那一套。比如我们事后才发现双方对"需求→设计→编码"环节的理解有差别，甲方的"需求"包含了很多"设计"的内容，"编码"也包含了部分"设计"，乙方对软件工程的理解是教科书式的，所以项目中"需求"完了直接进入"编码"。

需求相关的工作当时也产生了职责不清的现象。解决这类情况的办法是，乙方应该主动向甲方收集需求，并维护 PRD 等文档，当然甲方要积极配合并即时告知最新变动并走乙方的流程进行评估，而开发外包就是甲方驱动更合适，走甲方的需求流程，不断给外包的工程师更新需求。

同样的职责不清的问题也发生在测试工作中。对于测试中的问题，乙方一定要在项目范围内安排比验收测试更详细的测试，千万不能把"找 Bug"的测试寄托在甲方的验收测试上。

在职场中，做任何事情，除了要划分清楚权责利，还要保证权责利对等，有权力的人，或者被授权的人，可以享受事成的好处，也要担负失败的损失，千万不能只是因为你有能力做某事就把任务接下来，这样对谁都不好。

第 4 章

我的产品，我的团队

如果生态系统里只有水汽的循环，它仍然不会有生机。有了各种各样的动植物，才能让这个系统灵动起来。

第 4 章 我的产品，我的团队 / 151

- 4.1 大产品、大设计、大团队 / 154
  - 4.1.1 产品之大 / 154
    - 时间之大：产品生命周期 / 154
    - 空间之大：商业、产品、技术 / 157
  - 4.1.2 设计之大 / 158
    - 产品设计的五个层次 / 159
    - 我用五个层次来写书 / 160
    - 设计的"现实与浪漫" / 162
  - 4.1.3 团队之大 / 163
    - 想当年，一个比一个猛 / 163
    - 从几个人到一家公司 / 164
    - 接口人存在的价值 / 165
    - 我身边的矩阵型组织 / 166
- 4.2 游走于商业与技术之间 / 168
  - 4.2.1 心思缜密的规划师 / 169
    - 从概念设计到信息架构 / 169
    - PD 的出身及其优劣势 / 171
  - 4.2.2 激情四射的设计师 / 172
    - 产品新首页诞生记 / 173
    - 当交互设计遇到敏捷开发 / 177
    - 信息展现设计的例子 / 178
    - 聊聊细节，文案设计 / 180
  - 4.2.3 "阴险狡诈"的运营师 / 180
    - 产品与运营的"战"与"和" / 181
    - 个人博客运营实例 / 182
    - 一次无意识的"事件+病毒营销" / 183
- 4.3 商业团队，冲锋陷阵 / 185
  - 4.3.1 好产品需要市场化 / 185
    - 定价与促销 / 186
    - 销售与渠道 / 186
    - 另一种产品版本细分策略 / 187
    - 开阔视野的水平营销 / 189
  - 4.3.2 我们还能做什么 / 191
    - "老板，要光盘吗" / 191
    - 算出来的服务策略 / 193
- 4.4 技术团队，坚强后盾 / 194
  - 外行眼中的技术分工 / 194
  - 有这样两种工程师 / 195
  - 如何与工程师合作 / 196
- 4.5 容易被遗忘的角落 / 197
  - 最好的资源：老板 / 197
  - 默默奉献着的团队 / 198
- 4.6 大家好才是真的好 / 198
  - 4.6.1 所谓团队文化 / 199
    - 团队文化的三五事 / 199
  - 4.6.2 无授权领导 / 201
    - 管理 VS 领导 / 201
    - 产品经理应该是管理者吗 / 202
    - 如何让团队更开心 / 203
    - 跟着我，有肉吃 / 204

做产品设计的最早半年，我一直只是做需求，关注的焦点是产品需要哪些功能、具体应该怎么做，并且通过与用户接触，写出需求文档；接着我开始负责项目，从立项、需求、开发、测试到发布。2008 年开始，项目的那些工作我也比较熟悉了，渐渐地，我开始和产品有关的更多团队接触。"以人为本"在互联网行业有一种特别的解释，它的意思是指互联网、软件项目的主要成本是人力资本——我们的团队。

第 4.1 节从全局的角度提出了"大产品、大设计、大团队"的概念。在前面几章的基础上进一步扩展视野，让我们看到"产品之大""设计之大""团队之大"。

作为产品经理，我们要毫不推辞地主导产品的一切，培养舍我其谁的霸气，可以本位主义一点，把自己看作团队的中心，如图 4-1 所示。

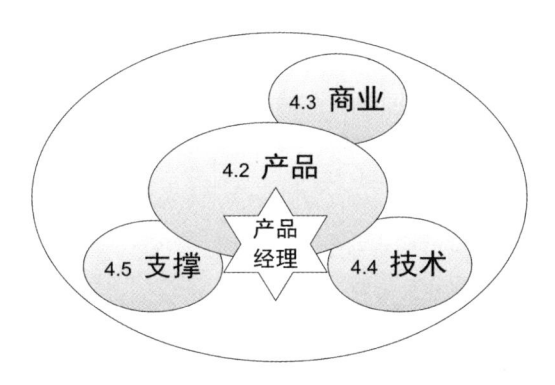

图 4-1 "我的产品我的团队"缩略图

我们先谈"游走于商业与技术之间"的产品团队，主要分为三部分：一是狭义的产品团队，"心思缜密的规划师"；二是用户体验团队，"激情四射的设计师"；三是运营团队，"'阴险狡诈'的运营师"。

接下来是"商业团队"，冲锋陷阵的他们时刻战斗在与用户接触的第一线，又细分为市场人员、销售人员、服务人员等角色。

然后是"技术团队"，作为坚强后盾的他们，可以分为三部分：开发团队负有架构、编码等职责，测试团队需要做功能、性能等各种测试工作，运维团队管理着产品的数据库、服务器、软件配置等。

还有一支"支撑团队"，总是处于"容易被遗忘的角落"，除了提供资源的老板们，还包括默默奉献的法务、财务、行政等同事。

本章的最后一节，我们来细细体会"大家好才是真的好"，我觉得比做产品更重要的是让团队里的成员工作得开心,所以我们会聊聊"所谓团队文化",再回到产品经理自己的技能上,分析一下"无授权领导"。

4.1 大产品、大设计、大团队

所有和产品有关的事都是产品经理的事。

做产品不止要决定"要做哪些功能",还要负责线上运营、线下宣传的各种物料准备,决定定价与促销的策略等。这些工作的质量共同决定着产品最终的体验和用户的感受。在这一广义的"做产品"的基础上,这才有了"大产品、大设计、大团队"的概念。

下文中,我们会对这一概念进行梳理。一看"产品之大",了解一下"产品生命周期"与"商业、产品、技术"的铁三角;二看"设计之大",从多个角度看看不同层次的设计;三看"团队之大",辨析"职位与职责"的区别,体会"从几个人到一家公司"的过程。

4.1.1 产品之大

"产品之大"可以从时间和空间两个角度来说。

时间是指产品的生命周期,我们在之前两章中讲到做需求、做项目时提到,产品的 1.0 版本上线之后,其实才走完了生命周期的一小步,后面的青年、壮年、老年,每个阶段都有不同的挑战等待着我们。

空间是指做产品需要考虑的三个大方面:商业、产品、技术。任何一个产品,扩大至公司,都是由这三方面组成的,三方面有一点做到极致就很不容易,只要另外两方面不是很弱,就可能造就一个成功的产品和公司。

下面,我们分别展开讨论。

时间之大:产品生命周期

最早体会到产品的生命周期,是受到摩尔的《公司进化论:伟大的企业如何持续创新》和《跨越鸿沟》的启发[1]。读完之后,我觉得产品与对应的市场、用户好像都是有生命的,它们都会从幼小发展到成熟,最终老去。不同时期的产品与市场、用户都有其特点,而产品的最佳状态就是在不同时期让三者完美配合。我将结合自己做过的产品,从五种用户群

---

1 这两本书的作者杰弗里·摩尔被称为高科技营销魔法之父,图书内容与创新管理相关,附录里会做简单介绍。

体的角度说说其间的过程与体会。产品生命周期里的五种用户群体如图 4-2 所示。

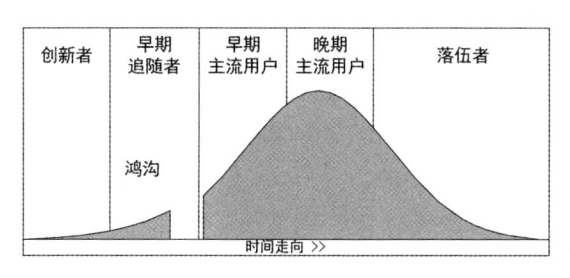

图 4-2　产品生命周期里的五种用户群体

创新者（Innovator）：新鲜感强、消费能力强，但是忠诚度不高，需要新鲜的东西不断刺激。这批人都有 Geek[1]气质，乐于探索。产品刚上市，甚至未上市的时候，主流用户往往是创新者。

他们的特点与产品设计人员比较像，我们很容易和他们打成一片，比如建立共同的 IM 群，经常交流，创新者经常给产品提出很好的意见和建议。不过，虽然我们可以利用创新者帮助产品尽快成长，但由于创新者总是极少数，所以产品无法仅靠创新者来取得商业利益。更何况创新者"喜新厌旧"，想尝试新技术甚于解决问题，往往比产品开发走得更快。他们提出的创意会像"野草"一样不断地冒出来，此时必须由我们做出价值判断，防止产品变成"荒地"。

早期追随者（Early Adopter）：观念比较新，但是需求目的性很强，需要产品能够迅速解决其问题。他们可能很早就知道产品了，但不会盲目试用，而是先从其他渠道主动了解这个产品是干什么的，再反复验证，确认对自己有用以后才会尝试。这批人会比第一种人忠诚度高很多。

早期追随者和创新者最大的区别在于，早期追随者不是为了尝试新技术，而是为了解决某些需求才使用某产品的。早期追随者也会给产品提很多的想法，但他们是从需求出发的。这批用户对产品发展价值极大，我们应该牢牢抓住，将来可以发展为产品的种子用户，不断地给产品提供改进意见。产品上市后的早期，主流用户通常是早期追随者，这时候产品可以偏向这类"专家用户"，因为产品的进化主要体现在功能的不断创新上。

早期主流用户（Early Majority）：是产品大规模产生商业价值的用户群，他们是典型的实用主义者，也是生活中最常见的一批人。对他们来说，即使偶尔听说过某新产品，但只要正在使用的老产品也能解决问题，就不会轻易更换。不过，他们心中还是对新产品存在期待，希望有机会试一下。

1　Geek，中译"极客"或"奇客"，可简单解释为新技术的狂热爱好者。

《跨越鸿沟》里说的"鸿沟",就是冲出"早期追随者"进入"早期主流用户"的阶段。这时候的产品与早期有很大的不同,需要面向主流的"中间用户"和"新手",而非"专家用户"了。所以产品需要尽量做得简单易用,才能迅速占领尽可能多的市场份额,因为这帮用户没工夫研究产品,他们需要的是一个能够更好地解决问题的产品。从这个阶段开始,产品渐渐稳定,小修小改也不那么让人激动。如 2.2.5 节"生孩子与养孩子"所述,从这个阶段开始,我们的主要工作从"生孩子"变成了"养孩子",不过这也是真正获得商业回报的开始。

晚期主流用户(Late Majority):这部分主流用户和早期主流用户的区别在心态上。早期主流用户对新产品有尝试的愿望,而晚期主流用户对新产品心存抵触。直到老产品已经渐渐地出现明显的劣势,他们才会很不情愿地使用新产品。

比如我家里的一些长辈就是典型。全自动洗衣机已经成为主流之后,他们在购买的时候还是会考虑老式的双筒洗衣机,除了价格因素,他们最大的理由就是"用习惯了,全自动的按钮太多,不知道怎么用,不想学"。这个阶段产品已经定型,用户对产品也比较了解,市场竞争也相当激烈,所以仅仅通过功能竞争来获得用户是不够的。这个阶段是典型的市场营销发力的时刻,需要通过强大的心理攻势来赢得晚期主流用户的认可。这也就是"微笑曲线"[1] 右半边上翘的嘴角发力的时候,如图 4-3 所示。此时,如果做好营销的创新,就可以达到"一招鲜吃遍天"的效果,并且这一阶段与研发阶段相比投入比较少、产出快、可预期,是收割商业回报的大好时期。

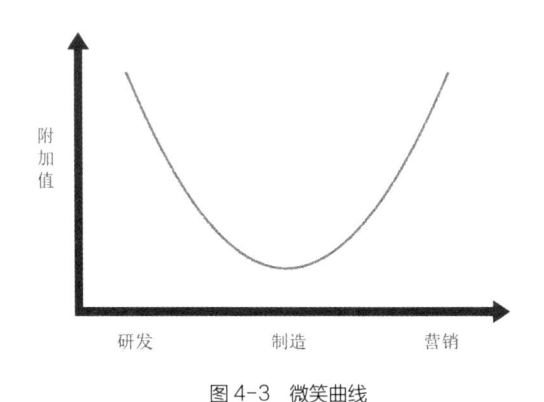

图 4-3 微笑曲线

落伍者(Laggards):最后一批用户,他们的附加值已经比较低了,如果我们实际一点,可以在不违背道德标准的前提下偏重眼前利益。这时候,产品渐渐退出,市场也渐渐

---

[1] "微笑曲线"(Smiling Curve)由宏碁集团的创办人施振荣先生于 1992 年提出。曲线的两端朝上,表示产业链中的附加值更多体现在两端,即研发和营销,处于中间环节的制造附加值最低。

萎缩或转移，因为必定有新产品成长起来。

上面的生命周期只是一种模型，现实的产品、市场、用户并不会严格按照上文所说的阶段发展变化，有的产品某个阶段也许特别长，或者非常短，甚至没有；有的产品也许会同时处于多个阶段，部分功能已经走到晚期主流用户，部分功能还在早期追随者阶段。

所以，我们必须要找到背后不变的应对之策，不管哪个阶段，都是要先明确我们现在要主打哪种类型的市场与用户、他们的特点是怎么样的，然后再决定应该做什么产品、用什么功能来满足相应的需求。

空间之大：商业、产品、技术

2007年年底，"大产品"的概念在我脑中已经出现好几个月了，一方面总是听到一些前辈在讲，另一方面自己也在思考，一个产品最终的商业化能否成功，乃至一个公司能否成功，所有的影响因素似乎都可以归结到"大产品"上，具体来讲，是商业、产品、技术三个方面，如图4-4所示。

图 4-4 商业、产品、技术的三角支撑

三角形是最稳定的结构，从产品与公司的发展角度来看，似乎也是这样。

商业：在公司里主要由市场、销售、服务等部门来考虑，他们决定了产品定位、定价与促销、渠道政策等。

产品：此处指狭义的产品，由我们平时说的"产品部门"（包括产品设计、用户体验、产品运营等部门）来考虑，他们决定了产品的功能完成度、交互流程、视觉表现等。这些是我们最熟悉的。

技术：主要由开发、测试、运维等部门来考虑，他们决定了产品的稳定性、基本性能、Bug数量等特性。

这三个方面共同构成了"大产品"在空间上的三个维度，三者的协作决定了产品最终成就的大小，任何一个维度上的提高对产品都大有好处，任何一个维度的弱化对产品也都是致命的。

上述三方面，任何一个公司必然有它的优势和劣势，它不可能也没有必要在这三方面都很强，一是因为构建"性价比团队"的考虑，二是因为都强的话互相压不住反而造成内耗，所以更重要的是找到自己公司、团队，或产品最突出的优势，也就是所谓公司的 DNA。

非常明显，Google 是技术主导的团队，我从一位在 Google 做过市场工作的女生那里了解到，工程师在 Google 拥有绝对的话语权，而市场人员的地位相对较低。Apple 则是无可争议的产品主导型公司，它的设计已经拥有了一种气质，它的产品几乎件件都是艺术品。而阿里巴巴就是由第三个方面——商业主导的，商业的强势导致了早年的阿里巴巴不招技术很强的应届毕业生，商业感觉是在真实的商业环境中磨炼出来的。后来，阿里巴巴开始体会到技术的瓶颈，加大了技术方面的投入[1]。

> 换个角度看，上面这段可以送给想找工作的朋友，大家在找工作的时候必须调查清楚自己的职位在公司里是不是最受重视的，是不是强势方，这很重要！

通过上面这段简单的分析，大家可能也发现，一家公司哪方面更强，其实也和其产品的特点有关，这些方面都可以看作是产品经理需要关注的事情。

4.1.2　设计之大

产品的设计之大，体现在产品设计的多个层次上。

产品战略层面上的设计，决定了"做不做""做什么"，在第 2 章谈需求的时候说了一部分，第 5 章谈战略时也会提及；具体工作中的产品设计要决定"做多少""怎么做"，第 2 章、第 3 章及本章都有涉及；而产品实施层面上的设计，决定了"谁来做""何时做"，主要内容在第 3 章的"项目"里。

我们先来看个经常被引用的小例子，真实性和准确性虽不可考，但我们能从这个故事里获得关于设计的启发。

A 市地铁一号线和二号线是由不同设计师设计的，一号线看上去并没有什么特别的地方，直到二号线投入运营，才发现一号线的很多细节都被二号线忽略了。结果二号线运营成本远远高于一号线。

---

[1] 业内有一句戏言，"百度的技术、腾讯的产品、阿里的运营"。

A 市地处华东，地势平均高出海平面就那么有限的一点点，一到夏天，雨水经常会使一些建筑物受困。一号线的设计师就注意到了这一细节，所以地铁一号线的每一个室外出口都设计了三级台阶，要进入地铁口，必须踏上三级台阶，然后再往下进入地铁站。就是这三级台阶，在下雨天可以阻挡雨水倒灌，从而减轻了地铁的防洪压力。事实上，一号线内的那些防汛设施几乎从来没有被动用过。而地铁二号线就因为缺了这几级台阶，曾在大雨天被淹，造成巨大的经济损失。

一号线设计师根据地形、地势，在每一个地铁出入口处都设计了一个转弯，这样做不是增加出入口的麻烦吗？不是增加了施工成本吗？当二号线地铁投入使用后，人们才发现这一转弯的奥秘。其实道理很简单，增加转弯可以给地下的空调系统省下不少运营成本。

设计里的学问很多，我们作为新人很难做到全面周到的考虑。就像上例二号线的设计师希望"取其精华，去其糟粕"，但根本没分清哪些是精华、哪些是糟粕。我建议读者有必要先看几本入门的书（书名见下文），也可以学习任正非在华为引进新的管理体系时所用的策略——"先僵化、后优化、再固化"，慢慢找到最适合的设计方法。这一节里，我想介绍一些从书里学到的知识，并结合实践来谈谈我是怎么应用的。

产品设计的五个层次

作为互联网、软件行业的产品人员，我想《用户体验的要素》应该算入门必读书了。书里把基于网页的产品分为了软件类和网站类，又把用户体验的要素分为五层，我觉得这也是产品设计的五个层次，它可以帮助我们在脑海里建立起产品设计过程图，如图 4-5 所示。

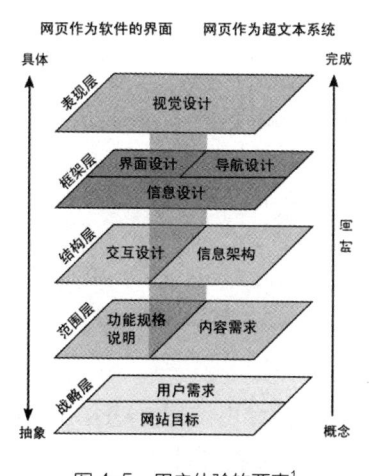

图 4-5　用户体验的要素[1]

1　此图原型来自《用户体验的要素》，网友 d8in 对此图亦有很大贡献。

战略层：明确商业目标和用户需求，找准方向，重点是解决两者之间的冲突，找到平衡点。例如，通常的商业目标是赚的钱越多越好，而用户则想花的钱越少越好，这种底层的冲突没法通过产品设计解决，要在商业上找准价值的切入点。产品设计人员新入行时可能接触不到制定战略的过程，但仍然要深刻理解公司战略并尽可能发挥自己的影响力。

范围层：明确"做多少"。对于软件类产品，是确定功能范围；对于网站类产品，则是确定内容范围。这时候我们要做好需求的采集、分析、筛选、管理、开发工作。在第 2 章中我们提到过，先要"尽可能多地收集"，灵活运用多种用户研究的方法，不要遗漏。再"尽可能多地放弃"，因为我们的资源有限，只能做最有价值的。先做的"收集"不是为了"放弃"，而是防止遗漏任何"有价值的"需求。

结构层：考虑产品的各个部分互相之间是什么关系。对于软件类产品，主要工作是交互设计；对于网站类产品，主要工作是信息架构。这一步常见的产出物有软件的业务逻辑图、网站的站点地图等。一般来说，技术部门在此时开始全面介入。

框架层：到了这一步，才出现用户真正能看到的东西。对于软件类产品，主要的工作是界面设计；对于网站类产品，则是导航设计。两者都涉及的工作是信息设计。大家经常看到的网页是上下结构还是左右结构、导航条在哪里、分几级，都是这个时候设计的。对新人来说，常见的错误就是认为从这里开始才算设计，接到一个任务马上就开始想网站的页面应该长成什么样子，而忽略了上面的几层，这样在大前提没思考清楚的情况下做出来的产品大概率会成为一个"悲剧"。

表现层：最后一步的主要工作包含了视觉设计和内容的优化，比如页面的配色、字体、字号等，这里的表现决定了最终产品的气质。这部分是最有意思的，但设计师一定要理解商业和用户的目标才能做出正确的设计。

产品设计的这五个层次，从整体看是从抽象到具体的过程，是从概念到实现的过程，也是从商业到产品到技术的过程。虽然这五个层次在时间上是按顺序进行的，但各层之间的界限模糊、彼此交叉，必须反复迭代。对于很多创业团队来说，也许一个人就要搞定所有的设计工作，也没法区分今天做的是哪个层次的工作，所以这五层并不用写在纸上，而应该记在心里。

我用五个层次来写书

在正式开始写这本书之前，我问过几位作家是怎么写书的，比如《流血的仕途》作者曹昇、科幻作家刘慈欣，发现他们写书的方式和我想的不一样。据他们说，基本上是按顺序写下来的，甚至写作过程中自己也不知道后面会发生什么情节，也许和他们写的是小说有关系。而我的这本书，就很不一样。

回顾当时创作本书初稿时的整个过程，我无时无刻不感到自己是在刻意用做产品的思路来写作，并且是按照上一节提到的五个层次来构思的。

正式开始写样章之前，我给全书做了定位分析、风格特色的设定、目录结构的搭建，有兴趣的读者可以回去看"写在正文之前"，这些工作是为了让自己对全书有个整体的把握，并把全书分解成若干个模块，方便接下来深入讨论某一模块，进而各个击破。通过样章的实践，我确定了写作的五轮模式。

第一轮**搭建框架**。以"章"为单位精确到最细的一级目录，本书有四级标题，我会在每个目录标题下写两三句话说明这一段的主要内容与核心观点，保证章节的整体思路通畅。

第二轮**填充文字**。把两年多来积累的文字剪切到符合主题的小节里，补写缺少的内容。这一轮尽量不考虑文字细节，先把想说的都说出来，保证码字的速度。

第三轮**理顺逻辑**。按顺序通读文章，重点关注段落、句子间逻辑的顺畅。这一轮主要的工作是调整段落、句子的位置，剪过来切过去，增加过渡句，删除废话等。

第四轮**调整风格**。关注语言的味道一致，增加例子、对话等内容，找到轻松活泼、聊天的感觉；增删改图表，比如把某些文字用图表表达；突出本书特色，将不出彩的内容简化，添加有特点的内容。当然，我做这一步的时候，还是有些细节尚未完成，比如有的图表需要重画，有的图是照片，需要补拍，或者有的例子觉得不好，暂不修改，等有灵感之后再换掉。

第五轮**后期制作**。完成前四轮以后，我会先将初稿交给编辑，听听他的意见。编辑也会把初稿发给前辈和同行评审，然后我会继续和编辑一起做从框架到细节的各种改造，大到整节的增删改，小到格式调整、图表调整、病句错别字等，以及很多出版后才能了解的事情。同步的，其他章节也开始从第一轮写起，并行前进。

这五轮，实在是很像互联网产品设计的五个层次：**战略、范围、结构、框架、表现**。每一轮都不是严格线性的顺序，相互之间必然有时间上的重叠和反复，是一个迭代的过程。正如《暗时间》作者刘未鹏所说："手里拿着锤子，看什么都是钉子"。锤子是方法和工具，钉钉子是目的。我们知道了"产品设计的方法"，自然会想把它用到各个方面。只是我们不能被方法所累，要时刻牢记目的。在写书这件事上，我思来想去觉得这个方法确实不错，因为产品设计各种思路的通用性决定了它们确实是适合解决大多数问题的好锤子。

设计的"现实与浪漫"

设计之大,还表现在设计的"现实与浪漫"之间。

2008年夏,我看了Donald Norman大师的两本书,一本是《设计心理学》[1],另一本是《情感化设计》。Norman大师是先写了《设计心理学》再写《情感化设计》的,从中我看到了一位认知心理学家从现实主义到浪漫主义的升华。

Norman把设计的目标分为三个层次,即本能水平设计、行为水平设计、反思水平设计。有观点认为这三个层次对应了心理学里人脑的三种不同的活动层次:本能的、行为的和反思的。本能层次就是纯生理的视觉冲击;行为层次我认为是《设计心理学》一书的主要内容,主要讲的是产品功能、用户与产品交互层面的设计;而反思层次则是Norman思想的又一次升华,通过《情感化设计》一书,把纯心理需求也纳入了产品设计的考虑范围[2]。

行为水平的设计,和我们日常的工作很接近,能把产品做到好用、贴心就已经很不容易了,毕竟生活中仍然存在太多让人不满意的产品。虽然Norman举的都是传统产品的例子,但一些原则却非常基础,让人印象深刻,比如:

反馈:动作前的可预测、动作中的积极响应、动作后的可评估。比如网页上的一个按钮,我把鼠标移上去它的样式有些改变,单击以后马上表现出被按下去的样子,单击完毕后告诉我后台的程序"正在查询,请稍候"。

容错:一些貌似多余的强制性设计,不可逆操作可以后悔。比如工业仪器上,设计师经常给一些重要的按钮上加个盖子,并且按下之后还需要再次确认。又如电脑USB接口的"防呆"设计,让用户只能从一个方向插入USB设备[3]。对于错误的理解,我们要做到"用户没有错,所有的错都是设计的错"。

简化:充分利用用户已有的知识、利用心智模型、利用标准化、利用一切。比如现在各种软件默认的复制、粘贴功能的图标长得都很像,快捷键都是"Ctrl+C""Ctrl+V"。

当一个产品在行为层次上做好以后,就可以算是一个优秀的产品了。如果要做伟大的产品,Norman觉得,反思层次上的情感因素就会变得更重要,这对设计师提出了极高的要求。iPhone就是达到这一境界的产品(特别是早期的iPhone,对比当时的其他手机,可谓领先好几年),它确实让人用起来很爽,而且"就算用户用得不爽,也会不好意思说,

---

1 本节提到的两本书的英文原名是 The Design of Everyday Things 与 Emotional Design,附录里也有对它们的简单介绍。
2 近几年的很多产品,经常提到对"人性"的理解,其实也就是这个层面的设计。
3 后来的USB-C完全不用考虑正反,这种升级显然对用户更友好了。

而是认为自己没有理解设计师的意图"。达到这一境界的还有一些创意家居用品，比如做成花一样的台灯、做成人形的调料罐。

不过，对于要给大多数普通用户用的产品来说，本能层次、行为层次、反思层次的设计还是要挨个满足的。

第一个层次，本能的设计是基础，产品要有用，能满足用户的某种需求。

第二个层次，行为的设计是保证，产品要能用、好用，顺利地解决用户的问题。

第三个层次，反思的设计是升华，是难以捉摸的"用得爽"，对大多数公司来说，反思设计最多只是"面包上的果酱"，没有必要在行为设计还没做好的情况下就去追求反思设计。[1]

4.1.3 团队之大

前文从几个角度讲述了设计的各种层次，下面我们再从"团队"的角度体会一下"大产品、大设计、大团队"。在上一章的"项目"里，我们谈到做事需要流程、文档、规则，这些最终都是靠人来实现的。只要团队里都是靠谱的人，大家做起事来就会特别轻松、愉快，这点我深有体会。

接下来，将按照一个团队从几个人逐渐变成一家公司的过程，来说说"团队之大"。

想当年，一个比一个猛

想当年，一个比一个猛！只要经历过创业公司或者创业团队，就会有这样的体会。有一次和同事们吃午饭的时候聊到最初是怎么做事的。

测试的同事先开口了：

"我们那个时候哪有什么 TC 评审啊，测试的任务都是完全交给我们自己搞定的，不清楚的地方只能去问开发。"

"当年，我们都是不写 TC 的，大概几个功能点，自己凭感觉点点就好了！"

这时候，老板们笑了：

"我当年做开发工程师的时候，根本没有测试……都是自己测。"

"开始连美工都没有，也是自己画，后来公司发现实在太丑了，卖不出去，才找了

---

[1] 可以扩展阅读《人人都是产品经理（创新版）》里评价产品好坏的章节，对比"有用、好用、爱用"的解读。

美工。"

一位开发的同事很有同感,说:

"以前我们公司是没 PD 的,都是开发自己做需求,然后白天跑客户,晚上写代码。"

PD 们也不示弱,小明抢着说:

"原来我们的需求文档,就是从一个空白的 Word 写起啊,想到什么写什么。一份需求文档可能和一篇作文没什么区别,或者拿一张白纸写写画画就直接去找开发的同事做了。虽然现在有时候也偶尔这样,但性质完全不同了。"

"Demo 也自己做,都会用 Dreamweaver 和 Photoshop 的!"

……

似乎,每个团队都是从这样开始的,每个人都是全能战士,那个时候的感觉挺好,但随着产品的发展,团队从很少的几个人起步,渐渐产生了分工,最后变为一家公司。

从几个人到一家公司

上一节的故事给我的启发是,我们有必要思考一下产品团队是如何从个人进化成一家公司的?这中间的各种职责为什么要切分?各种职位又为什么会出现?我的理解是这样的:

最开始一个人的时候,好比在大学里做《C 语言》的作业,所有事情都由自己一个人搞定,这时候你可以认为自己是这个产品的产品经理、程序员、测试人员等,甚至自己就是整个公司。

后来又有一门课叫《软件工程》,老师让大家分组完成大作业,通常同学们会把同组的人分为"技术"和"非技术"类,能力强一点的人都去做技术类工作,简单地说类似于编程,而什么也不会的人就做非技术类工作,类似于写文档。这里写文档的同学就是将来公司里的策划、PD、运营人员等,但学校与公司有很大区别,多数公司里这类人员也很强,很重要。

再往后的毕业设计,或者自己出于兴趣而做的社会实践,又会产生更多细分的职责。我们会发现"自己编程、自己测试"很难发现问题,于是把测试的事情独立出来。而原先的非技术类人员也开始扩充,出现了专门做需求的人,他们会处理很多"对外"业务,即与客户相关的事情。

公司大了,人多了,新的难题出现了,那就是——

如何设计各种职位,让各种人(职员)与各种事(职责)互相匹配。

由于事情越来越多,而分工可以使效率提高,所以我们把要做的事情分解成了各种职责，比如开发、测试，又比如功能测试、性能测试——这是相对容易分析的。然后，老板去找拥有相应能力的人组建团队。于是，由各种各样的人，即职员组成了团队。每个人都有特定的能力，比如有的人喜欢钻研技术，有的人喜欢和人打交道。只要职员的能力可以和要做的事匹配，那就OK。一个人做一件事是正常的，一个人做几件事是正常的，几个人做一件事也是正常的。到现在为止，"职位"的概念还没有必要出现。

渐渐地，公司发展壮大，要做的事情越来越多，分工越来越细，于是很自然地出现了很多人做同一件事的情况，比如有50个"Java工程师"。我们不能每次都特意去找某个人，这样做成本太高。公司必须找出事与人之间的匹配关系，在"职责"与"职员"两者之间，出现了"职位"的概念，这就能让HR批量地帮我们找到合适的人。每个职位的描述里，最重要的两块内容就是："工作职责——做什么事""职位要求——要什么人"。职位的出现，降低了用人单位与求职者双方的沟通成本，一个"交互设计师""运营专员"这样的职位名称，就能传递很多信息。

很多人问我最佳的产品团队应该有什么样的组织结构，怎么设置各种职位。职位并不关键，只要想明白做一个产品要完成哪些事情、做这些事需要拥有哪些能力的人、团队处于什么阶段之后，自然就知道应该设置哪几种职位了。

下文中，我将讲述我的经历，大家尽量从职责的角度去理解，不必拘泥于我提到的那些职位名称。互联网与软件公司要做的事情都是类似的，但是每种职位具体做什么在各家公司有所不同，这并不用在意，只要每件事情都有人做就可以了。[延伸阅读14]

接口人存在的价值

公司大了，各部门必然分工做不同的事情，但是，有些事情总是分不清楚，总是需要多个部门之间来配合。比如产品上线以后，PD都会遇到日常的Bug处理、工单处理这类事务，常见的故事是这样的：

我们很有激情地给客服的同学培训完产品以后，许下诺言："以后用户那边有什么搞不定的问题都转给我好了，把我的手机号给用户都可以……"。这时候PD也的确急切地想通过一切途径了解用户对产品的反馈。前几天还不错，每天都有客服转过来的几个问题，有时候也会把用户的联系方式要过来，直接和用户交流，收获不小。渐渐地，随着产品的用户越来越多，问题也越来越多了，我们感到忙不过来，更头疼的是发现很多问题是类似的，占据了日常工作的大部分时间，让人烦躁不堪。有一天，我们终于受不了了，跟老板说，我要变成客服的客服了……老板说，很简单啊，让客服部门确定一个接口人吧。

于是就像如图 4-6 所示，接口人做了你做的大部分工作，他不存在"变成客服"的抱怨，他本来就是客服。接口人会将真正的疑难杂症提交给你，那些才是真正体现你价值的问题。

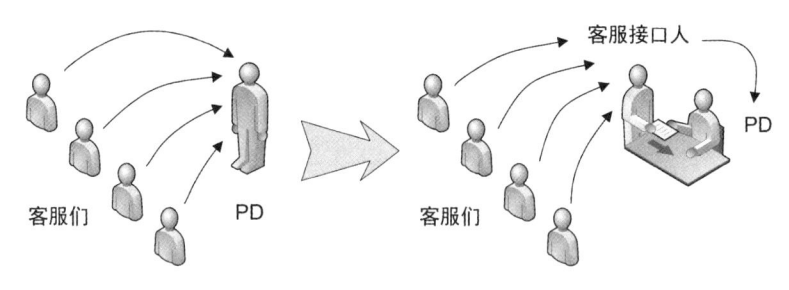

图 4-6　接口人存在的价值

不管是客服部还是其他部门，接口人一般会让相关部门中比较资深的人员来担任，他起到了问题过滤的作用，可以解决大部分问题，并对相似问题进行合并。

接口人还有个好处，就是缓解"办事要靠脸熟"的问题。可以让沟通能力比较强、已经和公司里多数人很熟的人来做接口人，并且事先明确他们的职责。接口人可以连接多个部门，这样就能减少部门合作时陌生人之间的沟通成本。当然，最好能在公司里培养起"对事不对人"的文化，那会使沟通成本大大降低。

部门协作出现问题，往往是因为"找不到共同的利益"，如果不是公司内部的合作，这个问题就更明显。大家合作的基础是有共同的利益，或物质或精神，或短期或长期，但务必要找到。

我身边的矩阵型组织

任何一个超过几十人的团队，就必然要脱离"一个班长带几个兵"的局面，产生自己的组织结构。常见的组织结构有职能型组织、项目型组织和矩阵型组织。组织结构是对项目、产品的支撑，组织结构的设计也可以看作是一种很高级的产品设计，这一节来谈谈我对它的理解。

职能型组织是把相同职责的人划分在一个部门里，有利于同类资源共享，互相学习提高。但公司的目标分解到各部门之后，很容易不一致，而且每个部门唯一的客户就是"上面"，都只对"上面"负责，导致没有人对真正的客户负责。这种形式比较适合大规模运作的公司或部门，比如大多数工厂的车间。

项目型组织正好相反，是把各种职责的人组成一个个的项目组或产品线，团队目标一致，有利于快速推进项目，但是会浪费资源。项目组继续发展就形成了事业部，甚至是独立公司。从组织结构的角度讲，项目型组织的头儿是项目经理或产品经理（为了方便起见，下文单说产品经理），和职能型组织的头儿——部门经理相对应。

矩阵型组织则是上述两种组织结构的融合，如图4-7所示，横向是产品线、业务线，对客户负责；纵向是资源线、行政线，为了资源共享。如果说职能型组织比较适合防守型的业务，项目型组织适合进攻型业务，那么矩阵型组织就是全攻全守。但它也有很明显的问题：对员工来说，一面是部门经理，另一面是产品经理，这样的"双头领导"总是很让人头疼，那么这两种职位可以通过兼任来解决矛盾吗？

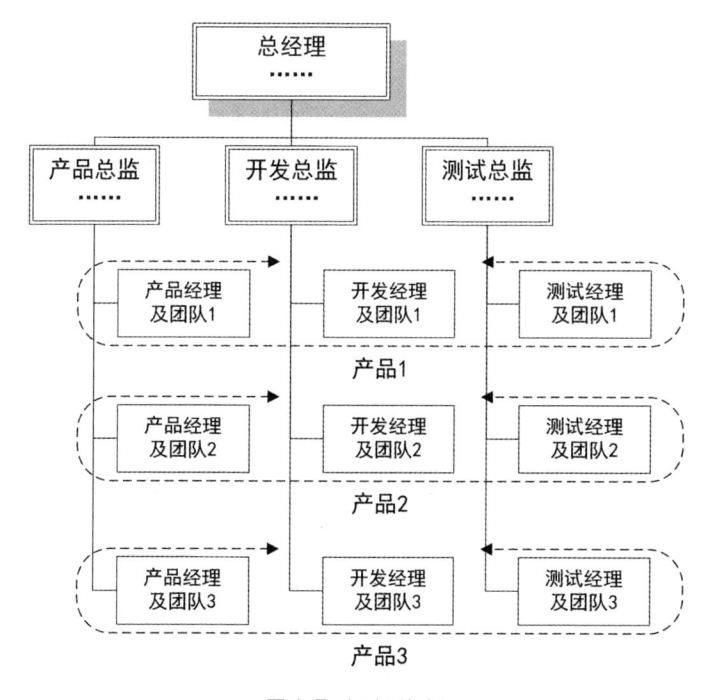

图 4-7 矩阵型组织

有一次培训的时候，老师解答了这个问题，答案是否定的。产品经理主要管事，有成就感。他像"前线部队"，对"打仗"负责，需要有攻城拔寨的能力。部门经理主要管人，有权力。他像"后方部队"，对"练兵"负责，贡献技术与人，有防守与后勤的感觉。那么，部门经理如兼任产品经理，就会用权力来寻求成就感，或者在产品KPI的重压之下，主动或被动地忽视团队能力的提升。这是人性的弱点，无法避免，正所谓目标不同导致手段不同。在矩阵型组织下，部门经理和产品经理就应该各司其职，至于"双头领导"的协调，应该由用人的产品经理提供建议，养人的部门经理决定对员工的考核，同时培养每个人对事负责的态度。

不过，在很多公司中难免会有同一个经理既管事又管人的情况发生。而在公司发展壮大之后，组织结构可能会经历从单一型向矩阵型变化的过程，这又引发了一些问题：比如职能型组织变革为矩阵型组织，部门经理的成就感会被剥离，于是该过程经常会遇到来自当权者的阻力。所以，组织结构的变革大多会有人"流血牺牲"。就像有个小段子说的那样——修高速公路最难的是拆迁问题。这是个人最优与集体最优的矛盾。

4.2 游走于商业与技术之间

有一种说法认为产品经理如果去做工程师会显得太外向了，而去做销售又显得太内向了，工程师们把产品经理当作业务人员，市场销售们却把产品经理当作技术人员……这就是我们，游走于商业与技术之间的产品经理。而围绕在我们身边，共同组成团队的几种主要角色如图 4-8 所示。

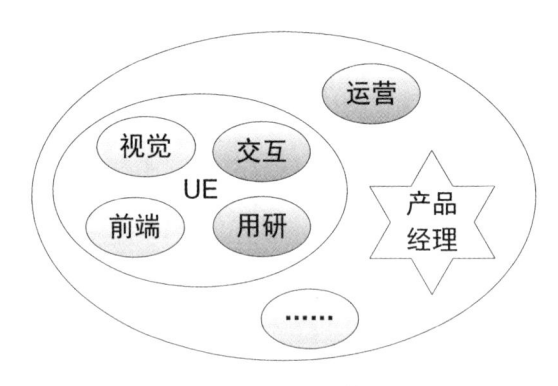

图 4-8　产品团队简图

从这节开始，我以产品经理为中心，依次讲述围绕在产品经理周围的各种团队。首先，从产品团队出发，讲一下我心目中的几大主要职责，涉及大家经常听到的职位，如产品经理、产品规划师或产品设计师、需求分析师、产品运营师、交互设计师、视觉设计师、用户研究员、前端工程师等。

因为人员的能力、产品的形式、历史遗留等问题，下文的职位分工在各种团队里可能会有所不同，职责的界限也很模糊。好比在我待过的团队，PD 经常要做部分交互设计师的工作、部分运营和市场工作、部分架构师和系统分析的工作、绝大部分用户研究的工作，以及项目经理的工作。

谁做什么事其实并不重要，重要的是我们对周边同事的职责必须有所了解，知道要做哪些事，并且保证这些事都有人做。

4.2.1 心思缜密的规划师

首先要讲的是狭义的产品团队，具体是指产品经理及其带领的产品规划师、产品设计师和需求分析师[1]。通常在团队中，产品经理都被简称为 PD，但每个人的具体分工会稍有不同。产品规划师更偏向于产品前期的规划，比如产品的市场定位、各个版本发布的时间计划等。在这个层面上，商业目标、用户需求是思考的焦点。产品设计师侧重于做功能级的设计，编写需求文档。在某个模块上，他们很像一个小产品经理，比如，要做进销存，就要具体到库存管理是否需要提供库存警戒功能、警戒数字是只有上限或下限还是都有、警戒数字设置是否需要批量操作等各种问题。更为细分的需求分析师，只在部分部门里存在，在这种分工下，PD 的工作尽量往前走，偏市场、用户，负责产品的规划；而需求分析师尽量往后走，偏实现、技术，即负责写 UC、做系统设计。

总的来说，狭义的产品团队所做的事情，最符合互联网、软件行业产品经理的招聘广告里的描述，他们有大局观、逻辑严密、理智而冷静，我们不妨叫他们为"心思缜密的规划师"。

从概念设计到信息架构

PD 所做的工作，在之前的章节中已有大量描述，这里我们来查漏补缺，谈谈产品的概念设计与信息架构。战略相关的话题将放到第 5 章进行详述。

概念设计的产出物是产品概念图[2]，它比较像第 2 章里提到过的业务逻辑图，但比业务逻辑图更抽象。制作概念图应该在需求采集之后，需求筛选之前，它和需求分析属于同阶段的任务。在纷繁复杂的各种用户需求之中，我们需要通过概念图来理清思路，找出到底应该"做什么"，并将这些打算做的需求整合为一个合理的系统。

图 4-9 所示是一张流传甚广的典型概念图[3]，它描述了在线的照片存储、分享网站 Flickr 的产品概念。分析此图后，就能清楚 Flickr 是用来解决什么问题的，这个产品包含哪些模块，以及模块互相之间的关系了。

---

[1] 需求分析师：Requirement Analyzer，简称 RA。
[2] 产品概念图：Concept Map，以下简称概念图，本质是要用图形化的方式表达清楚这个产品是什么。
[3] 此图英文直译为"用户模型图"，与概念图类似，都是说用户如何使用产品、产品如何运作的。原图太大，只能缩略，删除了很多细节。

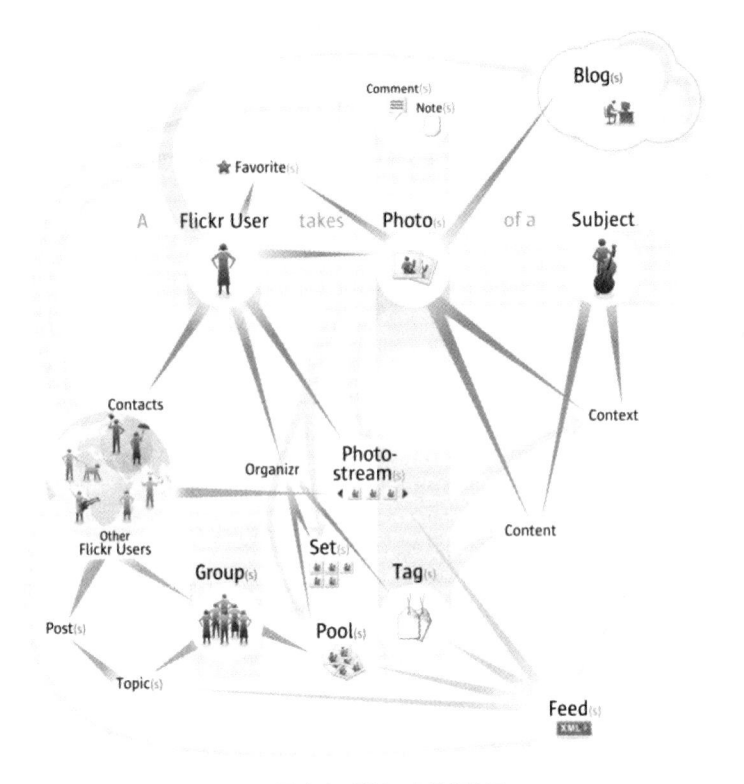

图 4-9　Flickr 产品概念图

不过，在产品早期，上面这种图太难画，要把产品想得很清楚，往往在产品已经成型之后才能画出这样的图。那么，有没有简单一些的做法？我们常用的是以下两种。

第一，在思维导图上修改，画出概念图。用户需求采集完之后，我们简单转化为产品需求，直接画在一张思维导图里。接着开始整理这堆"乱七八糟"的东西，比如把各种需求做简单的分类、把一些条目打上各种标记、把相关的需求连几条线、写一些注释，这样就算完成最粗糙的概念图了。

第二，召开一次头脑风暴讨论会。用马克笔在白板上画出自己对产品概念的想法，完全不要受拘束，然后大家一起讨论改进。

这步做完，产品相当于有了整体的业务架构，下面就可以进入需求筛选阶段，大家来决定先做哪一部分、后做哪一部分了。概念图描述的是整个产品的内外关系，形式并不重要，重要的是表达出下面两点。

▶ 产品与外界的关系：把产品整体看作一个系统，描述它与上下级系统、并列系统的关系，可能的话，勾勒出产品所处的产业链结构。

- 产品内部的关系：描述产品有多少模块、模块之间的关系如何，此处不用涉及数据流等细节，重点描述清楚不同的角色在系统里的身份。

概念设计是为内部而做的，为了让团队之间进行更好的沟通，以便于大家对产品达成共识。所以完成概念设计之后，才可以开始信息架构的工作。与之相对，信息架构是为外部用户而做的。比如网站的导航栏就是为了用更合理的方式把信息传递给用户。这个先内后外的过程，也可以看作是从"做什么"到"怎么做"的过程。至于信息架构的话题，有好几本书专门讲述，我建议可从《Web信息架构》[1]看起。

可能有的读者会问，为什么"概念设计"这个词也经常在写PRD的时候提起？在PRD中的"概念设计"是针对某个功能的"概念设计"，会涉及更多的细节，比如某个功能的业务逻辑图、流程图、普通用户、系统、管理员之间的关系等。

PD和普通用户看产品、想问题的角度通常是不一样的：PD习惯于从内向外，从本质出发；而用户习惯于从外向内，从表面看起。不论是概念设计，还是信息架构，都应该从用户的角度出发，以用户为中心，这意味着将来产品的表现要更接近用户的心智模型。

PD的出身及其优劣势

有一个很有意思的现象，PD团队的成员，原来做什么的都有，有做开发、测试的，有做市场、销售的，也有我这样毕业了直接入行的。而技术团队的成员则绝大多数都是上学时学技术，毕业后也做技术的。从这个角度，我们可以看出，PD作为整个团队的核心是合理的，因为PD团队的人员背景多种多样，可以和周边任何团队的同事顺利沟通，起到连接器和润滑剂之类的作用。

比如一位从开发工程师转型的PD，擅长的事情很显然是技术方面的。在整个团队中，他最大的优势是懂技术，可以在产品早期设计时将技术方面思考得更加全面，在一开始就判断出哪些事情根本不靠谱，从而避免资源浪费，并且在进入实施阶段后会与工程师沟通得更顺畅。但他最大的劣势也是懂技术，他在思考问题时也许会让技术压倒商业，在业务逻辑还没确定的时候就考虑技术实现难度，导致方向走偏、进度受限。所以，PD之前做什么不重要，我们必须是一个通才而不是专才。

从PD团队的角度来看，成员组成应该尽量丰富，商业、技术等各种背景的成员都有会比较合理，这样可以优缺点互补，考虑问题更加全面。有的团队，大部分PD都是做传统软件的项目管理或开发出身，在做产品的过程中，他们深感对互联网产品的"感觉"不到位，对用户体验有心无力，这就成了产品的短板。另外，公司里新人过多也是大问题，

---

1 本书全名是《Web信息架构：设计大型网站》，内容涵盖了信息架构基本原理和实践应用的方方面面。

这也是小公司、高速成长团队必然存在的问题。"老中青"的梯队还是必要的，新人（一年以内工作经验）最好不要超过一半，而且需要有三年以上经验的老员工压阵，这样的结构才稳定。

4.2.2 激情四射的设计师

"激情四射的设计师"指的是用户体验部门[1]的同事们。这些人员给我们的印象总是有一些艺术家气质，他们追求完美，需要我们时刻提醒还存在着一个"商业目标"；他们的想法很多，但有时候需要我们更主动地去沟通；他们经常也叫产品设计师……确实，很多时候他们与我们的界限很模糊。我认为，规划师需要更多的"结构化思维"，保证产品有用，能满足用户的某些需求，让产品"从无到有"；而设计师需要更多的"形象化表达"，保证产品好用，能让用户用起来舒服，让产品"从有到优"。两支团队齐心协力才能让产品平衡发展。

用户体验部门各种职责的细分，通常主要有如下几种。

用户研究员（User Researcher）。他是做用户研究工作的，他要利用各种方法进行用户研究，给产品决策提供建议。

第 2 章的前两节里我们聊过相关话题，但太多的团队没有专人来做这项工作，所以 PD 们经常充当用户研究员。

交互设计师（Interaction Designer）。他要负责人机交互界面、用户操作流程的设计，典型的工作有导航设计、信息设计等，他必须了解很多商业的内容，理解功能的商业价值。

视觉设计师（Visual Designer）。在很多小公司里，视觉设计师被简称为"美工"，他们主要做视觉设计，即用户第一眼看到的效果，比如页面结构、配色方案、字体、字号、按钮的形状、颜色、大小、质感等。

前端工程师（Web Developer）。这是互联网行业特有的一个偏技术的职位，他要运用前端技术进行 Web 页面的开发，实现产品体验的良好传达。我们在网页上看到的各种很炫的效果，通常都是他们的杰作。

如果是更大的团队，可能还会细分出更专业的职位，比如说专门的文案设计师、信息架构师等，下面从我亲身经历过的几件事来看设计师们到底在做什么吧。

---

1 用户体验部门有时候也称 UED 部门，UED 即 User Experience Design。

产品新首页诞生记

2009年夏天,"e网打进"的产品Portal[1]做了一个改版项目,叫"变脸"。我们正是按照前文提到的产品设计五个层次——"战略、范围、结构、框架、表现"的顺序做的,设计师也从头到尾很充分地参与其中。

这个项目的缘起是为了统一公司几个产品的Portal风格,但我们希望能在老板给出的这个目标下找到"变脸"的更多价值。于是项目开始后我查看了Portal页面的访问情况,分析了用户场景,画了示意图,如图4-10所示。

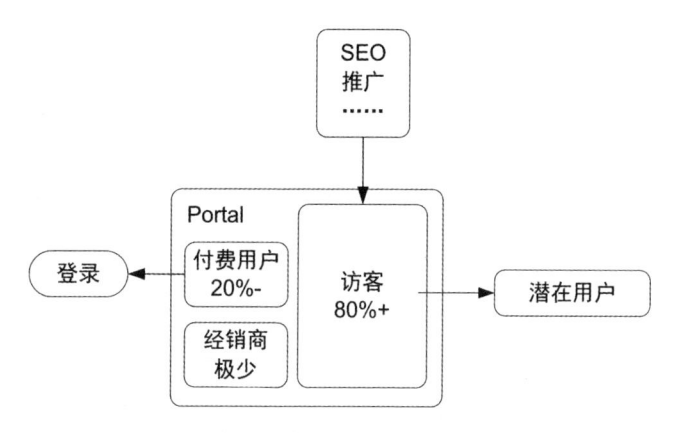

图4-10 产品Portal的用户场景

在"e网打进"刚上市之时,Portal页面只是付费用户的登录入口,有一个简单的填写账号密码的输入框,并没有额外的商业价值,但随着产品的成长,渐渐有了点名气,非付费用户访问Portal的行为逐渐增多,他们通过各种途径知道了"e网打进",但是到了这个页面以后,却看不到产品介绍、不知道如何购买,页面内容的缺失导致流失率很高。当时每个月有几万UV[2],其中非付费用户占大多数,超过全部访客的80%,短期内相当稳定;而付费用户只占不到20%,他们的目的其实很明确——登录;对于极少数的经销商来说,有个入口能够登录后台就行了。

有了上述分析,我们首先认为Portal要转型需要重点满足普通访客,促进他们转化为付费用户。因此,我们加重了营销相关内容,力求创造更多的销售机会,也就是将普通访

---

[1] 网页产品的Portal又称产品主页,通常指访客或用户在网站上进入产品页面之前可以看到的页面,一般会有产品介绍、如何购买等信息。

[2] UV:Unique Visitor,指网页的独立访客数。

客转化成所谓的"潜在用户"。

我们认为一方面可以通过增加页面的营销内容提高转化率,另一方面也可以通过 SEO[1]、公关、推广等方式增加访客数。两者的目的都是希望能加快从普通访客到"潜在用户"的转化。之后,我们和销售、服务人员一起讨论,确认了目标,总结出 Portal 需要哪些页面以及导航菜单的结构。由于整个站点的复杂度相对较低,所以这些内容被我们压缩在一级菜单里解决,如表 4-1 所示。

表 4-1　产品 Portal 菜单结构示意

菜单名称	目的	优先级
首页	最重要内容概述,产品登录入口	高
产品介绍	服务是什么、为什么要买	高
产品购买	如何购买、售前咨询及售后服务	高
用户社区	用户讨论和交流	中
成功故事	用户现身说法增加信任感	中
合作专区	展示已合作用户以增加信任感	中
客服中心	相关功能说明	低
小 e 课堂	提供针对性的实战培训	低

接着是确定每个页面上都需要哪些元素,以首页为例,如表 4-2 所示。

表 4-2　首页的元素

元素	目的	现状	优先级
大 Banner 广告位	推送核心功能点、活动专题,发布公告时能有效吸引用户点击参与	Flash 更新较慢,而其他位置的 Banner 不够显眼	高
用户登录入口			高
公告栏	便捷地维护,不需要发布	旧版没有此内容	高
卖点宣传	主推功能点,如 400 电话	旧版不在首页	高

1　SEO:Search Engine Optimization,搜索引擎优化。

续表

元素	目的	现状	优先级
帮助信息/常见问题/售前咨询	产品是什么……非常直白	旧版不在首页	高
成功故事概要	用户现身说法增加信任感	更新较慢，案例来源渠道单一	中
媒体报道	增加信任感	更新较慢	低
产品更新	表示一直在努力，面向老用户为主	面向新用户为主	低
小 Banner 广告位两个	营销	临时增加，需要规划	低

上面的工作完成后就意味着"战略""范围"的设计基本完成，接下来就是"形象化表达"了，即"结构、框架、表现"，这时 UE 就成了主角。所以下文我们聊一下 PD 和 UE 如何分工配合。

首先，大家一起讨论后手绘出首页的大概样子，如图 4-11 所示。

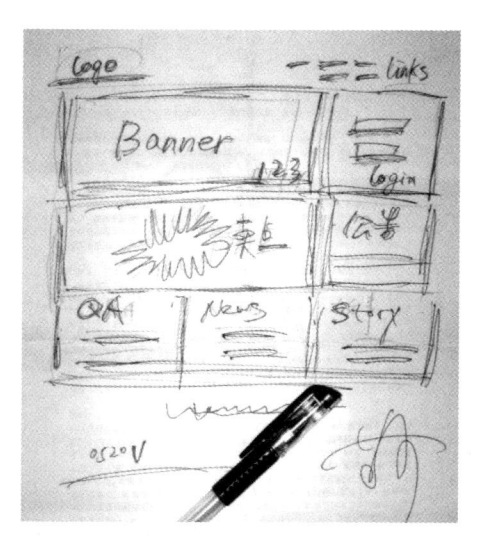

图 4-11 纸面 Demo

PD 要表达清楚每一个模块的商业目标，并且给出自己对页面的布局建议，但最终的页面结构由 UE 主导确定。

然后是线框图，如图 4-12 所示。在"变脸"项目中，这部分工作是 UE 做的。此时，大家仍要进行讨论沟通，UE 会在设计的过程中融入很多自己的想法，PD 要做到的就是防止走偏，保证大家对商业目标的理解一致。比如在图 4-13 中，大家讨论后确定页面为"左侧大、右侧小"的双列结构，并且左侧的内容主攻普通访客，右侧的内容主攻付费用户。

图 4-12　线框图 Demo

接着，UE 做出页面视觉效果图，如图 4-13 所示。PD 安排销售、服务等相关方来做一次 Demo 评审，告诉他们这就是将来看到的页面，并征求意见。他们一定会有各种疑问，PD 和 UE 需要确保每一个细节设计都是有理有据的，包括每块区域的位置、长宽，每行文字的字体、字号，每张图片的颜色等，都不只是为了好看，而一定是与商业目标相符合的。

比如图 4-13 中，"立即购买"的区域用了页面上最醒目的橙色，在充满商业气息的蓝色氛围下很醒目。当时"e 网打进"访客电脑最常见的分辨率为 1024×768，在这样的分辨率下，"立即购买"正好位于的首屏右下角。加之又有个亲切的美女在向你招手，进一步吸引眼球。以上三点设计非常强势地突出了目的。

图 4-13　视觉效果图

新首页上线以后，持续的监控和改进是必须的。在上线后的半个月、一个月、三个月这几个时间点，我们做了一些数据分析。从结果看，新首页的改动有一定的效果，比如访客黏度、网站停留时间均有提升，填写表单留下联系方式的潜在用户明显增多。

当交互设计遇到敏捷开发

2002 年 1 月 15 日，交互设计之父 Alan Cooper 和极限编程[1]创始人 Kent Beck 在一篇访谈中进行过对话，话题是"当交互设计遇到敏捷开发"。

- ▶ Cooper 认为"子弹"很贵，因此在每次开枪之前一定要精确地瞄准。负责瞄准的人应该是专业的交互设计师。
- ▶ Beck 认为有了敏捷开发，子弹变得很便宜，不需要瞄太准，打不准就再放一枪，没什么大不了，最终总能打中目标。

方法只有合适与否，没有好坏之分。"交互设计"比较适合传统领域、时间资源充裕的成熟公司。这类公司在某领域中已经处于领先地位，不犯错对于他们来说就是胜利；而"敏捷开发"适合新兴行业、创业公司，谁先出头谁就能占得先机，或者作为挑战者进入某个行业。而且敏捷开发的团队更加灵活，失败了损失也不大。从这点上看，互联网行业似乎更偏向于使用敏捷开发，但敏捷绝不是在时间紧迫下被动地放弃交互设计，而是主动

1　极限编程：Extreme Programming，简称 XP，是由 Kent Beck 在 1996 年提出的一种敏捷开发方法。

为之的一种思想，并且要将交互设计融入其中。

"交互设计"和"敏捷开发"考虑问题的角度虽然不大一致，但两者并不存在大的冲突。相反，交互设计与敏捷开发方法如果能够结合起来，就能以更小的成本交付令用户满意的产品。

信息展现设计的例子

设计师们常做的工作中，信息展现是很重要的部分。同样的信息，使用不同的展现方式对用户来说会有多大差异？为什么一个同样的"任务"，有时一天就能"完成"，有时一周也没法"完成"？

这个例子是我从一位 Google 的产品经理那里听来的，例子中的任务是展示美国的几个城市在不同月份的平均降水量。接到这个任务后，我们会想到用一张表格来展示，如图 4-14 所示。

```
AVERAGE RAINFALL (INCHES/MONTH)
          JAN   FEB   MAR   APR   MAY   JUN   JUL   AUG   SEP   OCT   NOV   DEC
San Fran  4.35  3.17  3.06  1.37  0.19  0.11  0.03  0.05  0.20  1.22  2.86  3.09
Seattle   5.35  4.03  3.77  2.51  1.84  1.59  0.85  1.22  1.94  3.25  5.65  6.00
Chicago   1.53  1.36  2.69  3.64  3.32  3.78  3.66  4.22  3.82  2.41  2.92  2.47
New York  3.17  3.02  3.59  3.90  3.80  3.65  3.80  3.41  3.30  2.88  3.65  3.42
Miami     2.01  2.08  2.39  2.85  6.21  9.33  5.70  7.58  7.63  5.64  2.66  1.83
```

图 4-14　把数据表格化

图 4-14 已经把所有的信息都展示出来了，但重点不够突出，各种信息都使用一样的字体，让人不知道一开始看哪里。图 4-15 所示的图表在此基础上进行了优化。首先各种文字用了不一样的字体，图表的标题最明显，让人一眼就知道这个图表是说什么的。月份与城市信息稍微弱化以突出数据内容。同时，这张表格用了不同深浅的颜色来突出数据，让人很容易解读出某个城市全年整体的降水情况、降水季节分布等信息。

| **Average Rainfall (inches/month)** |
Jan	Feb	Mar	Apr	May	June	July	Aug	Sep	Oct	Nov	Dec
San Francisco	4.35	3.17	3.06	1.37	0.19	0.03	0.06	0.05	0.20	1.22	2.86	3.09
Seattle	5.35	4.03	3.77	2.51	1.84	1.59	0.85	1.22	1.94	3.25	5.65	6.00
Chicago	1.53	1.36	2.69	3.64	3.32	3.78	3.66	4.22	3.82	2.41	2.92	2.47
New York	3.17	3.02	3.59	3.90	3.80	3.65	3.80	3.41	3.30	2.88	3.65	4.42
Miami	2.01	2.08	2.39	2.85	6.21	9.33	5.70	7.58	7.63	5.64	2.66	1.83

图 4-15　突出重点信息

但是，如果我们再思考一下，离开了上文的图表你还能记住 Miami 在 8 月的平均降水量吗？其实图表要传递给大众的信息并不是具体的数字，而是每个城市全年降水量的整体分布情况，所以某个城市某个月的降水量，表达成类似"很多、多、少、很少"的形式会更好。在表现形式上，我们可以处理成鼠标悬停在某个区域的时候，就展现出相应的数字。

于是，我们进一步优化出如图 4-16 所示的图表，用符合读者心智模型的水滴大小、颜色深浅来表示不同的降水量区间。

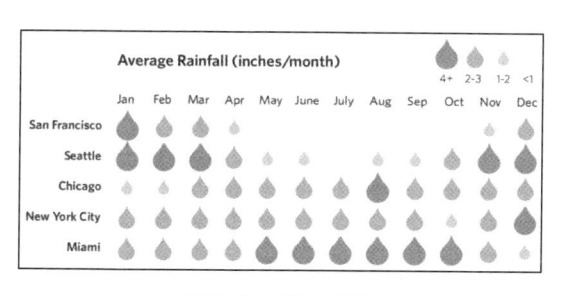

图 4-16　数据可视化

上面几个城市为什么会有这样的降水情况呢？我们可以像图 4-17 那样，把它们放进地图里，从地理的角度来展现。比如 San Francisco 因为三面环水，并受太平洋加利福尼亚寒流影响，是典型的凉夏型地中海气候，所以夏季降雨极少，冬天经常下雨。而 Miami 则拥有温暖、湿润的夏雨型暖副热带气候，所以降水充沛。而且，图 4-17 可以与用户交互。我们把时间轴做了动态展现：拖动时间轴，用户可以看到几大城市的全年降水情况，甚至可以推测出全美国在一年中各地的降水情况。当然，如此炫的表达也有其弱点，那就是没法如图 4-16 一样一次性看到所有信息了，这需要我们来权衡利弊[1]。

> 图 4-17 中左上角的 logo，有没有让你联想到什么？没错，Flickr（flicker.com）。同样的配色，同样的字体，同样的故意拼写错误，我想这应该是产品经理、产品设计师一种典型的闷骚表现吧，总想留个彩蛋，总想在看似严肃的场合下开点玩笑。

图 4-17　带交互的信息展现

---

1 图 4-16 与图 4-17 的设计，哪个好其实并无定论，还是要看需求场景，比如对于下个月想旅游的人，图 4-16 的设计更好，而对一位卖伞的商人，则图 4-15 更有用。

聊聊细节，文案设计

设计师是一群追求完美的人，所以在本节的最后，我们讲一个细节话题——文案设计。这里不是指网站里大段文字的编辑工作，而是指产品中随处可见的文字问题。因为文案问题很隐蔽，所以在各个产品中都普遍存在。虽说这不会对产品功能造成太大的伤害，但是过多的文案问题会使得产品逊色不少。我把文案问题分为以下三个级别。

低级：错别字、病句、错误标点。比如常见的错别字、语句逻辑关系混乱、中文与英文的标点混用等。

中级：用词不统一、不准确，比如"创建"与"新建"其实是一个意思，但是在同一个产品中不统一的话，会给人不专业的感觉；导航菜单用词的主谓、动宾结构不统一，比如同一个产品的菜单中同时出现主谓结构的"系统配置"和动宾结构的"管理客户"；近义词使用不准确，比如"邮箱""邮件"的误用。

高级：语言风格不统一、产品气质不统一。我们经常会发现，产品里同时存在由开发工程师写的"出错提示"，和前台客服写的"欢迎、促销信息"。比如用户在使用产品时，一会儿看到"数据库错误，CorpID 不能为空"这种过于专业的术语，一会儿又看到以"哦""啊"☺ 结尾的感情丰富的句子。统一语言风格是很有必要的，语言风格是由产品想传达给用户的气质决定的，比如曾经的聚友（myspace.cn）在用户登录后的欢迎词里写的是："好久没见，你是不是忙着去拯救全人类了？"如图4-18所示，会让人会心一笑。

图 4-18 聚友的欢迎词

4.2.3 "阴险狡诈"的运营师

产品做出来之后，我们不能直接向用户介绍功能，而应该把"功能转化为卖点"。[延伸阅读 15]我们先要告诉用户产品"有什么用"，用户才有兴趣了解"怎么用"。所以，运营的工作非常重要。

产品与运营的"战"与"和"

一方面,产品需要好的运营。今天已经不是"好酒不怕巷子深"的年代了,各种产品都极其丰富,没有运营,产品只能慢慢走向消亡。另一方面,运营也需要好的产品,运营只能带来人气,而想要把用户留住就必须靠产品。只有产品有用、能用、好用,才能看到运营产生的持续效果。

这样看起来产品和运营同事之间应该亲如兄弟,但在现实中,产品与运营却总是充满矛盾,经常看到他们吵得面红耳赤,这又是为什么呢?

通常是因为运营人员背着更直接的商业指标,比如网站的 PV(Page View)、App 的 DAU[1]、用户活跃度等。图 4-19 记录了我身边的一个网站产品在 2008 年年底做的运营活动情况。当时我们用了很多手段,浏览数字出现了爆发式增长,达到了 PV 的预期目标,但问题在于:这些 PV 并没有留下来。两个月后,我们再看 PV 数据时,发现和运营活动之前没什么区别。活动背后的目的——增加网站用户数,并没有达到。

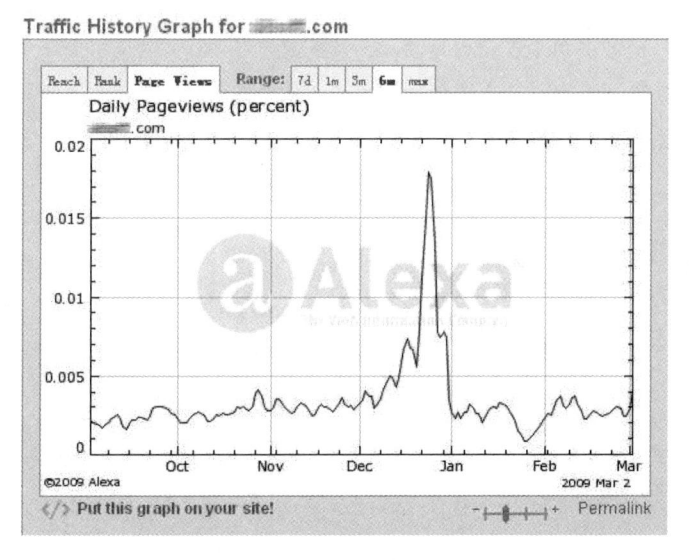

图 4-19 运营的短期与长期效果

客观地看,不论是高层、运营,还是产品团队做的事情,都是在平衡短期与长期利益。有时候,产品经理与运营人员共同承担商业指标会好一些,但运营人员总希望尽快看到效果,而产品经理则更专注产品内容。双方的配合需要寻找平衡点。

---

1 DAU:Daily Active User,日活跃用户数量,经常作为衡量一款手机应用的基础指标。

个人博客运营实例

运营就是从事前"预谋",到事中按计划执行,再到事后拿到结果并为下一次运营积累经验的过程。在 2009 年的 1 月—3 月,我拿自己的博客进行了一次运营实践。

2009 年春节,行动前的策划。

定下原则:不花钱,只花时间。用户"质"重于"量",不在意流量,绝对不会在无关的高流量场合做推广。第一轮运营以 1 个月为周期,KPI 定为可以体现高质量用户数的"RSS[1]订阅数",1 月底该订阅数争取达到 200,2 月底争取达到 500。

三点考虑:

- 博客必须以内容为王。我要保证原创的数量和质量,这些是核心竞争力。春节期间的两周主要是积累材料,将 MSN Space 上已有的文章转移到新博客,并且做了一些推广活动的预研,考察了几个相关网站、特定版面的人气情况,初步判断各个推广渠道的优先级。

- 春节后的第一周先做试探性推广,考虑到还有一些目标受众没有开始上班,全面出击定在 2 月 9 日,这是因为考虑到开始工作的第二周大家不会很忙,同时新年假期刚刚结束,大家又都很有激情,互相学习讨论的氛围较好。

- 具体的推广渠道如下:(略)

执行到 2 月底的时候,我做了个小结。

在 2 月的第一轮运营中,我最关注的指标是订阅数:推广进行到 2 月 14 日的时候,订阅数就达到了 500。后两周我取消了推广计划,通过对比发现,到月底订阅数自然增长到 670。

然后,根据第一轮的经验,我制订了 3 月份运营计划,也是第二轮大面积推广的计划,希望订阅数达到 1500。

以周为单位分成 4 小轮推广,以 4 篇《产品经理值得……》系列原创文章为主打推广产品,它们分别是:

第一周,《产品经理值得听的 13 个培训》,谈谈参加过的培训。

第二周,《产品经理值得看的 16 个博客》,谈谈经常看的博客。

---

[1] RSS(Really Simple Syndication),简易信息聚合(也叫聚合内容),使用 RSS 订阅能更快地获取信息。

第三周，《产品经理值得交的 10 个朋友》，谈谈我梦想结识的人脉。

第四周，《产品经理值得读的 12 本书》，谈谈对我帮助很大的书。

每轮都是严格按照计划执行的。每周一中午发出博文，同步转载至 UCDChina、CSDN 专家博客；周二上午 11 点开始 QQ 群推广以及二线渠道的转载，比如豆瓣等；周三开始选择性顶帖，在 UCDChina 上转载一篇旧博文；周四发一篇辅助博文保持更新频率。

到了 4 月初，我总结了 3 月运营的结果。

推广渠道方面，UCDChina、CSDN 专家博客、QQ 群都带来不少访客。此外我增加了文章里的站内链接，其中第一、第四篇主打文章里有很多站内链接，增加了不少额外的访问。订阅数目标方面也完成得很漂亮，3 月 10 日订阅数就突破了 1000，3 月 25 日突破 1500，3 月 31 日突破 1800。

并且，我又想出了一些新招，除了寻找产品经理聚集地，还把特定的文章推荐给相应的目标群体，比如把项目管理、网络营销、交互设计等相关文章推荐给有想法转行的工程师、项目经理、市场人员；多和相关的优质博客沟通，互相推荐等。

在整个推广的过程中，我发现，即使没有专门学过，但只要去做，就能不断提高、越做越好。经过两三个月的推广，博客订阅数已经在稳步增长，直到 2010 年 2 月，我最看重的订阅数已经突破了 10000 大关。

一次无意识的"事件+病毒营销"

虽然我做很多事情都是事先有计划的，但有一次的"事件营销"和"病毒营销"，完全是无意识的行为。

所谓事件营销，是制造具有新闻价值的事件，并设法让这一事件传播，从而达到广告的效果。类似的还有病毒营销，它指利用公众的积极性和人际网络，让营销信息像病毒一样传播和扩散。

事情的缘起是 2009 年 10 月 26 日晚上我在博客上发布的一篇博文——《又是四年整，说个小故事，大家低调一点》。博文内容如下：

2005 年 10 月 26 日晚，Google 中国成立不久，李开复来到浙江大学讲演。

我作为一名普通的学生粉丝，参与了这次活动的组织。

那天晚上，开复一行人挺多，演讲前后一直在永谦小剧场的休息室里休息。

我们给他们冲咖啡，但是发现没有足够大的壶。

所以很土地想到用脸盆，确实很诡异。

我比较空闲，以最快的速度跑回宿舍拿。

自己的脸盆正好装了脏衣服，已经泡起来了，没法用。

就顺手拿起室友的，学校发的那种，除了编号，都一样。

之后一切顺利，我还搞了一本开复签名的《做最好的自己》。

直到临睡前，我在电脑前，突然听到厕所里室友很疑惑地喊：

"啊，我的脚盆里怎么有股咖啡味儿？"

!!! ……

PS：我后来去内场帮忙了，那盆咖啡到底谁喝过，我至今都不知道。

小明："请允许我先囧一下……好了，继续吧。"

到11月中旬，这个帖子的PV破万，也许对于大网站来说这不算什么，但它却成为iamsujie.com的第一热帖，要知道2009年3月我刻意推广的几篇文章到2009年年底PV最多也不过9000。这篇帖子的PV曲线如图4-20所示，

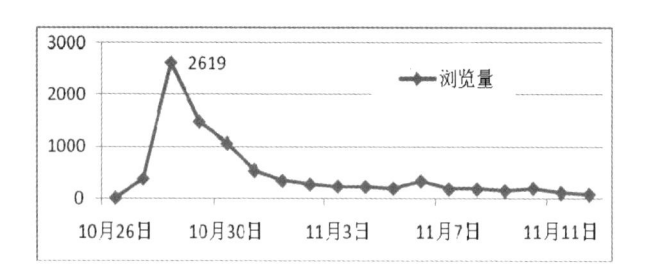

图4-20　帖子的浏览量曲线

爆发出现在10月28日下午4点多，李开复老师自己写了一条微博：

"朋友传给我一个博客，说我在浙大喝了'特殊咖啡'。http://***/hVnvI[1]怪不得喝完感觉'脸色'特别好。"

这条微博引起了该帖子PV的爆发性增长。开复老师提到有朋友转帖给他，那么这个转帖人就起到了关键作用。直到11月12日，这个帖子的日均PV才降到100以下，而其中大部分都是李开复那条微博里的链接带来的。

---

[1] 原文链接参见[延伸阅读16]。

这一切都是意外，但让我体会到了事件营销、病毒营销的力量。在产品的日常运营工作中，我们可以对各种热点事件保持关注，并不断总结各种用户群体愿意传播的信息元素，在发现此类机会时，一定要抓住。

4.3 商业团队，冲锋陷阵

我是理工科出身，所以前几年总会觉得商业团队做的事情与技术团队比起来都太虚，直到最近才渐渐体会到，**我们觉得某样东西虚只是因为对它不熟悉而已**。

前线的团队，主要任务是市场、销售，需要负责产品价格策略、促销策略、销售策划、渠道管理等；另一块任务是服务，比如客户服务、技术支持、服务策划等。商业团队简化以后如图 4-21 所示。公司里经常出现的情况是谁直接创造效益谁牛气，所以经常是销售的同学"蹂躏"产品的同学，然后产品的同学又去"欺负"服务的同学。这里我特别想帮服务的同学说句话，他们经常被看成是支持部门，而实际上他们给产品带来的价值很大。成功的产品都要"一手抓销售，一手抓服务，两手都要抓，两手都要硬"，

图 4-21 商业团队简图

因为他们都是和用户、客户最近的团队。如果说销售人员可以增加新客户，让客户对某个产品第一次付钱，那么服务人员就是要稳住老客户，让客户对某个产品不断付钱。

对于商业团队很重要的一点就是在每一个项目的过程中都千万别忘了服务人员。因为 PD 主导的项目大多数工作都和技术有关，所以往往不关心，或忘记关心服务人员。这就需要我们主动一点，该叫他们的评审会都得叫上，上线前得酌情提供 PPT 或者组织内部培训，绝对要避免最后的产品演示会上，甚至已经发布以后才忽然暴露问题——这会侵犯代理商的利益，行不通！服务团队没有人手做服务……

手忙脚乱对大家都不好。

4.3.1 好产品需要市场化

2008 春节那段时间，我看了《产品经理实战手册》[1]，它主要讲的是产品经理偏市场方面的工作。在这本书中，作者提出了一个观点：好的产品需要市场化。不然，产品就成了实验室里的样品。产品市场化要做的事情有很多，下面我们从相关话题慢慢讲起。

---

[1] 这本书是金山的王欣、夏济写的，很实用的操作读物，看起来比较轻松，可以放在手边没事翻几页。

定价与促销

关于定价和促销的话题，我们还是以"阿里软件网店版"的定价与促销策略为例来展开。当时，商业层面的绝大部分工作是产品团队在做。一是因为产品唯一的销售模式是在线直接销售，所以没有销售人员；二是因为阿里巴巴在 2005 年提出"淘宝继续免费 3 年"的口号，所以对这款产品的市场开拓工作无法适用大刀阔斧的市场公关方式，免得引起公众误会和对手攻击，所以我们也没有其他商业团队的资源可以使用。

"阿里软件网店版"的 SaaS[1] 模式决定了我们与很多传统的竞争对手不同。对手们大多数是客户端软件，它们多采取买断的销售模式。而我们则采用了租用模式，因为我们卖的是一种服务。

在租金的定价上，我们一开始考虑的比较复杂，制定了多种不同的收费方式。但是这样一来，一方面增大了用户的理解难度，另一方面也增大了我们的工作量，在多轮讨论之后，最终我们设置了一个包月租金 30 元的收费方案。另外还将部分模块屏蔽，推出了一个免费的普及版。

在促销方面，符合一定条件的活跃用户都可以免费"试用"一个月的收费产品。后来，我们还采取了其他方法：比如直接降价，推出短期"买一送二""买一送一"等活动；比如变相降价，通过过节送红包等方式吸引用户；比如与淘宝商城、付费推广、消费者保障计划等打包销售。

随着定价和促销策略的执行，"阿里软件网店版"在几乎没有追加投入的情况下，每月收入突破百万人民币。

销售与渠道

销售有两大模式：直接销售与分销。直接销售是由企业直接向最终消费者进行推销，而分销则需要借助渠道，分销的渠道分为代理和经销。两者的区别是："代理"赚取企业的佣金，代理方没有产品所有权和库存风险；"经销"赚取产品的差价，产品所有权发生转移。关于销售与渠道的话题，我将在下文中结合"e 网打进"这一产品来展开。

生产商和消费者之间有了互联网的连接，更容易产生直接接触，加之网络支付等服务的成熟，网络个人应用大多数都采取了直接销售的方式。但我们的"e 网打进"是面向企业用户的，当时国内中小企业的互联网意识还略显落后，所以我们选择了渠道分销。

渠道战术讲究"推拉并重"。所谓"推"是集中力量做渠道工作，用高额利润去刺激

---

1 SaaS：Software-as-a-Service 的缩写，意思是软件即服务，是基于互联网提供软件服务的软件应用模式。

渠道主动推销产品，快速抢占市场；而"拉"是通过媒体关系、广告、传播等手段启动市场，刺激消费者，促使渠道来找厂商。"推"适合企业规模小、技术含量高、销售过程复杂的产品，"拉"则反之。一般新产品主要靠"推"，老产品主要靠"拉"。"e 网打进"用的是"推"的方法，其驱动路线是"厂商→渠道→终端用户"。

对于销售和渠道的话题，我从产品设计的角度总结了以下要点：

第一，通过渠道销售的产品在新增功能和改动功能的时候，需要额外考虑公司内渠道管理人员的培训成本、渠道商的培训成本。

第二，既然选择通过渠道来销售产品，说明终端用户对互联网的应用能力不足，所以相应的设计思路也要转变。

第三，渠道终端的用户一般是企业，企业用户与个人用户的差异也不得不考虑。比如企业用户会有开发票的问题，我们不能只简单地考虑网上支付途径。

第四，由于渠道的介入，多级的定价、分成比例、开发票的流程、渠道政策都要有相应的系统支撑。

> 爱好用户体验的人又会对销售渠道提出一个问题：社会发展需要提高生产效率，所以产生了分工。出于成本考虑，我们的产品采用渠道销售——一种非核心业务外包的形式。但我们的终端客户是不会了解中间细节的，他们会把外包服务的不爽怪罪到产品上，给产品的体验减分。那么一个很大的问题就是：如何保证渠道的服务质量来保障产品的整体体验？
>
> 留给我们长期思考。

另一种产品版本细分策略

我曾经在上网的时候看到一张图，如图 4-22 所示。图中的产品压根就没打算卖"标准版"，甚至还会让你觉得买、卖的人有点儿傻……，这就是一种经典的销售策略。

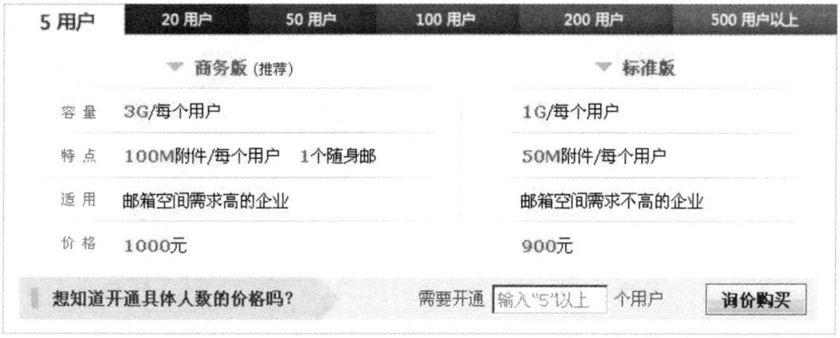

图 4-22　某企业邮箱的版本细分策略

类似的还有以下两个例子：

《2009-2012年火力发电行业深度评估及市场调查研究发展分析报告》：纸介版7200元、电子版7800元、纸介版+电子版8000元。

《2008年中国羊剪绒市场行情分析报告》：纸介版7900元、电子版8500、纸介版+电子版9000元。

这样的销售策略非常常见。作为产品经理，我们可以从产品版本细分的角度来理解。产品版本细分有两类：一种是做功能区分，分别应对每一个细分市场，比如笔记本的高中低端产品、手机的各种型号等。另一种是为了促进销售，利用消费者心理，纯策略性地做出"炮灰"版本，这类产品版本本质上是为产品的市场化服务的。接下来，我们对后者稍作分析，进一步从产品角度深入理解消费者心理。

"炮灰"策略又可以分为两种，一是在原有版本的基础上添加一些"鸡肋"功能，做一个价格高出很多的"高价炮灰"。比如在"抢市场而非赚钱"的商业目标指引下，主推免费版的同时还放出一个其实并不想卖的付费版本，以保持免费版的价值感[1]。二是删掉核心功能做一个价格稍低的"低价炮灰"。比如开始的那个图，会让消费者觉得商家真正想卖的那个版本特别实惠。

这两种"炮灰"策略其实是和用户玩了一个心理游戏。很多人购物时不会对功能、价格做理性分析，在乎的是"相对实惠""感觉划算"。那么就可以为其营造一个可选择的、局部相对最优的购买环境，树立一个性价比不高的"炮灰"版本让用户"抛弃"。采用这种策略时要注意一点：只有做"炮灰"版本的成本足够低时，这个策略才是靠谱的。这些"炮灰"产品的作用往往都是"仅供比较"，所以很适合互联网、软件行业，反之如手机之类的电子产品就不太适合。

"炮灰"策略并不是新鲜事物。传统行业还有很多非常成熟的套路值得我们学习。其实现在已经很难有突破性的创新了，最怕的就是因为自己知道得太少，自以为想出的办法是个创新的点子，其实早就是别人玩剩下的。避免这种悲剧的办法只能是自己不断学习和借助群体智慧，推荐大家有空看看《美第奇效应》[2]，说的就是这个道理。

---

[1] 保持免费版价值感的方法还有很多，比如知乎早期的邀请机制，可以算是一种"饥饿营销"。

[2] 《美第奇效应：创新灵感与交叉思维》由弗朗斯·约翰松所著。"美第奇效应"指各个领域和学科的交叉点上出现的创新发明或发现。

开阔视野的水平营销

市场营销大师科特勒的《水平营销》[1]是很好的一本书。书中认为，纵向营销是 Evolution（进化），其特点是渐变；水平营销是 Revolution（革命），其特点是突变。水平营销是一种创新思维的方法。下文的例子摘录于网络营销专家 Mars[2] 的博客。

假如采用水平营销来卖包子的话，我可以按照《水平营销》中说的几个维度、几种手法来激发自己的创意。

首先是市场层面。

需求维度：多角度开发吃包子的用户需求。

替换：吃"中药包子"可以治病，吃"美容包子"可以养颜，甚至可以开发"精品包子"，满足包子作为"礼品"的市场需求。

结合：包子除了填肚子，或许还可以满足"表达"的需求。比如画红心来表达爱意，假如喜欢上某人又不好意思，可以帮她/他买早点，包子上面的红心可以让她/他自己去领会。

反转：本来吃包子是为了填肚子，但吃我的包子可以有助于消化，让肚子空空；本来我只是卖包子，我还可以提供素材教用户做包子。

目标维度：开发更多的目标用户。

替换：本来包子是中国人的小吃，我可以把包子包装成"神秘的东方膳食"主攻外国人市场；本来目标是人，也可以转向宠物市场，调整包子配方后制作专门给宠物吃的包子卖给宠物主人。

地点与情境维度：开发更多的消费场景。

替换：买包子一般都是在"吃"的情境里面。但是我可以举办"抢包山"之类的活动，包子就出现在了竞技运动的情境里面。如果通过有效的市场沟通，我们能打开新的情境，就能扩大市场。比如宣传小孩过生日大家吃包子是传统习俗，这样小孩就能长得白白胖胖；或者拿牛郎织女做宣传，说每年见面一次鹊桥要走很远，所以每人都带了包子在路上吃，象征着坚贞不渝的爱情。

---

1 《水平营销》阐明了与纵向营销相对的水平营销的框架和理论。引入了横向思维来发现新的营销创意，旨在获得消费者不可能向营销研究人员要求或建议的点子。

2 任鑫，英文名 Mars。曾负责中国新蛋网网络营销、美国新蛋网精准营销等业务。

时间维度：改变原有的消费习惯。

替换：一般人早上吃包子，可以开发一种包子，专门针对夜宵市场，说里面放了××中药，可以让你吃完睡得更香。

体验维度：丰富消费体验的内容。

结合：把包子和"文化"结合。我可以打造一个高档的"皇城包子"饭店，供应各种包子和相应的饮食，饭店中搭配古筝等表演节目，提升包子的文化内涵。

然后是产品层面。

有形的产品或服务：优化产品的内容质量。

替换：把包子里面的肉馅换成水果沙拉，把包子皮换成豆皮等。

结合：开发可以用吸管吸食的包子，比如各种口味的汤包。

夸张：设计重达一斤的包子，内含蔬菜和肉，吃了管饱；也可以设计只有旺仔小馒头大小的包子，能当零食吃。

品牌特征：提升产品品牌。

替换：找到外国美食中与包子形态类似的食品，将其制作方法改良后再重新引进到中国，以此来吸引人尝鲜。挂着"西式包子"的概念，创新起来就更不会被束缚。

换序：可以突出宣传"健康"概念，称自己的包子馅儿经过严格测试，营养均衡、少油少味精，吃了不会胖，强调"健康"特点。

使用或购买：改进消费习惯。

替换：每天买包子很麻烦，在便利店可能还要排队，可以改变"购买"方式，从每天付钱买，改成月付。

倒序：我可以推出一种定制服务，用户先打电话或者在线订包子，可以指定要多少、多大、什么馅、馅要多少。

……

卖个包子都可以有这么多的创意，营销也不一定要一个劲儿地让产品在红海搏杀，我们可以通过这些点子帮助产品在愈加同质和超竞争的市场中找到自己的蓝海。

4.3.2 我们还能做什么

我们可以分析数据，给市场销售团队的决策提供数据支持；可以提供总结好的核心功能与卖点；可以参与销售策略的制定；可以为产品上市的新闻发布会出谋划策……我们还能帮市场销售团队做什么？和服务有关的事情，除了在产品正常运行的日子里做好技术支持一类的工作，一起更新产品，我们还能参与服务策略的制定。

"老板，要光盘吗"

2008年开始，我们在卖"e网打进"。用户买到的是什么？拿用户的话说，花几千块钱买了两串数字——账号和密码。到头来大家发现，我们还是要结合传统，搞点实在的东西。

于是就有了如图4-23所示的光盘和包装。

我发起和参与了整个过程，这期间我学到了很多传统实物产品的设计思路。

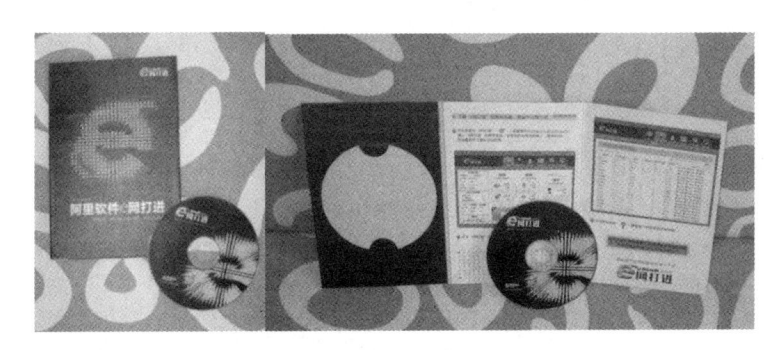

图 4-23　"e网打进"的光盘与包装

2008年4季度，"e网打进"的活跃度提前达到预设的目标，老板提出了更高的要求，于是我的小组接到任务：提高产品用户的活跃度！于是围绕"活跃度"，我们兵分两路做了如下事情。

治标的运营活动：对照"1个月登录4天以上为活跃"的标准，我们将用户按登录频率划分群体。随后启动"小福星"运营项目，我们尝试将"1个月登录1至3次"的用户往4次转化，运营2周后，发现效果不理想。我们继续分析数据，发现这次运营对减少"1个月登录4至8次"用户的流失率的帮助不大，于是这条线暂停。

但这个过程产生了一些有价值的副产品。一方面我们发现线上运营无效的原因是很多用户根本就不是"真正用过产品的用户"。于是我们联合销售部门、服务部门一起做了用户监控系统,来检测虚假用户。另一方面,我们进一步对活跃度的 KPI 提出自己的观点,确定在"活跃用户与付费用户之间,应该添加使用用户的概念",并且定量地证明了老板给出的新 KPI 在当时的状况下是没法达到的。

治本的用户研究:我先分析了用户最近几个月的登录日志,试图寻找阻碍活跃度进一步提升的根源;再通过电话访谈、实地访谈,了解引起问题的原因,分析总结后归为从主到次的 4 类原因。

原因 1:渠道商失责或造假,用户没用过产品。

解决方案:继续分析数据提供支撑,营销、产品、服务部门共同制定明年的渠道政策。渠道建设考虑混合模式,即"经销+代理"。策划三大计划:营销辅助计划,大力推广品牌,帮助经销商造势;服务培训计划,提升经销商服务能力;销售培训计划,提升经销商销售人员的能力。

原因 2:产品太虚,用户记不住账号、网址。

解决方案:发起"鸡毛信"项目,将产品实体化。

原因 3:产品没人用,用的人不对。

解决方案:发起"天使计划",做了服务外包的试验,我们找人来帮用户使用软件,直接把通过软件获得的潜在生意机会输出给用户。

原因 4:网站流量低,产品难以发挥作用。

解决方案:除了产品转型,暂时还没找到突破点。

其中原因 2 的最终产物就是图 4-23 中的光盘及其包装,整个过程如下。

明确目的:主要解决"用户记不住账号、产品网址"的问题,顺带着有辅助销售、辅助产品初始化的作用。

说服老板,申请预算和资源:我把需要做的东西分解为"光盘内容、盘面、光盘包装",便于后续多人协作。实物的表现形式会影响预算,特别是包装的形式。我们最终选择了一个相对省钱的方案。

联系供应商:联系包装供应商、看已有样品,依照想展现给用户的内容,选择光盘包装的大小、版式、材质。联系光盘供应商。

具体设计:设计盘内、盘面、包装的每页上都放哪些内容。这些都是基于产品目的以及对用户的了解,在各种限制条件下所做出的选择。举个小例子:我们在光盘里设计了一个"安装软件"过程说明,可是在网页上使用的软件有什么要安装的呢?其实是让用户在桌面上添加了一个到产品登录页面的快捷方式。

产品部门一定是先确定目标用户再设计产品。市场销售等商业部门往往是先拿到产品，再考虑主打哪些市场与用户，他们并不在意产品部门原先定义的目标用户是怎样的，只会去寻找最容易的突破口。所以，产品与市场两边的配合很重要，需要互相调整来彼此适应。

算出来的服务策略

服务部门是为昨天的利润工作，给已经购买产品的客户提供承诺的价值；销售部门是为今天的利润工作，把产品变成利润，争取更多的客户；开发部门是为明天的利润工作，确保明天我们有优秀的产品可以卖；研究部门是为后天的利润工作，了解趋势、发展科技，保证产品永远处于领先位置。

维护一个老客户的成本大约是开发一个新客户成本的四分之一。

由此可以看出服务团队的重要性，他们一直在高效地完善产品。图 4-24 是我们与商业团队共同制定的用户初始化策略，包含了用户从签单到使用的过程中涉及的监控部门。我们公司里参与这个过程的部门包括营销、产品、服务三个部门，每个部门在不同的时间点上要做不同的事情。这幅图里的每一个过程有哪些动作、它们之间的先后顺序、动作的时间点，都是通过数据分析算出来的。

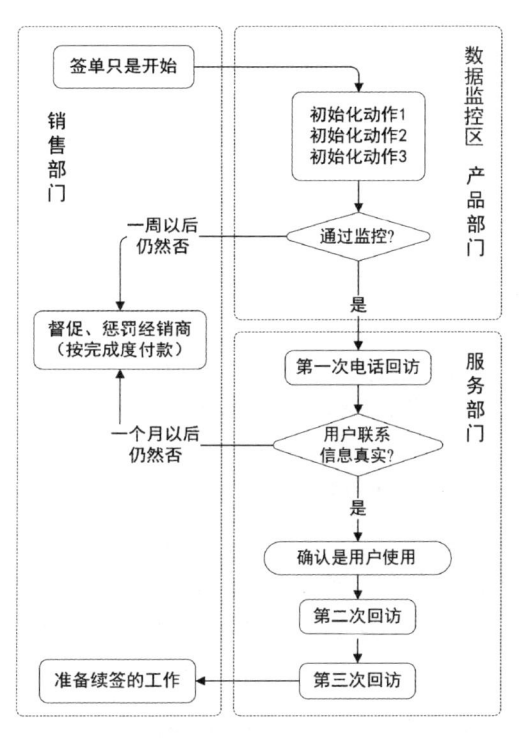

图 4-24 用户初始化策略

在用户签单以后，一周内应该完成初始化动作 1、2、3，否则需要督促并惩罚经销商。

用户签单 1 个月时，应该有第一通电话回访，主要目的是验证渠道商提供的用户联系方式正确、确保用户的正常使用。

用户签单 3 个月时第二次回访，主要目的是拉升活跃度。

用户签单 9 个月时第三次回访，主要目的是促进第二年的续签。

将来系统更强大以后，可以针对每个用户的使用情况算出应该回访的时间与方式。

4.4 技术团队，坚强后盾

这节来谈谈技术团队，他们做的事情很多已经在第 3 章 "项目的坎坷一生" 中讲过了，这里主要说说图 4-25 中技术团队中的人。

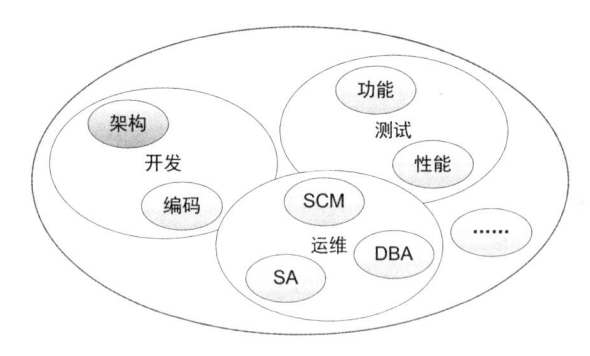

图 4-25 技术团队简图

外行眼中的技术分工

在互联网、软件行业的项目中，需求评审通过后，紧跟着就要进行几种技术上的设计：编码设计、数据库设计、测试设计……这时技术人员会全面介入，在各项设计完成并执行以后，再部署发布，下面就谈谈执行上述各类设计的技术人员。

编码设计，由软件架构师或系统分析师负责，具体的编码执行工作由最常见的开发工程师负责，他们也会有分工，有人偏前台应用、有人偏底层数据库、有人专做搜索引擎等[1]。此外，可能会出现专职的开发经理，负责配合项目经理管理整个开发过程的工作，

---

[1] 这些分工会不断变化，如果是做手机应用，那么，你的开发人员通常会分为服务端和客户端，客户端又主要分 iOS 系统和 Android 系统。

比如协调人员、制订开发计划等，他自己并不是项目的开发人员，可以同时担任多个项目的开发经理。

数据库设计对于拥有大用户量的应用特别重要，比如淘宝、支付宝这类应用服务的用户数实在是太多，阿里巴巴的 DBA[1]能力是比较强的。

测试设计由测试工程师负责，再细分下去有功能测试与性能测试等。大一点的项目还会有一位测试经理，协调管理测试相关的工作。

当 PD 们激情四溢地乱冲乱撞时，有个严厉的测试人员控制着，确实太有必要了——他们因为职业的关系，总给人一种很鲜明的性格印象：理性、冷静、挑剔、完美主义……

QA 是 Quality Assurance，质量保证人员，主要负责流程管理（如需求变更流程、发布流程）、文档管理（如开发规范、测试规范）等工作。测试人员和 QA 常常是归属于同一个部门的。在软件项目开发的整个过程中，QA 需要在流程和规范上进行控制以防止低级失误的发生。比如，有时候需求人员会觉得某个功能的改动很小，就直接叫开发人员修改而不告知 QA 和测试人员，这样违反流程的行为对于复杂的系统是极其危险的。

对于不断发布的产品、多分支同时开发的产品，软件配置管理员（SCM）[2]就显得非常重要了。有他们的控制，就不会发生"某个 Bug 在新代码发布之后重新出现"这样的低级失误。像简单地用 SVN 来管理代码、软件版本的变更、构建等，都是 SCM 的职责范围。

上述各项工作完成之后，就要把各方面准备好的产出物拼在一起部署发布，那么就牵涉到硬件方面的管理，这就是 SA[3]，系统管理员。复杂的系统可能涉及成百上千台服务器，且服务器的任务各自不同，其设计与管理的复杂度并不比软件低。

有这样两种工程师

上面提到的各种人员，都可以看成是广义的工程师、技术人员，他们是很有特点的一类人，给外人的印象或许是执着、冷静、沉默……他们有两类很典型的风格。

一类是技术痴迷者，常见于工作不久的新人，或者少数工作很久且一直醉心于技术的牛人。这类人价值很大，在项目碰到技术难题的时候，往往是攻坚的主力。但他们的优点也正是其弱点。技术痴迷者工作的动力是学习更多、更强、更新的技术，并乐于在项目中尝试"高科技"。他们追求的是解决难题的快感，对项目本身在商业上成功与否并不关心。他们会为了技术而搞出一些用户并不需要的功能，即所谓的"镀金需求"。这就需要 PD 与

---

[1] DBA：Database Administrator，数据库管理员。
[2] SCM：Software Configuration Management，软件配置管理员，日常被简称为配置管理员。
[3] SA：System Administrator，系统管理员。

他们充分沟通，让他们具有成本意识，不要盲目创新。

另一类是实用主义者，常见于工作过一段时间的老人，或者只是把技术当作工具的工程师。他们的典型特点是 KPI 导向，公司考核他们什么，他们就做好什么，尽量少做事、做简单的事。这种看似不思进取的态度也有其巨大价值，他们往往经验丰富，在做事之前充分考虑，让每一份付出都有超额回报。他们能在一团乱麻中找出最简单稳妥的解决方案。他们很清楚自己需要什么、公司需要什么、产品团队需要什么。

如何与工程师合作

在公司内部的一次交流会上，我聊到 PD 如何与工程师合作的话题，大家很有共鸣，所以我利用这次机会收集了开发、测试、PD 等同事对合作沟通的期望，整理出来和读者们分享。

第一，大家最看重的是一个很大的话题："流程"。一群理性的人很明白"没有规矩，不成方圆"的道理，他们喜欢被规则管理而不是被人管理。当事情由人来控制的时候，总给人一种不安全、不稳定的感觉，而有流程可依的时候，心里就比较踏实。

比如，需求确认的时候相关人员一定要悉数参加，以免后期才发现大家对需求理解不一致。如时间允许，每个人都应该尽早参与到需求评审中。

再比如，大家还看重需求变更的流程。说明大家意识到需求的本性就是"总在变"，所以非常希望有一个流程化的规定来严格控制这件事情。

第二，大家看重的第二大的问题就是"沟通"，这是团队合作必不可少的一个环节。站在 PD 的立场上，我们会把自己作为产品的中心，这个角色注定要和各种各样的人交流，客户、老板，以及开发、运营、测试、客服、合作等部门的同事。

开发者们提出了很有意思的一点，希望大家在交流的过程中避免情绪化。人性的弱点决定了在争论的过程中每个人都希望自己得到认同，而这点往往会导致思路变形，不再考虑产品怎么做更好，而是去想如何说服对方。并且，经常有同事会把对人的反感转移到对此人观点的反对上。我自己觉得沟通中还有一点很重要，就是每个人都要主动一点，这样才能形成互动的氛围，也可以减少信息不畅引起的问题。

第三，PD 要不断提高自我修养，大家希望 PD 给出的文档在质量上更进一步，准确、全面、简洁、即时更新并保持最新。PD 多了解一点技术也会大大改进与工程师沟通的效果。有的工程师你可以和他讲商业价值，而另外一些，你与他讨论一些技术实现更有效。

4.5 容易被遗忘的角落

容易被遗忘的还有默默奉献着的法务、财务、行政等团队，他们和老板们一起构成了产品的支撑团队，如图4-26所示。

图 4-26 支撑团队简图

分工的产生是因为做事的人越来越多，需要专人专岗以便提高效率。比如商业智能部门（Business Intelligence，简称BI）承担着数据分析、数据挖掘、给商业决策提供建议等责任。

最好的资源：老板

刚从学生变成一个职场人士时，我们要把老板当作最好的资源，"利用"他们促成自身的不断成长，下面是一个菜鸟成长的故事。

最初，菜鸟什么都不懂，蒙着头做事，眼巴巴地盼着老板光临，好汇报一下工作。这个时期的菜鸟很容易把事情做偏。

渐渐地，菜鸟觉得这样太辛苦了，于是每走一步就问老板，"我碰到一个问题，应该怎么做"，这就像让老板做问答题。老板每每给出答案，菜鸟再也不会做无用功了，做起事来也踏实多了。但是在某次菜鸟又来问问题的时候，老板问了他一句：这些问题你怎么自己不先想想，你什么信息都不给我，我怎么告诉你答案……

菜鸟发现让老板做问答题，老板是很累的，需要让老板做选择题。于是，每次有问题的时候，他都会自己先收集很多的背景资料，然后选出几种可行的解决方案，再拿着所有的这些资料给老板做决定。并且在这个过程中，菜鸟发现有些问题在自己寻找解决方案的过程中已经被自己解决了。

很久之后，菜鸟发现还可以更进一步，让老板做判断题。于是菜鸟在每次呈现给老板几条解决方案以后，又会加上自己的选择：我觉得 A 方案是最好的，因为……当然，菜鸟毕竟是菜鸟，因为各种原因，经常与老板的判断不同，但菜鸟在疑惑中又学会和老板讨论，渐渐地学到了一些老板的判断方法。

默默奉献着的团队

产品被做出来后会有很多我们始料未及的问题，比如可能会因为某项与短信相关的业务违反了行业规定而无法上线，可能会因为在线支付的方式没法给用户开发票而导致大面积投诉。

在这些问题的预防和解决过程中，有一些团队在默默奉献着，他们至关重要。

法务团队会在做产品的过程中搞定一切与政策法规相关的问题，比如产品的使用协议应该怎么写、付费协议又怎么写、哪些输入的内容是敏感词等。我们公司的法务团队还承担了知识产权的工作，他们会帮助各款产品申请软件著作权、商标、专利等。"e 网打进"在 2008 年、2009 年就有超过 20 个专利进入公示期，把产品结结实实地保护了起来。

财务团队会特别照顾我们的付费产品。钱在用户、经销商、厂商之间如何流转，预付款与尾款怎样分开处理，发票如何开，如果发生退款应该怎么处理等问题，在产品设计的过程中都需要听取他们的专业意见。

行政与 IT 团队是真正的后勤团队，我们各种办公资源的正常运转都仰仗他们。大到公司的办公环境、出差的酒店机票预订、名片制作、快餐盒饭，小到每一次开会的会议室、投影仪、网络、白板、马克笔的准备，都有他们的默默付出。

衷心感谢他们。

4.6 大家好才是真的好

前文把和团队有关的人、事、物都梳理了一遍。我们的产品靠的是大家的共同努力，而大家努力做事的基础是做得开心。随着产品的发展，团队也要有相应的发展，组织才能持续前进。

所以，不能只谈产品好，为了达到"大家好才是真的好"这个目标，我们再聊聊"团队文化"和"无授权领导"这两个话题。

4.6.1 所谓团队文化

阿里巴巴在团队文化这个问题上备受争议,外界有人觉得这种文化很好,可以让人有激情、有战斗力;也有人觉得是在洗脑,会迷失自我,对此颇为不屑。但我知道,如果一个团队里的每个人每天都能开开心心地工作,就是很好的团队文化。

团队文化的三五事

我自己所在的团队,工作中似乎一直保持着一种很"不正经"的交流方式,非常重要的邮件也可以用"hi 美女/帅哥"开头;我坐在淘宝办公,会冷不丁走过一个不认识的美女说:"亲爱的,那个谁谁去哪儿了?"开会的时候,经常有人抢着买一些零食、饮料给大家;借不到会议室的时候,发现附近哪个总监、副总裁不在,就会不打招呼地临时征用他的办公室,甚至偷吃他桌上的糖……这段话在我的博客上贴出过,立刻引来了如下回复。

Jollyant 说:"在我们的公司要是这么做,老板要疯掉的。"

燕燕说:"我们这里也绝对是,现在感觉部门死气沉沉的。"

可惜我没遇到过,也不知道那种死气沉沉的滋味如何,我想大约就是"老板老板着脸,总监总监视人,总裁总裁人,小兵唯唯诺诺地接受任务,应付了事,不敢创新,也不愿创新吧"。下面举几个日常工作中的例子,读者们可以设想一下,这样的风格你受得了吗,你的老板受得了吗?

- 产品的 KPI 数据日报,太枯燥了,所以搞了个每日副刊,力求每天让大家轻松一下,某个产品的第一期副刊是这样的,前面正经的数据部分略过:

====== 我是敬业的分割线 以下是每日副刊部分 ======

1. 鸣谢现在与将来的原始数据提供者:徐××、阮××、楼××、李××、朱×……

2. 评论员文章:180 个付费用户意味着什么?每个"A 产品"卖 2900 元,笔者算了一下,按每天一顿"红草莓"(注:那段时间大家一天吃两次,深恶痛绝的快餐品牌)计,180 个付费用户的收入可以供一个人吃 179 年!而今年的 3 万用户的目标所带来的收入可以吃到公元三百一十九世纪!同学们,加油,明天再见!

- **午餐时的赌局:**

团队很久一段时间都是在一家小饭店点菜叫外卖解决午餐的,一般 11:50 就要开始抢包厢(会议室),吃完免不了要收拾残局。之前一直是几个勤劳朴素的人(当然包括我)

来收拾，可是后来勤劳的人也受不了了，于是出现了赌局。

赌具：一个杯子 + 三个骰子。

玩法：豹子（三个一样的，6>…>1） > 顺（456>…>123） > 对（对子一样大，比第三个） > 单。

结果：每天掷出 2 个人负责收拾。

最早是 2 个最小的人收拾，后来玩着就开始变花样了。

1. 每天由前一天收拾的人定规则。

2. 规则可能是：2 个掷点最大的人收、掷点最大和最小的人一起收……

……

管你是经理还是总监，输了就得收拾。

▶ 某位男同事的"休假知会"邮件：

因地球猪流感严重，受联合国委托，特派大使前往火星交流防流、抗流经验，为期一周（5.28～6.4）。深知肩上责任重大，即日启程，兄弟，尤其是姐妹们勿挂念……

我觉得挺好，不过关键还是老板们的亲力亲为，才能让这种风格真正地流行起来，如图 4-27 所示。

图 4-27 马云的白雪公主与朋克造型

4.6.2 无授权领导

但凡讲到产品经理的基本要求，总会提到"无授权领导"。在行政职位上，产品经理并没有下级，但在做产品的过程中，需要领导整个团队朝着目标前进。团队不"为我所有"，真的能"为我所用"吗？我们先从"管理"和"领导"的异同说起。

管理 VS 领导

说实话，无论是管理还是领导，我的资历都太浅，所以用一系列的对比给出我的理解。

管理更像科学，领导更像艺术；

管理靠的是权力，领导靠的是魅力；

管理者强调稳定，领导者喜欢冒险；

管理者依法治人，领导者以德服人；

管理的对象是行为，领导的对象是思维；

管理管正确地做事，领导管做正确的事；

管理是一步一个脚印，领导是不走寻常路；

管理者注重短期目标，领导者注重长期发展；

管理者是职业经理人，领导者是企业家和创业者；

管理是汽车的制动系统，领导是汽车的驱动系统；

管理是告诉团队怎么做，领导是告诉团队为什么做；

管理对人的影响由外而内，领导给人的力量由内而外；

管理让团队能完成这些事，领导让团队喜欢做这些事；

……

管理者与领导者并不存在好坏之分，一些人有能力成为出色的管理者，但是不能成为优秀的领导者；另一些人具备巨大的领导潜力，却由于种种原因很难成为优秀的管理者。对于一个人来说，如果自身同时具备管理能力和领导能力，这两种能力也必须一起提升才能发挥更大的作用。

产品经理应该是管理者吗

从上节的对比里可以看出，产品经理必须是一个好的领导者，而工作职责使得产品经理也要做很多的管理工作，那么，为什么不给我们一个管理职位呢？本节的标题更准确地说应该是——产品经理应该拥有管理职位吗？有不少前辈对这个问题进行过讨论，我权且谈谈自己的观点。

先回顾一下 4.1.3 节的"我身边的矩阵型组织"里提到的产品经理兼任部门经理带来的问题，假设我们自己能很好地平衡二者之间的矛盾，还会有问题吗？如果产品经理是管理岗位，必然既有优势也有劣势，我们不妨从优劣势的对比中寻找现象背后的本质。

优势在于：

管理岗位利于拥有话语权。不知你是否同意，对产品经理最大的激励是成就感。国内很多公司的现状是，没有职权就没有话语权。当产品经理不是管理者的时候，很可能就成了一个实现别人观点的执行者，甚至出现"外行领导内行"的局面，这样怎么会有成就感？解决这一问题的方法是：我们可以培养"专业的人做专业的事"的价值观，让产品经理在他熟悉的业务领域拥有话语权。

管理岗位利于获取信息。现实中，公司里很多重要信息都是自上而下传递的，如果能参与管理会议，就可以掌握先机。产品经理需要做很多决策，而决策失误的一个重大原因就是信息不充分。这个问题也有很多办法解决，比如部分重要信息可以通过用户调研、数据分析自下而上来传递，又如让重要的非管理人员参与管理会议的业务讨论。

管理岗位利于争取资源。跨团队沟通是一件很麻烦的事情，如果你是一个有权力的管理者，做事也挺靠谱，那么"专制""独裁"是最高效的手段。在争取资源的时候，至少有保底的招数——行政命令。从这点我们可以发现，如果产品经理有临时的资源支配权，也可以解决大部分问题。

劣势在于：

管理岗位有很多行政工作。这些工作会占据产品经理大量的时间。而产品经理最能产生效益的工作都是与产品直接有关的。无论在产品生命周期的哪个阶段，跨部门沟通、做规划、跟进项目、接触用户、分析数据等工作都已经忙不过来，如果再来一块"官场"有关的事务，那必定不堪重负。所以，我们应该让产品经理"对事负责"、对业务负责，而其他的一些事务性工作，不妨留给其他管理岗位的同事。

管理岗位会让人脱离群众。一方面是自己的心态问题，认为自己高人一等就会有意无意地忽视别人的意见。如果产品经理把各种评审会上的正常争论认为是对自己权威的挑战，对产品的打击将是致命的，久而久之大家甚至都不愿意和你讨论。另一方面是因为

"官"与"民"之间总有隔阂。我待过的团队，一定有一个全团队的旺旺群，也一定有一个全团队除了主管之外所有人的旺旺群。很多时候大家对一个管理者的观点有异议，也没法像对普通同事一样直接提出，很多可以帮助产品提升的机会就在这些掂量中白白溜走。从这点上看，产品经理不在管理岗位上会比较有利于工作。

这样看来，其实产品经理是不是管理者并不重要，重要的是公司应该创造出一个良好的环境，让上述几点优势可以发扬，劣势可以避免。这样产品经理才能发挥出最大的作用。比如：公司可以设计管理、专业两条晋升线路，让优秀的产品经理在专业线路上拥有更高级别；让产品经理对产品、业务的决策有充分的话语权；让产品经理参与管理会议的业务讨论；让产品经理拥有临时的资源支配权，并给管理层提供团队成员的考核建议；但不让产品经理负责管理者的行政工作，而是继续和同事打成一片，用产品证明自己。

如何让团队更开心

2009年的时候，我对社会心理学产生了浓厚的兴趣，在这期间看了一本书，叫《别做正常的傻瓜》，它揭示了人们在工作和生活中熟视无睹的决策误区，并教你如何纠正。这本书中的第9章，题目是"你想让朋友和员工更开心吗——赠送礼物和激励员工的艺术"，给了我很多启发，与大家分享一下。

"大中之小"不如"小中之大"：送礼的时候，在一个不太昂贵的礼物类别中选择一个比较贵的礼物，要比在一个比较昂贵的礼物类别里选一个比较便宜的礼物效果更好。比如送一条1000块钱的围巾效果好于送一件1200块钱的衣服，我们应该尽量找一些高级的小玩意儿。

有用的不如无用的：最好的礼物应该是吃不掉、用不掉、送不掉也扔不掉的东西，比如有纪念意义的水晶奖杯，刻上他的名字。千万不要送几瓶酒、几条烟，因为这些能喝掉、能抽掉、能送掉。

需要的不如想要的：应该把人们想买却舍不得买或者想买却不好意思买的东西作为礼物或奖励。比如五星级酒店1000块钱一顿的高档餐券就能带来更多的心理满足感。

有选择不如无选择：奖励或送礼的时候最好不要让接受奖励或礼物的人自己选择。不然的话他会有"我放弃了另外一种选择，患得患失反而不开心"，经典反例就是：奖励团队"海南游"或每人"现金2000元"。

小奖不如没奖：人们做事往往是由自己的内在动力驱动的，一旦与奖励挂钩，就变成了一个经济交易，做事的人会开始衡量投入产出的物质性价比，所以小奖反而不如没奖。惩罚也是如此，受到小的惩罚后反而会让人感觉心安理得，还不如没有惩罚。

晚说不如早说：在期待的过程中，让员工的快乐最大化，从而增强激励的效果；让朋友在期待的过程中提前享受到礼物所带来的欢愉。比如尽早宣布奖励大家去海南玩，如果可能的话，在项目开始前就给出承诺。

一次送不如两次送：如果你打算给别人两件礼物的话，那么最好分两次给，因为快乐也是边际效用递减的。同样的道理，好消息要分两次说，坏消息要一起说，大的好消息与小的坏消息一起说，小的好消息与大的坏消息分开说。

公开不如不公开：工资体系最好还是不公开的好，以避免员工互相比较而心理不平衡，以至于需要用涨工资的方式来进行协调，最终会导致整体工资水平的提高。

涨工资不如发奖金：涨工资不如发奖金给员工带来的快乐大。同时，发奖金有比较大的回旋余地。发奖金是一次性的，涨工资是长期的，涨了就不好降回去，从第二个月开始，涨工资的激励效果就微乎其微，而这类物质激励的效用期又比较短，二者孰优孰劣一目了然。

要记住，奖励或送礼的目的并不是礼物能给对方多大的效用，而是要让对方开心，并且感激和记住你。

跟着我，有肉吃

当我对团队有了一些认识之后，就更加强化了自己是产品主人的认识。再看一眼本章里提到的各种职责，如图 4-28 所示，要让这么多人跟着自己走，就必须找准方向。说服了自己，才能说服大家，让大家激动起来。

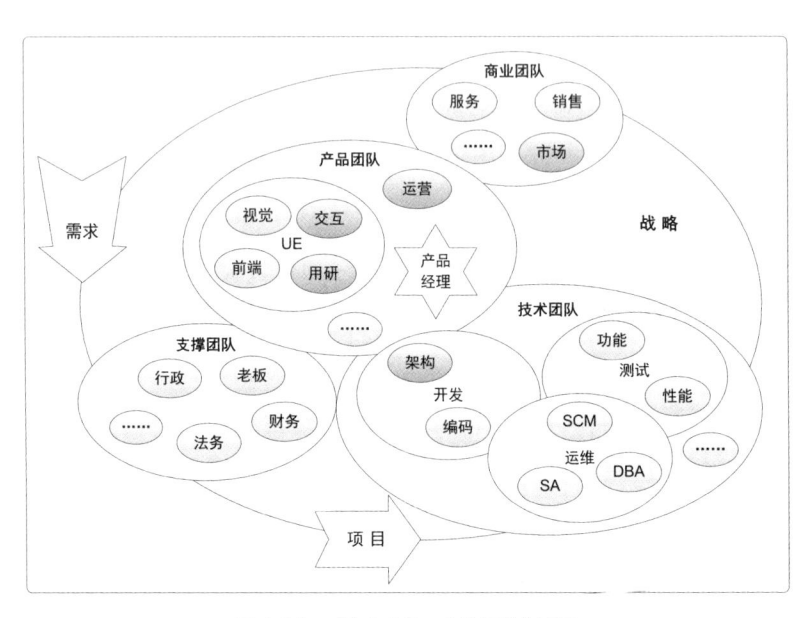

图 4-28 "我的产品，我的团队"详图

要想"我的产品"好，就要对"我的团队"好。其实也很简单，只要与成员们成为朋友，没事多聊聊天，多帮团队争取利益就可以了。最后分享一封"魔方计划"项目发布后不久，我拿项目经费组织的一次团队活动的邮件。

发送时间：2009 年 4 月 10 日 12:00

主题：魔方计划项目团队活动啦～～～

Hi all，魔方计划项目已经顺利发布，大家期待已久的活动也将于明天进行。

活动安排如下：

1. 上午大家可以睡个懒觉，起床后自行前往"清溪余韵"。

a）地址：下茅家埠 12 号，都景生故居旁，醉白楼附近，公交茅家埠站附近（Y3、Y6、Y2、27 路公交都到），大方向在杨公堤以西不远，龙井路上。

b）中午农家饭，下午喝茶、棋牌、聊天……

c）建议大家 11 点之前到，考虑到必然有人会没吃早饭，所以我们开饭会早些，大约 11:30。

（清溪余韵的美景图片与介绍）

2. 晚饭去东方威尼斯吃中西海鲜自助。

a）地址：文二路 387 号，就在文二路万唐路口附近，3F，威尼斯国际 V2 自助餐厅。

b）赶早，17:30 开场，大部队直接从"清溪余韵"杀过去，零星的同学自行前往。

（东方威尼斯的美食图片与介绍）

热线电话：137****2411（苏杰），大家有问题随时骚扰，☺

在群里的同学都会收到邮件，不能去的就过过眼瘾，找个墙角蹲着画圈圈吧……

当听到大家说"跟着你，有肉吃"的时候，你会比自己吃肉更开心。

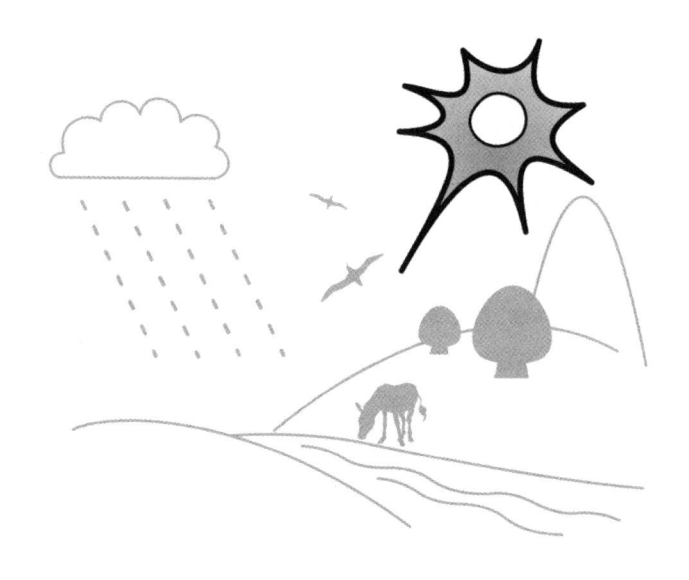

第 5 章

别让灵魂跟不上脚步

在动植物的帮助下,水汽通过云、雨、河流形成了循环,可是,它们的原动力其实是阳光,因为"万物生长靠太阳"。

第 5 章　别让灵魂跟不上脚步 / 207

- 5.1 触及产品的灵魂 / 209
    - 以价值观为根基 / 210
    - 战略是怎么炼成的 / 211
    - 培养大局观 / 213
- 5.2 可行性分析三部曲 / 214
    - 5.2.1 我们在哪儿 / 214
        - 从市场扫描开始 / 214
        - 真实的竞争对手分析 / 215
        - 深刻的自我剖析 / 216
    - 5.2.2 我们去哪儿 / 217
        - 宏观上的用户需求 / 217
        - 物流平台的案例 / 220
    - 5.2.3 我们怎么去 / 221
        - 一次真实的产品预研 / 222
    - 5.2.4 低头走路，抬头看天 / 223
        - 我们急需靠谱的会议 / 223
        - 战略回顾会议 / 225
- 5.3 KPI、KPI、KPI / 227
    - "SMART" 并不 smart / 227
    - 多个目标间的权衡 / 228
    - 达摩克利斯之剑 / 230

我做产品经理前两年所得的经验，总结成第 2~4 章与大家分享，分别是需求、项目、团队，但这些都是在确定要做某事的时候才需要考虑的，是"做多少""怎么做"这一类的问题，属于方法论的范畴。到了 2009 年，我开始考虑战略、寻找方向，这就是"做不做""做什么"的问题，进入了价值观的领域。

本章会先"触及产品的灵魂"，再"以价值观为根基"谈谈"战略是怎么炼成的"。

接下来，我要和同学们聊到"可行性分析三部曲"，实战化地描述如何分析"我们在哪儿""我们去哪儿""我们怎么去"三个问题。

想清楚方向以后，就可以准备出发。在前进的路上，各种规划、计划让我们"一切尽在掌握"，除了"低头走路，抬头看天"也很重要，会议就是一种"看天"的方法，所以"我们急需靠谱的会议"。

最后，说一下我对悬在头上的"达摩克利斯之剑"——KPI[1]的理解。它不仅仅是一个数字，而且可以体现公司的价值观、战略等，充分理解了这些以后，我们心中再默念"KPI、KPI、KPI"的时候，也许会有别样的心情。

5.1 触及产品的灵魂

我觉得做产品经理、PD，或者说产品设计师都有三层境界：

第一层，产品帮助我们。这时候，我们的思想还不是很成熟，对于做什么样的产品只能被动接受安排，但是可以在做的过程中迅速提高自己各方面的能力。

第二层，产品与我们互相帮助、共同提高。我们仍然离不开产品，不同于第一层的是，这时候产品也离不开我们了。

第三层，我们帮助产品。我们开始占据主导地位，能够帮助产品开拓局面。如果我们觉得高层的方向不对，也有能力和意愿去寻找，甚至创造自己信仰的产品。

到了做产品的第三年，虽然我还经常被产品帮助，但大体上处于第二层，并且可以做一些探路的工作，引导产品的方向，于是，我渐渐地触及了产品的灵魂。

---

1 KPI，即 Key Performance Indicator，关键业绩指标，它是在分解企业战略目标的基础上，分析各子目标与主要业务的联系之后提出的。

有些产品设计师经常脱离产品的战略来讨论设计的优劣，不去了解设计目的就评价用户体验的好坏，我认为这样是很没道理的。某些让你觉得很糟糕的设计，也许是设计者为了特定的目的故意为之，你得试着站在设计者角度多想一分钟，多问几个为什么。

举个例子，当产品设计师们在争论某个按钮到底应该大还是小的时候，我们就应该从商业目的，或者说战略目的出发来进行判断：是希望引导用户点击呢，还是希望用户尽量不要点击？比如"退出"按钮，一般我们就不希望用户去点。

而当设计师们说我们做产品要易用的时候，你也可以站在更高一层想，我们真的希望产品的所有功能都易用吗？比如某些难度很高的游戏，故意设计得处处都是陷阱，让玩家反复尝试，从而在过关后产生更大的满足感；又如某些危险性很高的仪器，需要反复确认重要操作，甚至需要多人共同操作，"难以上手"反而成了真正的目的。

以价值观为根基

不论是个人还是公司，一定都有做不完的事，总处于忙碌之中。那么，必然有一些事情要被放弃，另一些事情要优先完成。于是，我们必然会碰到的问题就是"应该做什么？"，这个问题需要用价值观来回答[1]。那么什么是价值观呢？

价值观是社会成员用来评价行为、事物，以及从各种可能的目标中选择自己合意目标的准则。价值观通过人们的行为取向及对事物的评价、态度反映出来，是世界观的核心，是驱使人们行为的内部动力。它支配和调节一切社会行为，涉及社会生活的各个领域。

价值观是指一个人对周围客观事物（包括人、事、物）的意义、重要性的总评价和总看法。像这种对诸事物的看法和评价，以及各事物在心目中的主次、轻重的排列次序，组成了价值观体系。价值观和价值观体系是决定人们行为的心理基础。

由此可见，产品的灵魂或者企业的灵魂是什么，探到最深处，是由价值观（Value）决定的，而企业的价值观就是：

企业决策者对企业性质、目标、经营方式的取向做出的选择，是员工所接受的共同观念，是长期积淀的产物。

有了"应该做什么、不做什么"的根本指引，就有了一切讨论的根基。比如，很多公司都会有一些很厉害的销售人员，他们可以为公司创造巨大的利润，但同时也会用一些上不了台面的手段，这时候，对于这类员工的去留，公司里往往会分为两派。与其争论这位

---

[1] 延伸阅读：《人人都是产品经理（思维版）：泛产品经理的精进之路》第4章产品原则的相关小节。

员工创造的利润是否能弥补其造成的负面影响，倒不如直接想一下公司的价值观。可以说，无论对个人还是企业，如果能秉持价值观行事，无论成败，都会很安心。

战略是怎么炼成的

有价值观（Value）作为企业做事的最基本指导原则之后，我们需要思考公司或产品的使命（Mission）和愿景（Vision）。使命是指"我们为什么而存在，要做什么事情"，它必须是一个持久的事实。而愿景是说"我们希望成为什么"，它需要由组织内部成员来制定，借由团队讨论，获得组织一致的共识，并形成大家愿意全力以赴的未来方向。这些是我们做事的驱动力。

我举个自己最熟悉的例子，阿里巴巴用了很多的精力来做这方面的工作。早在公司只有数百人的时候，就有专门关于价值观、使命、愿景的讨论，并且在对员工的考核上，也一直坚持"业绩 + 价值观"并重的独特方法[1]。

阿里巴巴的价值观：

- **客户第一**：关注客户的关注点，为客户提供建议和资讯，帮助客户成长。
- **团队合作**：共享共担，以小我完成大我。
- **拥抱变化**：突破自我，迎接变化。
- **诚信**：诚实正直，信守承诺。
- **激情**：永不言弃，乐观向上。
- **敬业**：以专业的态度和平常的心态做非凡的事情。

它们指导我们的一切行为，是阿里人 DNA 的重要部分。在有关雇用、培训和绩效评估等公司的管理系统中都融入了这六个核心价值观，其结构如图 5-1 所示。

图 5-1 阿里巴巴的价值观

---

[1] 以下这些内容，将来一定会发生改变，这里只是 2010 年左右的"快照"。

阿里巴巴的使命：

让天下没有难做的生意。

阿里巴巴愿景：

1. 成为一家持续发展 102 年的公司。

2. 成为全球最大的电子商务服务提供商。

3. 成为全球最佳雇主公司。

价值观没有对错，一个企业把"客户""员工""股东"中的哪个放在第一位，都不妨碍它的成功，与阿里巴巴旗帜鲜明地说"客户第一"不同，惠普的价值观就是"员工第一"。企业价值观与个人价值观是否符合，是高层次人才选择公司的一大标准，记得有一个朋友收到猎头挖他来阿里巴巴的电话之后，很快就找我要阿里巴巴公司的价值观和企业文化等资料，然后自己研究，这种做法着实让我非常敬佩。

在明确了上述概念之后，一家企业才可能清晰地确定公司战略。否则，徒有战略却没有价值观、使命和愿景的公司，是无法将战略落实到位的。

回想一下 4.1.1 节里提到的"空间之大"，在决定产品成就的"商业、产品、技术"的背后，一定有一个"三位一体"的内核。这就是产品的灵魂——战略。它取决于公司的愿景与使命，表现为团队文化与企业价值观。它受到公司高层的影响，反过来又体现在公司里的每一个部门、每一个人身上。

之后，企业需要制定相应的流程规范、组织结构、IT 系统、激励机制等保证战略的实施。下面继续用阿里巴巴的例子来说明。

为了让"天下没有难做的生意"，阿里巴巴的所有子公司、业务都是围绕中小企业电子商务这个主题展开的。阿里巴巴集团先后开展或成立过以下这些业务及子公司：1. 阿里巴巴 B2B[1]，解决内贸和外贸的批发问题；2. 淘宝，解决 B2C[2] 和 C2C[3] 的零售问题；3. 支付宝，解决电子商务中的支付、诚信问题；4. 阿里软件，解决中小企业的软件需求；5. 阿里学院，解决中小企业的人才需求；6. 阿里金融，解决中小企业的资金需求……这些业务及它们代表的子公司，有的成功有的失败，但它们共同支撑起了阿里巴巴的使命，到目前为止，阿里巴巴集团仍然在向着那个愿景不断前行。

---

1 B2B：Business to Business，指企业对企业的电子商务。

2 B2C：Business to Customer，指企业对个人的电子商务。

3 C2C：Customer to Customer，指个人对个人的电子商务。

有了公司战略之后，进一步就是产品战略，具体怎么定，等到 5.2 节里我们慢慢说。

培养大局观

参与到战略讨论的过程中后，我越来越体会到"大局观"的重要性。

我们作为一线员工，绝大多数时候只能执行战略，但在我们感觉战略有问题或有更好的方向时，不妨去找老板们聊一下。这种情况下更有可能是因为我们了解到的信息比老板少，考虑问题比老板简单，所以做出了不同的判断。以请教的口吻找高手解惑，本身就是一件对自己提升很大的事情，如果碰巧发现真的是我们对了，那更是一次惊喜。

此外，我不否认有帕累托改进[1]，但绝大多现实工作中的情形是"有得必有失"。如果你发现做一个改变只有好处没有坏处，那很可能是你站得低看得近，或者说你考虑到的"全部"只是更大系统里的一部分，"坏处"会在其他部分体现出来。这时候你应该找一个站得高看得远的人讨论，会比较容易发现问题。

经常与高手讨论，更容易培养自己的大局观，可以用更广阔的视野看待问题。比如在做一个产品的过程中，我们发现用户群体和原先定义的目标用户不一样，说不定可以将错就错，跳出具体产品的设计实践来反思原计划中的目的，从而调整战略，只要不违背价值观，又有何妨。

2008 年年底我们通过数据分析发现：某产品的"非目标用户"已经占据了实际用户的大半部分，并且这个比例还有增高的趋势。暂不论原先的目标用户定义是否有问题、产品定位是否有问题、销售策略是否有问题……新发现的这批**"非目标用户"本身也许就是一个新的市场机会**。抛开手头的产品，我们的根本目标是做一个对中小企业有用的管理软件，而现有产品的"目标用户"只是当初找到的一个可能的群体。如果在卖的过程中发现愿意付钱的一大半都不是原先定义的"目标用户"，那么"来的都是客"，我们就要去研究他们、做他们需要的产品。

我推荐大家有机会看看"系统工程"[2]相关的知识，这对培养大局观很有好处，可以让我们在复杂的问题中理清头绪，既照顾全面，又不纠缠于细节，将有限的精力聚焦在我们真正在乎的关键问题上。

---

1 帕累托改进：在总资源不变的情况下，如果对某种资源配置状态进行调整，使一些人的境况得到改善，而其他人的状况至少不变坏，符合这一性质的调整被称为帕累托改进。
2 系统工程是为了更好地实现系统目的，而对系统的组成要素、组织结构、信息流、控制机构等进行分析研究的科学方法。它所研究的对象不限于特定的工程物质对象，可以是任何一种系统。

5.2 可行性分析三部曲

制订产品战略,在项目管理里要做"可行性分析",属于产品设计层次的"战略层",在公司层面可能叫"战略规划"。完成可行性分析也只是决定了"做不做",还完全没有到"做多少""怎么做"的阶段。而可行性分析的思路可以简化成三步:第一,我们在哪儿;第二,我们去哪儿;第三,我们怎么去。

和大多数方法的步骤一样,这三步本身也有互相交叉、循环迭代的特点。

5.2.1 我们在哪儿

"我们在哪儿"是应该最先考虑的,但很容易被忽略,我们习惯一开始就定目标,但是在不知道现在在哪儿的情况下,定的目的地其实都是非理性的。比如你一直居住在杭州,决定在某个周末去旅游。如果仅有两天的假期,旅游的目的地选哪里好呢?思来想去还是觉得去千岛湖[1]吃鱼头,或者去天目山[2]吃本鸡煲最合适。这时你心里很清楚"我在杭州"这个前提。

确定"我们在哪儿"要做的工作,除了上文提到的确定公司的"价值观、使命、愿景",还要采集并分析关于公司、市场、竞争对手现状的各种背景信息。

接下来,我们具体谈三个话题:整个行业如何——市场扫描;竞争对手如何——竞品分析;自己情况如何——自我分析。

从市场扫描开始

本书的第 2 章首先从需求采集方面开始谈起,但在需求采集的环节,我们已经决定好了"要做什么产品"。在做出这一决定前,我们要去接触用户,即市场扫描,针对整个行业做系统分析。这个市场扫描的过程一般也是新产品的"预研"阶段。

一个常用的市场扫描方法叫作 PEST 分析,分别分析产品在政治法律环境(Political Factor)、经济人口环境(Economic Factor)、社会文化环境(Social Factor)、技术环境(Technological Factor)四个方面所面临的机会和威胁。在这个方法里,一些主要的细分因素如表 5-1 所示。

---

[1] 千岛湖,即新安江水库,位于浙江省杭州市淳安县境内。
[2] 天目山,地处浙江省杭州市西北部临安区境内。

表5-1 PEST分析的细分因素

政治法律环境	经济人口环境	社会文化环境	技术环境
国际关系	宏观经济政策	风俗习惯	自然地理因素
政治干预	经济基础结构	审美观念	科学技术发展
方针政策	国家经济形势	宗教信仰	
政治局势	经济发展水平	价值观念	
国体与政体	城市化程度	语言文字	
	储蓄与信贷	教育水平	
	消费结构		
	收入水平		
	人口变化		

举一些例子，比如说性工作者在荷兰是合法的，可以衍生出相应的产业，但是在中国就是非法的，这就是政治法律环境里的方针政策不允许；又如奢侈品行业，暂时就别考虑广大的农村市场了，因为经济人口环境里的收入水平制约了发展；再如在回民聚集区就不要开猪肉铺子，不但卖不出去，也许会带来人身危险，这就是社会文化环境里的宗教信仰不允许；再如我们希望能在几分钟内从上海到达北京，可是这还没从科幻变成现实，是技术环境里的科学技术发展尚未到位。我们只有通过宏观层面的PEST分析，发现涉足某个行业是可行的，才可以继续下去。

真实的竞争对手分析

市场扫描让我们看清了整个行业，接下来需要看一下这个行业里有哪些竞争对手。俗话说得好，"小的成功靠朋友，大的成功靠对手"。对手的存在，让我们不敢停歇、必须直视自己的弱点，所以对手其实是对我们成长最有帮助的角色。

竞争对手分析也叫竞品分析[1]。从产品确定进入市场以后，我们就应该不停地做竞争对手分析，这一分析不能只停留在产品设计之前，还应在研发当中及发布之后持续开展。所谓"知己知彼"，才能"百战不殆"。作为产品经理，我们一定要了解自己将要做的东西，这样才不至于自鸣得意地做出一个东西来，却发现市场上早已经有了，或者发现市场上没有是因为已经被淘汰……

---

[1] 延伸阅读：《人人都是产品经理（创新版）》第2章中关于竞品分析的具体章节。。

在实际工作中，我一般以经典的$APPEALS 分析法[1]作为指导方针，来开展竞争对手分析。实战的做法有如下几种。

首先，上网海量搜索与要做的东西相似的产品[延伸阅读17]，一般来说总能找到不少。我们可以先通过它们的网站资料对该产品进行简单了解；再通过试用这些产品，看看其功能列表；也可以假装成用户，打电话过去和对手的客服、销售套瓷。

我们也会看行业分析报告，其实这是一种很好的二手资料，也是一个常见的需求来源。这种报告一般都有各款产品的市场占有率对比、简单的功能对比、用户的人口统计特征、潜在的需求分析、对未来几年市场容量的预测等内容。在查看此类报告时，我们还要注意辨明报告发布机构以及作者的可信度。

偶尔我们也会请一些咨询公司来帮我们做调研。对我们来说，这种调研方式能省不少事。但其弊端是咨询公司收费一般都很贵，而且工作周期较长，在信息不完备的情况下，也不太能保证结果有效。

上述的三种方式都是为了收集尽可能多的、对的信息，进而做出尽可能正确的决策。在资源极其有限的情况下，我们还是得靠公司里一些经验丰富的前辈来"拍脑袋"做决定——这也不失为一种可以一试的信息收集方式。

深刻的自我剖析

在完成了市场扫描、竞争对手分析以后，还需要进行自我剖析。至此，产品实体还不存在，所以我们的剖析是针对公司的：公司有什么行业积累、技术积累？有哪些缺点、不足等？换言之，是想清楚"这件事为什么由我们来做"这个问题。针对这一问题，常用的方法是 SWOT 分析，下面我们先看一段介绍文字：

> 在现在的战略规划报告里，SWOT 分析是一个众所周知的工具，它源自麦肯锡咨询公司，它会对企业的优势（Strength）、劣势（Weakness）、机会（Opportunity）和威胁（Threat）进行分析。SWOT 分析实际上是对企业内外部条件各方面内容进行综合和概括，进而分析组织的优劣势、面临的机会和威胁。SWOT 分析可以帮助企业把资源聚集在自己的强项和有最多机会的地方。

这里我举个应届生求职的 SWOT 分析的例子，如图 5-2 所示。在此例子中，为了直观展示 SWOT 分析的特点，我仅列举了一些比较典型的条目来对应图里的优势、劣势、机

---

[1] $APPEALS 分析法，是从如下八个方面入手来全面比较不同产品的，它们分别是：$——产品价格（Price）；A——可获得性（Availability）；P——包装（Packaging）；P——性能（Performance）；E——易用性（Ease of use）；A——保证程度（Assurance）；L——生命周期成本（Life cycle of cost）；S——社会接受程度（Social acceptance），每一条里面又有若干细项，可以查阅相关资料。

会和威胁这四要素。在实际操作中,我们可以根据自身和公司的实际情况,列出更多、更具体、更细化的条目,以供分析。

优势	劣势
有激情 不在乎薪水	没经验 短期内做不出贡献
机会	威胁
重视人才贮备 的公司越来越多	大多数情况下,公司 更喜欢能直接上岗的员工

图 5-2 SWOT 分析举例

5.2.2 我们去哪儿

明确了"我们在哪儿"这个起点之后,下一步就要思考"我们去哪儿",即目的地在哪里?"去哪儿"的问题对应了我们工作中几个典型的问题:细分市场是什么?目标用户是谁?我们要解决他们的什么问题、满足他们的什么需求?

综合考虑包括细分市场、目标用户、产品定位在内的各种因素后,我们可以确定各方面的目标。至此,"起点"和"目的地"都定下来了。

大家可能也体会到了,"我们在哪儿"与"我们去哪儿"这两个问题是互相牵制的,往往可以一起提出、一起思考。我们能做的事情很多,但关键在于要找到最适合自己的那桩事。

宏观上的用户需求

宏观上的用户需求,是指某一个目标用户群体面临的问题是什么(此处的宏观用户需求与第 2 章中的用户需求有本质区别)。对宏观用户需求的分析并不涉及具体的产品或功能,也可以把这一分析视为对细分市场和目标用户的选择。比如针对个人用户,可以根据地域、年龄层次、收入水平等因素来划分;针对企业用户,可以根据员工人数、年收入、所属行业等因素来划分。通过这些划分,我们找到有机会切入的小市场。

简单说个 2C 的例子,个人用户获取新闻信息,有的场景下习惯于看电视听广播(被动、千篇一律),有的场景下习惯于用搜索引擎(主动、千人千面),有的场景下习惯于用推荐引擎(被动、千人千面)。

我做过的产品大多是为了满足中小企业用户对电子商务软件的需求。在此,我将自己的工作心得与一些前辈的经验结合起来,与大家分享一下我对中国中小企业电子商务软件需求层次的理解，每一个层次上的人群，都是不同的细分市场，也对应着不同的产品。

第一层人群，仅仅听说过"电子商务"，本能驱使着去做些什么。

某些中小企业的老板会为了赶潮流而做一些基础网络设施建设，但并没有用起来，这些设施也无法产生效益。这是因为老板看到别人名片上都有公司网址、E-mail，感觉自己没有会显得很土。这种网站常年不更新，只有一些静态内容，包括企业介绍、产品介绍、联系方式等。而老板可能只是在网站刚建好的时候去看过一两次[1]。

第二层人群，体会到电子商务的真正价值。

老板们真正理解了电子商务的意义，开始有目的地做一些动作，最典型的表现是购买网络推广、使用电子邮箱等。老板们在闲聊时听说谁又通过网上谈成了一笔生意，这让大家意识到网站确实是一个宣传自己产品的好地方，而不只是一个摆设，所以他们会找到经销商，要求买一些百度、谷歌的推广，或者去阿里巴巴留下点信息。

同时，不少老板意识到电子邮箱的作用，特别是外贸交易，电子邮箱是必须的。而一直用 sina、163 这种后缀的免费邮箱似乎显得太掉价了，所以开始有了企业邮箱的需求。

第三层人群，出现"开源"主导的管理需求。

访问企业网站的人越来越多了，也谈成了几笔生意。老板和员工们"群情激奋"，开始琢磨怎样才能让"明天会更好"。是等待访问者主动找到联系方式再打来电话，还是主动出击？于是"在线客服"出现了。老板会安排一个员工守在电脑前，一有人来访问就聊上几句。

再进一步，老板们又发现新的问题，各种推广到底哪种好？于是和推广配套的统计分析工具、SEO[2]的服务出现了，这些工具让中小企业更清楚地看到电子商务的效果，并给他们提供了改进电子商务的方向。"开源"主导的管理，关键点是把"访客变客户""流量变销量"。这时候，中小企业最在乎的还是获得更多的订单、更多的客户。

第四层人群，出现"节流"主导的管理需求。

随着"开源"式电子商务管理做得越来越好，订单和客户也越来越多。用小本子或者 Excel 来记录客户与订单信息已经满足不了需求，自然而然产生了大家耳熟能详的 CRM[3]需

---

1 在自媒体流行后，建网站的热潮变成了创建微博企业号、微信公众号等。
2 SEO：Search Engine Optimization，译为搜索引擎优化，为近年来较为流行的网络营销方式，主要目的是增加特定关键字的曝光率以增加网站的能见度，进而增加销售的机会。
3 CRM：Customer Relationship Management，指客户关系管理软件。

求。CRM 也可以看作"开源节流"两手抓的管理软件：一手"开源"新客户，一手"节流"老客户。同时，大家又发现了进销存软件可以管理订单、库存，财务软件可以管理资金……

再往后，公司越来越大，产生了多人协同办公的需求。上述的这些管理工具如果全都放在网上，对信息的共享有很大帮助。日常办公也越来越依赖电子化，所以 OA[1]、SCM[2]、HRM[3]等软件都相继出现了。从这里开始，电子商务开始融入日常工作。当然一个企业不可能同时使用这么多套系统，往往会根据自己的需要选择一部分。这个层面的实施需要相当多的资源，管理层意识也需要有相应的提升，对企业实力是一个极大的考验。跨过这一步，应该就不再是我们的目标用户——中小企业了。

第五层人群，经过应用整合后，整个企业处处都是电子商务。

把上述提到的各个系统进行有效的整合，得到的就是 ERP[4] 系统。联想的柳传志说："上 ERP 找死，不上 ERP 等死"，这里引用 iResearch[5] 报告中的一句话来理解 ERP 系统的形态：

信息化应用的最高阶段，就是企业利用现代信息技术，通过信息资源的深入开发和广泛利用，不断提高企业从内部管理到外部沟通环节的效率和水平，进而提高企业经济效益和企业竞争力。

上述宏观的用户需求时刻指引着我们做产品的方向，可以说阿里巴巴的每一个产品，都是在满足特定层次人群的需求，比如企业建站服务是满足第一层，客户关系管理系统是满足第四层。获取宏观需求的方式，也与第 2 章提到的各种方法不同，更多是一些战略管理和市场细分的工具，比如**安索夫矩阵**、**BCG（Boston Consulting Group）矩阵**、**波特五力模型**、**GE 矩阵**、**战略地图**、**SPAN（Strategy Positioning Analysis）战略定位分析**、**价值链分析法**[6]等，有兴趣的读者可以在网上搜索阅读。我们应该灵活地应用方法，而不是为之所累，因为方法和工具的作用很有限，很多时候只是起到一个类似模板的作用，帮助我们理清思路而已。

1　OA：Office Automation，指办公自动化软件。
2　SCM：Supply Chain Management，指供应链管理软件。
3　HRM：Human Resource Management，指人力资源管理软件。
4　ERP：Enterprise Resource Planning，企业资源计划，指建立在信息技术基础上，以系统化的管理思想为企业决策层及员工提供决策运行手段的管理平台。
5　iResearch：一家专业研究咨询机构，专注于网络媒体、电子商务、网络游戏、无线增值等新经济领域，深入研究和了解消费者行为，并为网络行业及传统行业客户提供市场调查研究和战略咨询服务。
6　这些都是战略管理和市场细分的方法，实战中用得不多，不过其中的道理值得领悟。

下面再看一个物流平台的案例。

物流平台的案例

"这个世界上最大的数据传输带宽是一辆装满硬盘、在高速公路上飞奔的大卡车。"

——我大学时的一位计算机老师

阿里巴巴一直在做电子商务，而电子商务众所周知的"三流"是信息流、资金流、物流。在之前的一段时期内，阿里巴巴的前两者都已经初具规模了，但是在物流方面还有很多事情没有做。在 2007 年 3 月和 9 月，我参与过两次决定物流产品启动与否的预研。转眼多年过去了，回顾当时的预研过程，就是通过市场扫描、竞争对手分析、自我剖析和综合思考，回答了"我们在哪儿""我们去哪儿"两个问题。

2007 年 9 月的那次预研，涉及整个物流的产业链。我们先后走访了政府里负责运输管理的部门、某企业的自有车队、某运输公司、某仓库、某场站[1]，听取了业内资深人士的讲解后，最终画出一个简单的角色关系图，如图 5-3 所示，表明了产业链里各个角色的关系，图中粗线表示产业链的主流程。

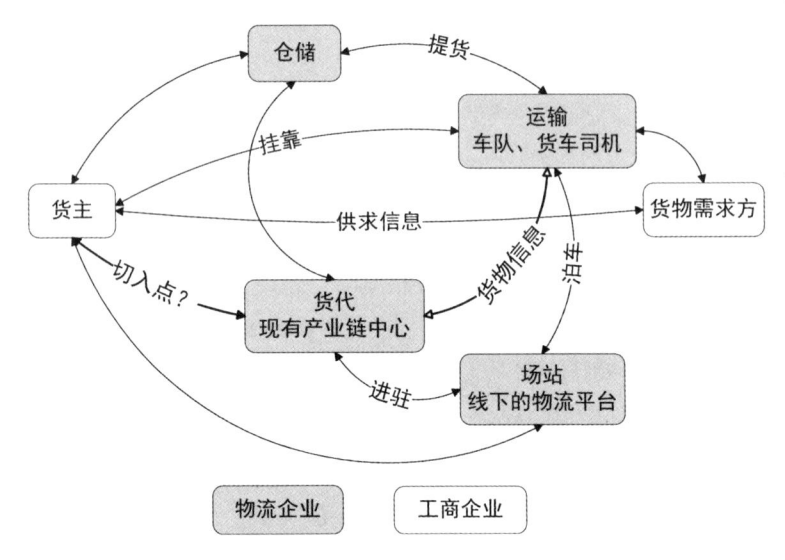

图 5-3 物流产业里的各种角色关系

先是涉及四大利益相关方：

- 政府：想要数据，特别需要监控特殊行业，如危险品运输。

---

1 场站是指货车的集中停放地，一般周边会有货物信息的集散地。

- 阿里巴巴：想搭个平台，终极目标是将物流全部信息化[1]。
- 工商企业："物流"这个商品的需求方。
- 物流企业：产业链的核心。

其中物流企业又分四大类，而且"一人分饰多角"的混合模式很普遍：

- 仓储：仓库。
- 运输：货车司机与车队。
- 场站：停车场。
- 货代：这是传统物流产业链的核心，掌握了关键的货物信息，知道有哪些货要从哪里运到哪里，也知道哪里有货车可以用。

经过分析，我们觉得自己的核心优势是对信息的整合管理能力，而前三类物流企业都是基于很专业的传统设施的，所以我们暂不参与，只提供信息化管理的方法。而对于"货代"来说，其所做的事情正是我们擅长的信息管理，也就意味着将来最可能成为竞争对手。调研工作让我们发现，"货代"是如此的强大和重要，而"运输"对信息化的接受度又如此之低，以至于一开始根本不能去挑战。我们觉得最可能的切入点是在"货代"与"货主"之间搭建物流平台，让这两者更好地交换信息。当然最终目标是取代"货代"，让有货的"货主"和有车的"运输"直接在平台上交易。但最后，我们通过分析，觉得时机仍然不成熟，市场和用户都还需要成长几年，所以这次预研并没有启动产品。

5.2.3　我们怎么去

想清楚了前两个问题，也就知道了"起点"与"目的地"。那么，接下来自然要考虑"我们怎么去"，也就是在"起点"和"目的地"之间能不能规划出可实施的路径、其成本是多少。在实际工作中，我们会遇到的典型问题是：用什么产品满足需求？产品的核心竞争力是什么？通过对这些问题的思考，我们可以逐渐勾画出将来产品的轮廓。

解决这个问题，浓缩成两个字就是"策略"，各种各样的"策略"：定价策略、推广策略、渠道策略、服务策略、财务策略、技术策略……各种正确的策略保证了我们是在"做正确的事"。

---

[1] 2013年，阿里巴巴牵头成立的菜鸟网络，从某种程度上说，是这件事情的延续。

一次真实的产品预研

2009 年 7 月,我所在的子公司 A 组织结构变动,我归属的事业部被划分到另外一家子公司 B。于是,我做的产品就需要考虑:在新情况下,这个产品如何与公司 B 现有产品整合以发挥最大作用。

这么大的题目,也许让人一下子就想到书本中的各种战略分析工具,但当时时间很紧,在这种状况下,我采用了如此这般的"山寨"做法:

首先,我觉得公司 B 的产品实在太多了,大大小小有几十个,必须先缩小范围。于是先把所有的产品筛选一遍,基本确定了三个相关性比较大的产品,然后仔细研究。

接下来,我找这三个产品的产品经理要了如下几个文档:

- **产品介绍的文档**。通常是 PPT,之前的筛选只是从用户的角度看表面,进一步了解就需要知道一些更深入的信息了,比如这个产品的愿景、定位、发展规划等。
- **Persona(用户画像)文档**。可惜只拿到一些用户调研报告,只能了解一下典型用户是什么样子的,和我们产品的用户差别有多大。这让我体会到,有形的 Persona 存在的意义:可能并不是让团队内部做产品的时候时刻想到用户,而是有新人进团队时,可以迅速了解用户、理解产品。
- **产品的试用账号密码**。把自己当作用户,进行产品试用,看帮助文档。
- **产品最近的运营数据**。了解对方产品近况,从数据中可以发现很多问题,比如最看重的数据指标是什么,为什么看重这个;最近几个月哪个指标在恶化,背后的原因是什么。这类数据通常比较机密,可能需要通过双方老板,甚至老板的老板才能拿到。

在上述过程中,碰到疑惑时我都先记下来。即使在自己感觉对产品本身了解得比较充分后,我心里还是充满了各种疑问。这时候,我觉得自己可以与对方的产品经理聊聊,去寻找一些答案了。

至此,收集、整理、理解各种信息的工作暂时告一段落。接下来,我开始考虑双方产品的各种整合方案及其利弊。这时要考虑到所有利益相关方:产品用户、公司本身(包括自己的产品、对方的产品)、整个市场(包括竞争对手)等。基于对这些利益相关方的考查,我通过 SWOT 分析,得出了最后的结论。

有时候做类似预研我们会感到"怎么做都发现问题有很多",但又不能对老板说"我们啥也别做了"，只好"多害相权取其轻"，选定一个方向，给出几个备选方案跟老板汇报。当然，在老板拍板之前，一切都还没有逃出"做不做"的范畴。

5.2.4 低头走路，抬头看天

我们在从起点通往目的地的路上大踏步地前进，除了"低头走路"，还要"抬头看天"，这就是所谓的里程碑、检查点。早在前几章聊需求和项目的时候，就反复提到过各种会议，需求讨论会、产品会议、Kick Off 会议、各种评审会……其实会议的本质就是为了让群体进行沟通和小结。通过会议，我们可以回想一下前一段路上的得失，从而修正方向，以便下一段路程走得更好。

但是，一听到"开会"这两个字，很多人都会头皮发麻，有很多苦水想倒。没错，大家都很痛苦，所以我们急需靠谱的会议。

我们急需靠谱的会议

正式会议不是敏捷方法中的站立会议，或者两三个人在座位边、过道上的讨论，而需要找一间像模像样的会议室，并提前发出会议邀请。你对此一定有很多痛苦的回忆。接下来，我们从会议组织者的角度来看看怎样减少痛苦。

首先，最重要的是明确目的，其实开会和做产品是一样的，不要试图在一个会议中解决很多问题。就算你得召集两个参与者大部分相同的会议，我也建议你把它们分开。更好的做法是合理安排一个会议中的议题顺序，可以让部分人早点走或者晚点到。工作场景下的日常会议一般在十五分钟到两三个小时不等。

其次，会议前做好准备工作。资源方面的准备工作比较少，比如会议室、投影仪、白板、纸笔、网络等，视情况而定；人员方面的准备工作比较重要，确认好"必选"和"可选"的人员，不要遗漏，也不要邀请闲人。准备时我们需要把握"大会决定小事，小会决定大事"的原则，其中的"大小"指的是参会人数，比如全公司的会议，是没法对议题展开讨论的，只能传达信息。

会议的关键人物通常是最大的一个或几个老板，我们可以提前当面或电话告知一下，然后再发出会议邀请。会议邀请可以使用电子邮件发送；而发送时间，日常会议提前 24～72 小时比较合适，视具体情况决定。邀请的邮件需要注明会议的时间、地点、议程，以及每一项议程的估计时长，并且附上需要讨论的文档初稿，保证与会者有足够的时间阅读并思考。每个与会者也最好带着问题参加，因为会议低效的一大原因是很多人在会上才第一次查看相关文档。关键人物更是要重点照顾，不但得把邮件发给他，还要确认他已经收到邮件、附件能打开、图片能显示……目的是争取提前与他讨论关键议题。确认工作时最好面谈，并且对会议内容达成一致，这样会上就能节省很多时间和精力。只要这些准备都做好，会议本身就不会痛苦了，正所谓"要想让会议不流于形式，就要把会议本身变成形式"。

在会议过程中，我们还要做好这些工作：会前再次确认关键人物是否到会；再次确认各种资源是否已经准备好，比如确定网络可用、马克笔能写等。如有必要还可以设定迟到等待时长，一般等 5 分钟是极限，还可以想出合适的惩罚规则，避免大家都迟到的情况发生。

会议要有明确的主持人和记录人，对于普通规模的会议，两者可以是同一个人。主持人主要掌握整体时间进度、控制每个人的发言时间、均衡发言机会、保证议题不走偏。记录人要如实做好记录，特别是"会议决议"与"遗留问题"。

所有议题尽量在会上达成一致，给出"会议决议"，实在无法决定的议题可以作为"遗留问题"。更详细的有关会议讨论的规则，可以参考《罗伯特议事规则》[1]。这本书里提出了一个简单实用的民主集中原则，即"所有人提供意见、少数人讨论、一个人拍板"，它也是综合了"效率与公平"的一种很好的实践。

最后，在会议结束后，我们尽量在 24 小时内发出会议总结邮件，收件人是所有与会者，抄送给所有与会者的老板，让老板们看到手下干的活儿，也让与会者知道老板们会关注。会议记录中要有"时间、地点、主持人、记录人、议程信息"，更关键的是要有"会议决议"与"遗留问题"。会议决议是会上大家确认过的决策，写明是谁最终拍板的，其实也是增加他反悔的成本。形成习惯以后，大家才能都清楚决议的严肃性，并且保证后续动作的连贯。遗留问题要描述清楚是什么问题、谁负责解决。负责人一定只能是一个人，还需要写明这个人承诺解决的时间点。会议中讨论过的相关文档有更新时，也应该补充发出。表 5-2 是我们团队使用的会议记录模板，以供参考。

这一套会议流程执行下来还有个好处：让缺席会议的人可以通过会议前和会议后的两封邮件大概了解到会议的主要情况。最后有兴趣的读者，可以再回头看看我写过的几个目的各不相同的会议实例：比如 2.2.1 节中那场持续半天时间，需要提前邀约用户、布置会场的用户大会；3.2 节中 15 分钟左右的项目 Kick Off 会议；3.3.2 节中 1~3 小时的需求评审会，等等。

---

1 这是一本经典、全面、权威的议事规则工具书，附录有简单介绍。

表 5-2 会议记录的模板

发件人：会议记录者			
收件人：会议参与者			
抄送：其他相关人员，如参与者的直接老板			
会议记录：<会议主题>			
时间	<yyyy-mm-dd>，上午/下午	地点	
主持人		记录员	
参与人员			
讨论内容			
1			
2			
会议决议（只是告知的内容，无后续动作）			
1			
2			
遗留问题与行动方案（有后续动作的内容，标明负责人与解决时间点）			
序号	负责人	时间点	内容
1			
2			

战略回顾会议

俗话说"高层定向、中层分解、基层执行"，务虚的战略会议是由经验丰富的人在掌握了极多信息的基础上做出预测与判断，并不只是海阔天空地闲谈。只有这样"找出问题、发现机会"的过程才能真正体现出人的价值。从某种程度上讲，这才是最不可替代的事情。

我曾有幸看到公司的《历届战略会议回顾》，这是很多年来积累的会议记录，对我有很大帮助。比如某些事情当时没想通，并做了一些猜测，读完回顾后都找到了出处。例如通过 2007 年的某次战略会回顾，让我在时隔两年后知道了当初有关物流的一些调研情况及其历史背景，很有意思。

如何准备战略回顾会议上的演示，总体来说我觉得可以分为以下四部分，共 13 个问题。

第一部分：

1. 上次会议讨论的重点问题是什么？
2. 关于这些问题我们达成了哪些一致意见？
3. 上次会议中哪些问题由于缺乏信息考证、具有不确定因素等原因而未能解决？
4. 上次会议中哪些执行计划通过了？对于这些执行计划有哪些主要设想？

上面 4 条都是在回顾上次会议中的信息，把大家带入状态，这些细化的问题可以让我们在做演示准备时不会漏掉任何重要的内容。

第二部分：

5. 自上次讨论会议后外部发生了哪些主要变化？
6. 自上次讨论会议后采取了哪些重要行动？这些行动对战略和财政产生了什么影响？
7. 自上次讨论会议后我们搜集了一些参考信息，根据这些信息考虑是否要对当初设想的执行计划做些调整？

继续回顾，但是重点变成了上次会议结束到本次会议开始这段时间内的问题。

第三部分：

8. 我们今天讨论的重点是什么？
9. 我们提议的执行计划是什么？最初的设想和决定的理由是什么？
10. 我们怎样实践这些设想和减少潜在的不确定因素？
11. 今天要讨论和做出的决定是什么？

回顾了这么多信息，我们要说明今天要做的事情是重中之重，每个问题都需要很多的工作来支撑。

第四部分：

12. 从上一轮的战略回顾中我们学到了什么？怎样在下一轮中学到更多？
13. 怎样改进战略回顾会议和会议进行方式？

持续改善，考虑如何将"战略回顾"这件事情做得更好。

因为上述会议的目的是"战略回顾",所以列出的提纲也是紧密围绕这个话题进行的。其他目的的会议也可以根据这个思路自行展开。

5.3　KPI、KPI、KPI

也许有人看到标题就眉头紧锁了吧。KPI 即 Key Performance Indicator,关键业绩指标,它是在分解企业战略目标的基础上分析并建立各子目标与主要业务的联系之后提出的。可见,KPI 是企业目标的具体表现,它不一定只是常见的营收、利润、用户数,也可以是客户投诉率、员工满意度、社会贡献等。

为什么要单独用一节来谈论这个话题?

因为企业战略往往很难让每一个员工都充分理解并为之奋斗,将企业战略自上而下地分解并设定每个基本战斗单位的 KPI,是一种很好的简化方案。它可以让每一名最基层的员工明白自己的奋斗目标。对企业来说,如果每个人都做好了,那么企业战略目标也就实现了。不可否认,阿里巴巴有着强烈的 KPI 文化,但这种便于简化管理的 KPI 制度也有它的弱点,我从 "SMART" 这个词慢慢说起。

"SMART" 并不 smart

某年年初我在新闻里看到这样一段话:

某医改方案的阶段目标是:到 xx 年,基本医疗保障制度**全面覆盖城乡居民**,基本医疗卫生可及性和服务水平**明显提高**,居民就医费用负担**明显减轻**,"看病难、看病贵"问题**明显缓解**。

一个"全面",三个"明显",它们给人想象的空间太大了,因此难以确定目标是否完成。对比一下我自己的规划:

项目发布 4 周后与项目发布时相比,每周访客数在 "70 到 700 之间" 的网站,访客转化率(具体定义略)提高到原来的 1.5 倍。

这才是符合 SMART 原则的目标,SMART 是指:

S 代表具体(Specific),指绩效考核要切中特定的工作指标,不能笼统。

M 代表可度量(Measurable),指绩效指标是数量化或者行为化的,验证这些绩效指标的数据或信息是可以获得的。

A 代表可实现(Attainable),指绩效指标在付出努力的情况下可以实现,避免设立过高或过低的目标。

R 代表现实性（Realistic），指绩效指标是实实在在的，可以证明和观察。

T 代表有时限（Time bound），完成绩效指标有特定的期限。

在确定指标的时候，从毫无头绪到实现"SMART"[1]，是一种巨大的进步，但是：

"你再怎么去客观地设计绩效体系，这个体系都无法真正地与你追求的目标画上等号，在这种情况下绩效体系越量化，越容易将团队成员带入追求绩效的数字游戏上，而忽视了真正的目标。"

远视者把目的当手段，近视者把手段当目的。原本 KPI 的量化只是一种实现目的的手段，是为了简化执行、简化管理、简化考核。但它总会被一些"糊涂蛋"无意曲解，被一些"聪明人"有意利用，或者一些管理者把 KPI 看作目的和获得物质利益的筹码，片面地追求数字，甚至不惜做违背企业大战略的事情[2]。

我想，不管是一个企业，还是一个人，他真正追求的东西，肯定是无法量化的，是一种"感觉"。所以最高明也是最残忍的考核指标应该是"考核者是否满意"。好比马云给某个子公司总裁的考核指标就是"让我满意"。但是，这种考核方式也有很多前提，如考核者和被考核者都要互相充分了解，双方对相关业务业绩的看法一致等。

多个目标间的权衡

回过头来，我们再思考一下，KPI 其实是在多个目标间做权衡。目标之间总会产生矛盾，但我们的生活工作中实际碰到的事情往往都是有多个目标的，先举个教育的例子。

据说"成绩中上等的孩子比成绩最好的孩子有出息"。我以为，这就是短期目标与长期目标不一致导致的问题。

成绩好是一个人学校阶段的短期目标，而"有出息"是工作以后，甚至一生的长期目标。我们先不管这里的"出息"是指钱多、官大，还是家庭美满，先假定"有出息"是好的。那么很显然，至少现在我们身边的教育环境中，成绩好与有出息是不完全一致的。即短期目标的 KPI 设置不妥，导致努力偏差，不仅浪费了时间，甚至起了副作用。做前几名很辛苦，为了短期的 KPI，要做的事情很多，需要付出 12 分的努力。而保持中上等成绩，就会轻松很多，可以做更多想做的事情，更有利于长期的全面发展。

人生很长，不要以百米冲刺的方式跑马拉松。

---

1 高层级的目标往往更难实现 SMART，而执行层面的目标则必须要实现 SMART。

2 延伸阅读：《人人都是产品经理（创新版）：用产品创新改变世界》5.2 节中有关于虚荣指标与成功指标的讨论。

工作中也是一样的。在做产品的时候，必须在商业目标与用户目标之间权衡。最简单的例子是：我们想多收一点钱，用户想少给一点钱。这种矛盾是没办法完全消除的。为了可持续发展，我们也要重视用户目标。不过，从下面这个例子中大家会发现：产品设计的好坏是假的，用户体验的好坏也是假的，只有商业利益才是真的！

商用的报销、采购、HR 等系统，通常很难用，无论是视觉、交互、文案，都可以直接拿来做用户体验讲座的反面案例，如图 5-4 所示。对比可爱的互联网个人应用，为什么大公司做的商用软件的用户体验都那么差？我找到一个原因，如下所示。

图 5-4　某商用系统的登录页面

大型商用软件

→很贵

→是否购买的决策很重要

→决定购买的人是特定人群，比如采购人员。当然也很可能是不专业但是权力大的"老板"做决定

→购买者和终端用户不是同一个人，使用者甚至不参与购买过程

→终端用户用得爽不爽对购买行为影响不大，优先满足付钱的人

→用户体验对厂家来说相对不重要

→用户体验差

反之，这也是为什么新兴互联网公司那么重视用户体验的原因：UE 直接决定着用户来不来、用不用，从而影响公司的发展和盈利。

当然，可能还有一个原因：任何产品的用户总会分成新手、专家、中间用户，只不过三者所占的比例不同。像商用软件这种专业产品明显是做给专业用户的，他们使用频繁、追求高效，所以这些产品更倾向于"让人适应产品"，比如各种乐器、专业音响都是这样的。反过来，设计给新手用的产品必须是产品适应用户，像公共设施中的垃圾桶、电梯，就必须做到第一次使用就能轻松掌握，而需要培训才会用的日常产品基本是无法生存的。

公司战略与用户需求正好应了一句诗——"东边日出西边雨"，两者是对立统一的关系。这也是长期目标与短期目标的权衡，用户体验好了，才会长期使用产品，最后也就满足了公司战略与商业目标。这就是为什么上文说"只有商业利益才是真的！"

但追求短期目标一定不好吗？当然不一定，有的创业公司如果不"短视"，可能活不过下个月；某个部门如果不是不择手段地完成了 KPI 数字，也许产品就被砍掉了；一个农村学生如果高考成绩不好，也许一辈子都出不了山沟……但权衡多个目标的秤一定要永存心中，不断去想这些问题：我们是为了 KPI 的数字运营还是为了让更多的用户用上产品解决问题？我们是简单地迎合用户还是做他们真正需要的……

达摩克利斯之剑

回到现实，KPI 永远都是悬在头上的一把达摩克利斯之剑[1]，至少能直接影响我们的晋升与年终奖。那么，如果 KPI 不合理怎么办呢？

2008 年，某个产品的 KPI 分解到各个部门。付费产品有两个最常见的 KPI：

▶ 用户数——有多少人买，由卖产品的销售部门负责。

▶ 活跃度——有多少人在使用，由做产品的产品部门负责。

看上去很合理，但是运行起来却出现了矛盾。

销售部门的 KPI 是"用户数"，所以他们会要求产品为付钱的人设计，这样一来就比较看重"噱头"。而且，能力越强的销售部门，能卖的范围就越广，也就是说会卖给更多产品部门定义的"非目标用户"。公司是要赚钱的，通常商业驱动产品，销售部门去开拓市场，产品部门在后面做实施，销售部门的意见产品部门只能照单全收。

产品部门的主要 KPI 是"活跃度"，用户开始用了，产品能不能黏住用户很考验我们的功力，所以我们想要为使用者设计，希望产品用户都是自己定义的"目标用户"。而对于企业用户来说，拥有购买决定权的人一般是老板，而产品的使用者却是业务员，两者基本上不是一个人。这和其他的个人互联网应用很不一样，所以销售与产品部门为了各自的 KPI，走上了不同的路。

---

[1] 达摩克利斯之剑对应的英文是 The Sword of Damocles，用来表示时刻存在的危险。

于是我们发现,当销售部门 KPI 完成得好的时候,就是我们发愁的时候,当我们笑的时候,就是销售部门哭的时候……于是我们开始思考有没有办法将矛盾最小化,毕竟大家好才是真的好。

我们首先考虑是否可以大家一起负责所有的 KPI。结果,经过和一些前辈讨论后,这一想法被否定了。大老板这么分解 KPI 有他的道理,历史经验已经证明不这样做问题更大。大家一起负责就变成每个部门都要对所有事情负责,等于所有事情都没有人负责。没有清晰而唯一的目标会让人更加纠结。

那么,我们是否能改变 KPI 的分解方式?我们找到了问题的根源:付费用户中有相当一部分并不是目标用户,产品好对他来说没用,他不可能真正使用产品,也就不可能变成活跃用户。

我们想了很久,终于提出一个解决方案:在 KPI 体系中加入一个经常提起,但从未真正体会到其重要性的职能部门——服务部门。如图 5-5 所示。

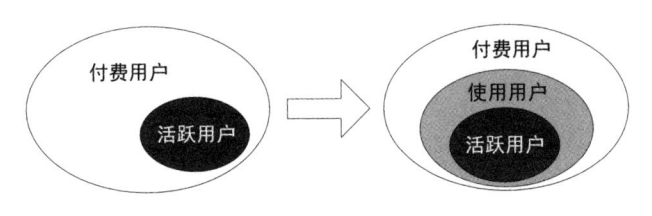

图 5-5　KPI 的改进

- ▶ 用户数,销售部门负责,让付费的人把产品买下来。
- ▶ 使用率 = 使用用户/付费用户,服务部门负责,让终端用户真正把产品用起来。
- ▶ 活跃度 = 活跃用户/使用用户,产品部门负责,让终端用户把产品用好。

如果这样,我们就轻松多了。为了让使用率提高,产品也必须在一定程度上适应用户。以上这些关于 KPI 的分析,只是产品第一年的情况,第二年开始情况会复杂一点,一般会增加"续签率"这样一个常见的 KPI。一般来说"续签率"和"活跃度"是正相关的,按照常理,销售部门在第二年会负责"续签率",那么产品部门的日子就要相对好过一点。

故事讲完了,故事里的我们获得了最终的胜利,但现实中很多人都在被不合理的 KPI 折磨着。我的建议是找老板聊聊,有时候他其实也挺痛苦的,聊的过程中我们可以知道这个 KPI 背后的目的,如果你能绕过 KPI 直接达成目的,相信理智的老板是会做出让步的。

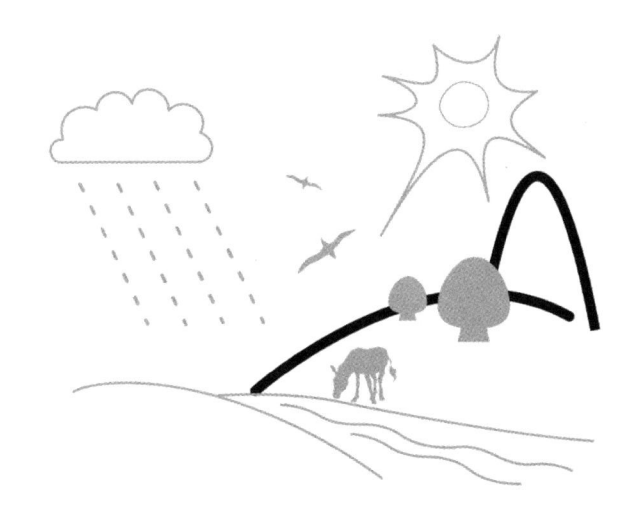

第 6 章

产品经理的自我修养

  一个生态系统,有了云和雨、河流、动植物、太阳之后,看似完整了,可我们忽略了它们的根基,那就是大地。

第 6 章 产品经理的自我修养 / 233

6.1 爱生活，才会爱产品 / 235
我总是跟门过不去 / 235
浅谈餐馆的菜单 / 237
用户创意无限 / 239

6.2 有理想，就不会变咸鱼 / 240
成功在自己手中 / 240
个人品牌建设 / 241
个人名片设计实例 / 242

6.3 会思考，活到老学到老 / 243
学校里没教的东西 / 244
只有方法，没有答案 / 245
好好学习，天天向上 / 246

6.4 能沟通，在什么山头唱什么歌 / 247
我的沟通理念 / 248
职场中的群体沟通 / 250
"土老板"破冰必杀技 / 251

6.5 产品经理主义 / 252
好电影是怎么做出来的 / 253
产品经理看"春晚" / 255
无可救药的职业病 / 256
解决问题的通用思路 / 257
人人都是产品经理 / 261

在第 2~5 章里，我和大家分享了自己做产品经理三年来做过哪些事情，总结成四个词就是：需求、项目、团队、战略。而我也反复说到，产品经理要做的事情还远远不止这些，只是因为时间太短，我还没能充分体会。但对于一个产品经理来说，抛开各种技能，有些底层的素质总是必须要有的，所以这一章，我模仿了一本名著的书名——《演员的自我修养》，叫作"产品经理的自我修养"。

我试着总结出了四大修养，分别是：爱生活、有理想、会思考、能沟通。本章的前四节，谈到了四个方面，它们也有递进的关系：

爱生活让我们充满动力；

有理想让我们目标明确；

会思考让我们方法得当；

能沟通让我们团结前进。

而本章的结尾，也是全书的结尾，我提出了"产品经理主义"这个概念，尝试从产品经理的角度给出一些"解决问题的通用思路"。如果人人都了解了这个思路，那么就"人人都是产品经理"了。

6.1 爱生活，才会爱产品

每个人身边都有很多整天皱着眉头不开心的人，他们说不想上学、工作无聊、社会不公、朋友不好……而这样的抱怨对任何事情都没有帮助。所以我们不妨时刻微笑，像孩子一样好奇地观察这个世界。一个人只有拥有了积极、乐观、向上的人生态度，内心才会有爱，才会去积极发现生活中的美，才会有好奇心和创造力，才会愿意研究生活中的产品，才会爱上"做产品"这样一件改变世界的事情。

我总是跟门过不去

我很幸运，身边有很多热爱生活的人。和他们在一起的时候，我时刻都觉得很开心，下面来说说我们的故事。

2009 年年初的时候，小明和大毛去公司附近一家叫"牛家 e 族"的餐厅吃晚饭。刚走到门口，小明就兴奋地大叫起来：

"你发现没有，这个门是斜着的！"

"是啊，有意思！"大毛马上拿出手机拍了下面的这张不太清晰的图片，如图6-1所示。

图6-1 杭州"牛家e族"餐厅的斜门

然后，我们吃饭的时候就围绕着这个门展开了话题……

"这个门不是正对着马路开，而是斜着开的。它正好对着点餐台，而不是对着任何座位，这样就没有人在吃饭的时候会因为被进出的人参观而不爽。"

"而且门直接对着柜台，很顺畅。"

"这样的斜门对于行人还有分流的作用，下班的时候人行道上人多啊，行人走着走着就被挤进去了。"

"嗯，你有没有觉得，这个一顿饭十几块钱的快餐店，从门外看装修太高档了。我以前一个人路过，会感觉里面比较贵而不进去吃。"

"是的，我觉得这种设计对新客户不是很友好，但是对老客户就很友好，老客户会觉得又便宜环境又不错，所以以后会常来。再想一步，装修一般但饭菜很贵的风格就比较适合重视新客户的场景，一锤子买卖，把人吸引进来就成功了，比如风景区。这家的风格适合在商业区、写字楼附近，同事中只要有人去过，就会帮着宣传，口碑效应很强。"

……

2009 年,有一次同事们去横店影视城玩,又碰到了一个引起大家讨论的门。

图 6-2 是秦王宫的入口,很宽敞、有气势,但是出口故意设计得弯弯绕绕增加长度,两边都是纪念品商店,完了还不过瘾,最终出去的地方还弄个旋转门限流,让大家慢慢地走。于是我们开始讨论了。

图 6-2 横店影视城秦王宫的入口

"入口和出口差别好大啊,呵呵。"

"进来当然要尽量顺畅了,和网站吸引用户注册一样,出去就没那么简单了,总得在你身上榨点油水吧。"

……

我一个人的时候,会想起很多生活的细节,似乎总是跟门过不去。比如说晚上回家进门,里面黑黢黢一片。电灯开关在门边还好,如果在房间里面就麻烦了。我曾经看到过"门把手与灯的开关联动"或"钥匙与灯的开关联动"的设计,这就是个很好的解决思路。

浅谈餐馆的菜单

我们经常去餐馆吃饭,每次点菜的过程似乎都很痛苦。而痛苦的根源之一就是菜单看起来琳琅满目,却不知道从哪里下手,好比图 6-3 所示。每当一群产品经理出去吃饭的时候,总会讨论菜单的话题。下文说说,如果一个产品经理来做菜单,会搞出哪些花样。

图 6-3 某餐馆的菜单

首先，我们要分析战略层的商业目标与用户目标。这家餐厅市场定位如何、餐厅地点在哪里、主打哪部分用户、价位如何……举些例子，餐厅的商业目标不一定是赚钱，比如有些单位的食堂；菜单不一定要精美，比如路边小店。想清楚这些，才能继续往下分析。

我们假设这家餐厅是一个最普通的杭帮菜餐厅，周围有不少写字楼和学校，人均价位 50 元上下浮动，目标人群是附近的白领、学生等。

接着，我们可以针对特定人群细分版本：比如面对一对情侣、一群朋友等不同的用户时，应该拿出不同的菜单。"情侣菜单"上的菜名可以暧昧一点，比如"一心一意""天长地久""爱你在心口难开"。我想这个时候，男主角对价格已经不敏感了，他也许会拉着身边的女人一边看菜单一边乐。这就是商业目标与用户目标的完美结合。

我们也可以针对特定时间、事件细分版本：比如每年 6 月大学生的散伙饭。这时候推出"我们毕业了菜单"。再如公司里的庆功宴、老朋友归来的接风宴，都可以预先打包好特定的菜品，减少点菜的难度。

还有很多有趣的地方，比如各种菜类的顺序、配图与否、配图的方式、标价的方式、其他信息等，都可以按上述思路展开设计。

当然，在商业环境中，我们始终要考虑成本，上文说到的方法都不错，但是额外付出的成本值得吗？这也是为什么我没提到电子菜单的原因[1]，设想一下，电子菜单多好啊，配合一套系统，可以自动收集顾客什么时候来的、吃了多久、几男几女、点了哪些菜等客户数据；可以统计每个菜被点的次数，分析其与价格、季节等因素的关系；加上客户的评价，可以做出菜品个性化推荐系统。电子菜单还可以自由排序，比如老板请客时，你可以

---

[1] 2014 年以后，各种预定、点餐应用，已经改变了这个情况。

按价格从高到低排，自己去吃时，就按食客"好评"的次数排。点菜以后，电子菜单还会告诉你"吃过这个菜的人还喜欢……"等内容。

用户创意无限

当产品经理们作为用户使用其他产品时，他们也会很用心地提出建议。同时，我们也经常发现自己产品的用户也会有很多很有创意的点子。要不我怎么老说"人人都是产品经理"呢，这个世界就是因为有了这么多有爱的人才变得越来越可爱。

看看用户的几个精彩创意吧。

例 1：MSN[1]的"签名+显示为脱机+上线"组合拳。

写一句话作为 MSN 的签名，然后不停地上线、显示为脱机、上线……就可以借 MSN 在电脑桌面右下角的系统浮出，让好友们不断看到。

常见用法 1：剧透。

比如我刚看完《风声》，在别人还没看时，就写一句：张涵予和周迅都是咱的人……再不停地上线下线的，是不是很恶毒？

常见用法 2：表白或求婚。

我曾在网上看到过这种用法"……当天下午我把 MSN 签名改成：'今天我求婚，大家帮我发短信：夏某，嫁给刘某某吧！时间 19 点整'……果然，立马就有不少人开始在 MSN 上打听这事儿，真是一呼百应，有号令三军之势！……下班以后我们几个都留下观战，埋伏在公司门口，我还特意借了公司的 DC 准备抓拍精彩瞬间……那边夏某的手机开始一通狂响，吼吼……我们都知道是 MSN 求婚志愿团的短信到了，手机足足响了五分多钟……"[2] 咳咳，MSN 的设计师们看了恐怕也傻掉了吧。

衍生用法：比如，我在签名处写上"广告位招租"，同时说明 MSN 账号中的几百个好友都是 IT 精英，消费能力强，每天上班时间必在线，可以在我的签名中打相关产品的广告。比如一些新奇的电子产品，我将广告词写好后，来回上线、脱线、上线三次，就相当于精准投放了几百人的广告。

例 2：Windows 的回收站当文件夹。

把常用的文件都先放到桌面，然后删进回收站，要用的时候恢复一下。

---

[1] MSN 已成往事，不知你有没有用过。

[2] 此处摘录了一位网友的记录。

衍生用法：其实生活中还有很多类似的例子，不按照设计者的本意使用产品，比如微波炉，把毛巾沾湿了放进去转一分钟，就可以洗脸了。

最后，我们从反面设想一下，自己的产品被用户开辟出意料之外的功能，作为产品经理应该怎么办呢？我觉得不妨就从了吧，甚至可以将错就错地把这个功能发展下去，只要不要和产品的大战略冲突，毕竟用户最大，用户的创意也算一种另类的 UGC[1] 的方式。

热爱生活的人时刻充满激情、能量和创意。可是，有趣的事情那么多，到底哪盘才是我的菜？所以，我们必须找到自己真正想要的——理想。

6.2　有理想，就不会变咸鱼

人为什么要有理想？

第 5 章我们谈到，基于公司价值观、使命和愿景而制定出的战略是公司与产品的灵魂。而理想就是一个人的灵魂。一个人与一家公司一样，应该是内驱的。而内驱的动力，就是理想。对热爱生活的人来说，理想显得尤为重要——如果没有目标、没有方向、不知道自己想成为什么样的人，那么热情满满地做事是为了什么？事情永远做不完，怎么知道该做哪件？到处横冲直撞，怎么知道是不是在向"前"走？

我是个喜欢胡思乱想的人，所以没有非常明确的理想指引。直到近两年，我的理想终于渐渐清晰，这也得益于产品经理思维让我习惯于凡事追根溯源，要想清楚为什么之后才开始动手做。

在内心深处，我还是想改变世界的，也认同"你存在于世的价值就是世界有你和没你的区别"这句话。但随着个人的成长，我越来越意识到一个人的能力极其有限，能改变的东西很少，所以我换了一个思路：改变世界不一定要亲手去做，我可以"尽可能地去了解世界，然后告诉更多的人"，人群的整体素质提高了，大家可以一起去改变世界。接下来，我就套用设计产品的思路去设计人生，把理想落地成目标与奋斗方向：做老师，以及多年以后可能的培训机构。而与大家分享的话题，正好是产品经理做事的思路与方法。

成功在自己手中

扪心自问，公司的愿景、老板的理想、家人的期望，难道要把这些都直接当作自己的理想吗？我们必须认真思考，才能知道自己到底想要什么。

1　UGC：Users Generate Content，用户产生内容。

有明确理想的人，会过得很开心，也会很让别人敬佩和羡慕。只要为理想努力过、付出过，在通往理想的路上不停地走，最终是否走到就已经不重要了。有理想的人，本质上还是为了自己。个人的成功、幸福，都应该取决于自己，而不是取决于外界的评价。我们的理想可以是事业成功，可以是家庭幸福，也可以是平淡地过一辈子，甚至是"今朝有酒今朝醉"，具体是什么并不重要，关键是只要这个理想真的是此时此刻自己内心认可的，那么你就是个内驱的、有理想的人。

但是，理想和现实总是有差距的，这也是我们一生最大的问题。"只有理想，没有现实"是空想，"只有现实，没有理想"是蛮干。我们其实一直在把理想和现实从两边往中间凑，努力改变环境、锻炼自己能做"想做的事"，也努力说服自己想做"要做的事"和"能做的事"。

热爱生活，可以帮助你把"要做的事"变成"想做的事"。学会思考，不断提升自己能力，可以把"要做的事"变成"能做的事"。寻找理想，就是把"要做的事""能做的事"都整合成"想做的事"。我们不断努力扩大"想做、要做、能做"三者的重合部分，这就是你的理想，也是你的核心竞争力。

个人品牌建设

为了不"蛮干"，我一直在想，我能给公司留下什么？又能给自己留下什么？因为"要做的事"必须为自己的理想做出贡献。

若干年后，我必然不会再做现在这些工作，那么公司里是否还有我存在过的影子？我很想留下点东西，所以我很实在地去主动建立一些流程，把它们画出来，并写上自己的名字；主动去管理文档，建立产品经理们可以用的文档模板库，比如 BRD、PRD 等。多年以后，这些东西很可能大家还在用，而很多文档里都有我留下的痕迹。

那我又能给自己留下什么？先说个小故事。

山 A 和山 B 上的寺庙里各住着和尚 x 和和尚 y，他们每天打水时都会在山下的小河边碰到。几个月以后，x 发现 y 好几天没来了，于是很担心地去探望，这才发现 y 已经利用这几个月的时间在寺庙里打好了一口井。

我觉得每个人都应该打一口属于自己的井，这样就不用再担心"河水的涨落"。但"打井"并不只是为了自己，它在客观上会加速公司和个人的成长。

"只有个人在成长"是不合逻辑的：公司不是学校，员工是拿钱的不是付钱的，所以心态上不能只抱着学习的态度做事。况且，如果没有实战，光靠理论如何进步？另一方面，"只有公司在成长"也是没道理的：员工不是机器人，如果只做事不成长，那么公司就没法享受员工成长的附加值，长远来看也是一件很不划算的事。

于是我找到了很简单的"打井方式"——写，坚持写。有了工作实战的体会与心得，我才有东西可写；写出来，并与大家讨论，我才能提高，以便更好地工作。这样，工作与个人相互促进、共同成长，非常和谐。而通过"打井"的过程，我可以慢慢积累，形成自己的职业保障。我记得有一次培训的时候老师说："就业保障会降低一个人的竞争力，职业保障可以提高竞争力。假设有一天，公司突然不需要你了，这时候你不用去找工作，而是有一堆公司马上排着队请你去，这才是真正的保障。"这应该就是"个人品牌"吧。

"打井"的过程重于结果，最后的那口井，是自然而然地水到渠成。如果把自己的一生也看成一个产品的话，读者们可以把产品品牌建设的招数用到个人品牌建设上来，其实两者在很多方面是共通的：设计、市场、销售、运营、推广……

个人名片设计实例

个人品牌的建设需要通过一系列产品来实现，比如统一的行为风格、视觉风格。而最简单的，就是个人名片的设计了。所以，这节谈谈名片这个小产品的设计实例。首先分享从最小处着手实现理想的一个小故事，在名片的设计过程中再分享一下做产品的通用思路。

如此一个小小的个人产品，对应着最轻量级的文档（全程只有一个简单的思维导图），而产出物——名片，如图 6-4、图 6-5 所示[1]。

图 6-4 我的名片，正面

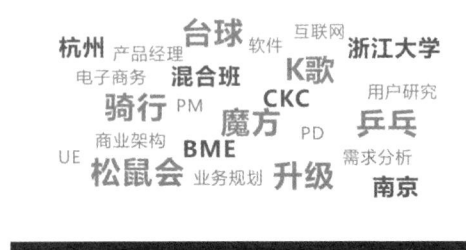

图 6-5 我的名片，反面

先从"战略层"开始说说设计思路。"我想多交朋友，就要到处发名片，但很多私人场合不想用公司名片。"这就是设计个人名片要解决的问题。而"名片"这个产品，还需要细分版本，最后决定做"个人名片"。

---

[1] 图为 2009 年的名片，还有不少时代印记。

用户需求：通过个人名片展现个人特色，具体为 3 点。

- **真实感**：公司名片把人符号化，而个人名片通过爱好、经历、专长，展现出有血有肉的人。
- **亲切感**：公司名片适合商务场合，把对方当客户，而个人名片适合私人场合，把对方当朋友。
- **专业感**：由名片做介质，推导出"我设计产品很靠谱"。

此外，我不是那种自来熟的人，所以与陌生人破冰会有困难，借助一个道具则会好很多。可以假想一下台词："你好，我是××，这是我的个人名片……不给你公司名片是因为……反面是我的关键词……"

对这个产品，我既是设计师又是用户，所以给自己提出的需求都是已经归纳好的。但真实产品的用户可不会帮你想这么多，我们需要通过需求分析，考虑名片需要哪些元素，元素之间是什么关系（"范围层"和"结构层"），才能得到如下的产品需求：

正面：我是谁、在哪儿做什么、怎么联系。

反面：标签云（Tag Cloud）是设计理念的集中体现，使用了大中小三级字号来突出较为轻松的关键词——兴趣爱好，一般给名片的人都是初次相识，可以方便大家迅速找到话题，同时标签云的设计不失"业内人士"的味道。

之后，我找了好朋友小敏帮忙（做这行的好处就是有很多做各种设计的朋友）。实施过程很顺利，只小改了一次就定稿了，最后在淘宝上找了一位卖家进行印刷（"框架层"与"表现层"），这个产品就此诞生。

6.3　会思考，活到老学到老

爱生活、有理想的产品经理，就像加满了油、找准了方向的汽车，充满了希望。但是，这辆汽车在行驶的过程中往往不得要领，因为产品经理是一个对思维能力、学习能力要求很高的职业，每个人都需要补课。

我与本书的绝大多数读者一样，经历了十几年的中国式教育。工作后，我才渐渐意识到这种教育有很大的局限性。在本节中，我们不妨扩展一下思路，了解一下教育的本质，以便激发自己思考与学习的能力。

"教育"一词在现代英语中是"education"，源于拉丁文"educare"。"educare"是个名词,它是从动词"educere"转换来的。而"educere"是由前缀"e"与词根"ducare"合成的。前缀"e"有"出"的意思,词根"ducare"则为"引导",二者合起来就是"引出"。教育即采用一定的手段,把某种本来就潜藏于人身上的东西引导出来,从潜质转变为现实。

所以,"教"是为了"不教",是为了激发其自我反思、自我管理的能力。当开启一个人的心智之后,他就可以自我发展,成为一个独立的人。还记得 1.2 节中米开朗基罗唤醒沉睡在大理石中的雕像的故事吗?我们所经历的教育,似乎缺少了"引出"的过程,而过多地赋予了"雕琢"的感觉。学校教育为了特定的目的,总想把一个人从石头雕刻成一件有用的工具。

学校里没教的东西

学校教育,扩大至家庭教育、社会教育等一切教育,都不应该把人教成工具,而应使之成人。我们教育的欠缺主要表现在以下四个方面,而这四个方面对于产品经理来说都是致命的。

第一,教知识不教思维。

学校教育很少告诉你学习某门课程的好处及原因,以及这门课程在历史上是为了解决什么问题而产生的、来龙去脉是怎样的,而是一开始就教一些莫名其妙的技能和方法。如果把人比喻成电脑,人的头脑应该更像 CPU,而不是硬盘。只教知识不教思维,可以让我们知道"怎么做",能很好地执行、完成任务,但不会让我们去想"应该做什么""为什么要做"等问题。

这种教育好比练武功只教招式,却不练内功。熟悉武侠小说的读者都知道,这样的人一定难成高手。思维方法是内功,内功好了,再辅以某学科的知识"招式",自然威力无穷。就像《天龙八部》里的鸠摩智,靠一门小无相功就能催动少林七十二绝技,杀遍群僧。在讲求实际效果的工作中,类似这样的做法很实用。

作为产品经理,我们在工作中常见的任务就是在海量的信息中通过结构化的思维发现问题所在。一开始我们往往连要做什么都不知道,更加不知道应该用什么方法和工具。

第二,教解题不教选题。

解题式的教育,会告诉你现有的条件和目标,你要做的就是应用学会的各种工具与方法,直接寻找解决方案。这种教育少了执行前的选择过程。

"选择"恰恰是产品经理常做的事,工作中追求"性价比"而不是"完美"。作为产品经理,你要解决的问题是需要你去选择的。学会发现问题之后,你必然又会发现问题多到无法全部解决,而每个问题的解决方案也有很多,但每一个都有缺陷。需求采集、需求分析、需求筛选工作，做的就是这样的决策、判断与"放弃"。

第三，教努力不教取巧。

产品经理要努力更要取巧。工作中，我们碰到的虽然大多是没有人做过的，甚至没有答案的问题，但是对于那些有答案的问题，我们可以用最快的办法找到答案。能否"独立"地解决问题在更多的场景下其实并不重要，能充分调动团队、用最有效的办法解决问题才是最终目标。

第四，只教"受教"不教"施教"。

教是学的好办法。教别人的过程也是很好的学习机会。个人成长的办法是"教学相长"，被动受教连"互动"都没有，怎么谈得上"主动"，最终导致理论扎实，但缺乏实践。"自己会做一件事"与"能教会别人做这件事"之间是有很大差距的，施教对自己的能力有极大的提升。通过施教，我们对这件事的理解会达到一个新的高度。

只有方法，没有答案

因为没有人教过，所以很多从学校里出来不久的新人都喜欢问：

产品团队用什么组织结构最好？

我要写 PRD，你们的文档模板能给我传一个用吗？

最优的项目流程是什么样子的？

画 Demo 用什么软件？

……

这些问题有标准答案吗？针对某个具体问题来说，如果不了解实际情况，其实没法提供答案，这也是我几乎不写业界其他产品的评论文章的原因。

文档、流程、工具软件、组织结构等都是支撑工具，背后的核心还是产品，要满足哪个市场、哪些人，要做什么、怎么做，这些问题想清楚了，支撑的东西自然而然会浮出水面。当然，在浮出水面的过程中，团队里最好有个"经验足且熟悉产品"的人，但大多情况下团队碰到的问题是只有"经验不足但熟悉产品"的人，因此才会去问"经验足但不熟悉产品"的人，这样是得不到满意的答案的，后者也很郁闷，不是不想帮忙，而是只有思路、方法却不知道答案、解决方案。

我们都在类似的窘境中前进，每做过一个产品之后，总会发出类似"要是现在让我重新做一遍就好了"的感叹，而我相信，就算真的重新做一遍，做过之后还是会继续发出这个感叹！

每每至此，总让我想到另外一些类似的问题。

在上学的问：是读研、找工作还是出国？

找工作的问：应该去大公司还是小公司？

……

多年的教育让我们误以为所有问题都是有标准答案的，可实际上很多问题连参考答案都没有。这是因为，考试题往往都是对现实情况的简化，只有这样才便于用答案映射"分数"这个 KPI。在课本上的问题里，很多背景条件都不用我们去考虑，而现实的问题往往有着复杂的背景。比如"最优的项目流程是什么样子的？"关于这个问题，我们先得想清楚公司的价值观、使命与愿景；然后基于此定出战略规划，需要去获得什么市场、什么用户，从而决定要做什么产品；接着考虑做这样的产品需要做什么事情、哪些人具备做这些事情的技能；接下来决定组建什么样的团队、匹配以什么样的组织结构；之后根据产品、团队成员的特点，确定什么样的流程比较合适。这些因素会让这个问题根本没法通过网上交流的几句话或一个电话聊清楚，而是至少需要 3 个月的实地工作才能给出一个勉强靠谱的结论。

每一个靠谱的解决方案都是做过很多事情以后提炼出来的。机械地全盘接收这些方案很容易造成误读。如果只能看到"是什么"，却不知道背后的很多"为什么"，一旦情况稍有不同，就会用得走火入魔。而且接收到的"武器"越厉害，伤害也越大。

造成这种情况的原因可能是下述两种。

一是技术上舍本逐末。我认为，去问外人，只能在方法论上得到一些建议，但是不要奢望一个外人给出靠谱的解决方案。二是心态上太急躁。工作中碰到问题就希望能迅速解决，我认为，没有速成的方法，只有慢慢熬。

所以，今后再想问问题的时候，不妨自己先想想，这个问题有明确答案吗？如果有，那不妨去问 Google、百度，不用问人；如果没有，那更不要去找别人要答案，而是用交流的心态和别人讨论方法吧。

好好学习，天天向上

之前几节，我们聊到很多读者都不会思考、不会学习，即缺少"学习的能力"，这节来谈谈"学习的意愿"。任何事情，需要同时有能力和意愿才能做好。

我们"爱生活、有理想、会思考"之后，必然能想清楚自己要做什么事情、如何一步步去实现，之后，我们就会由内而外地激发自己去主动掌握各种需要的知识。

我喜欢一个比喻：世界对每个人来说本是一片黑暗，你对世界认识的发展，就好比在一片黑暗的空间中，去不同的地方点亮一盏盏知识的小灯，然后看到一些情况并且猜测着还看不清的情况。当亮的灯越来越多时,你就可以不断修正对这个世界的认识。每个人都会经历"认识中的世界越来越复杂"的过程。

少数人会突破一个拐点,开始"发现世界越来越简单"。突破拐点的一种表现就是有一些关键的灯被点亮了,我们渐渐发现黑暗中的世界原本是一个整体,很多事情底层的规则都是相同的,所以我们会觉得做起事来反而越来越轻松。一旦到了这个阶段,我们就会忍不住地去拼命点亮更多的小灯,试图看到这个世界的全貌。这其实是很痛苦的,因为你发现了方向与终点,但同时也知道必然走不到终点,也知道任何人都走不到那里。也许,只有真正强悍的人才会把这个过程视为一种快乐。

随着世界渐渐被点亮,我们就可以更合理地勾画自己的知识地图。这张地图的重要性在于,我们都有很多知识,但经常不知道在当前场景下应该使用哪一条。所以你知道多少知识并不重要,重要的是在各种应用场景下,能提取出多少。而提取知识的能力,可以通过这张知识地图来提升。我们的大脑好比一个图书馆,每个人都在不停地往里面加书,可是,很多人都是把书买来以后就随手放在一个书架上,等到想找的时候却无从下手,而这种挫败感会严重阻碍知识的继续增长。知识地图就可以帮助你梳理已有的知识,以便要用的时候可以轻松索引。对一个公司、一个产品是这样,对个人也是这样。越是优良的架构越是能支撑庞大的系统。并且,每发展一段时间就得重构这一知识架构。

我们在明确了自己在哪里、想去哪里、已经知道哪些路的情况下,再考虑怎么去的问题。经历了这个过程,你就会在知识地图上慢慢连出一条线,自觉自愿地在这条路上远征。

6.4 能沟通,在什么山头唱什么歌

爱生活、有理想、会思考的产品经理,已经可以做到充满动力、目标明确、方法得当地前进,可是,无论在生活还是工作中,靠一己之力就能实现的事情已经越来越少,所以,我把"能沟通"、能组织团队一起前进作为产品经理自我修养的第四部分。

带过我的一位老板说过一句让我印象深刻的话:其实产品经理(PD)很大程度上就是销售,而且比销售还要难。销售卖的是已经有的东西,而产品经理卖的是自己的想法;销售只要把产品卖给客户,而产品经理要把想法卖给老板、同事、客户等。

PD 第一卖——老板:需求、项目多得是,凭什么给你资源?

PD 表决心:我这个想法对产品有利、对公司有利,而且花钱少见效快……

PD 第二卖——其他 PD:大家都很有想法,凭什么听你的?

PD 装可怜:本是同根生,相煎何太急。大家都不容易,要不这两个想法合到一起?

PD 第三卖——开发与测试：这样做很麻烦，值得吗？

PD 晓之以理：这的确是一个挑战，但不也正是你证明自己的时候吗？而且它的商业价值很大……

PD 第四卖——合作公司：凭什么帮你，给个双赢的理由？

PD 动之以情：来来来，先干了这杯，废话也不多说了，大家各为其主，但上面都谈好了，我们做不好回家都要挨板子的，还是好好配合吧……

PD 第五卖——市场与销售：让我们振奋起来的产品，做起来才有动力！

PD 暗自揣摩：还是先让自己振奋起来吧，自己振奋了给他们讲的时候才有说服力，他们振奋了给客户讲的时候才更有效……

PD 第六卖——服务、财务、法务：我们一直在擦屁股！

PD 慷慨激昂：擦屁股的同学辛苦了！我们一定要做出让你们擦得开心的"屁股"！

PD 第七卖——客户：搞清楚，钱都是我付的！

PD 赔笑脸：把您放在最后不是故意的，很多公司都推崇"客户第一"，让您高兴了才是真的好……

工作特点要求我们要和各种各样的人接触。在沟通的过程中，也应该考虑受众的需求。所以我们对不同的对象得说不同的话，必须练就一副"在什么山头唱什么歌"的好嗓子，这也正是产品设计里用户细分的思路。

下面就谈谈沟通的话题，先说我的沟通理念，然后在此理念的指引下，聊聊职场中的沟通方法，包括点对点的沟通、群体沟通、如何与客户沟通，这些都是为了更好地进行团队合作以便达成目标。

我的沟通理念

每个人认识中的世界都只是真实世界在其意识中的一个投影，这个投影由每个人的经历决定，互不相同，或者说在投影的过程中信息必然会发生扭曲。这也就意味着，甲输出的信息转变为乙输入的信息以后，因为处理机制不同、知识背景不同、主观意愿不同，该信息或多或少会发生改变，即：

理论上严格意义的"充分沟通"是不存在的。

没有绝对无失真的信息传输过程。如果把沟通中的信息传输比作信息技术中的信号传输，那么真实世界就是模拟信号的源头。就算是数字信号的传输过程无失真，但在源头上模拟信号转换为数字信号的时候,失真就已经发生了。而且,信息最终为人所接受的时候,又需要重新解码为模拟信号,信息失真的情况将再一次被扩大。

基于上述前提,我觉得我们沟通的根本目的不是为了传输信息,而是把传输信息当作手段,路人甲乙丙通过沟通的过程修正自己对这个世界的认识,使之尽量接近真实世界。简单说就是:**沟通不是为了说服,而是为了更好地认识世界。**

"说服"是为了输出你对这个世界的认识,传输信息才是沟通的目的。不要一开始就试图与反对自己观点的人对立,这样做是没有逻辑的,因为没人能保证自己的观点更好。因为大家的信息不对称、知识结构不同,所以持有不同观点很正常。沟通的关键是要充分表达,在表达的过程中,双方或多方会整合出更优的解决方案。也许你确实是对的,最终确定的方案也很接近你提出的方案,但在这个过程中大家心态会更加放松,得到的收益也绝对超过你很强势地推销方案。

不过,彻底执行这样的沟通过程必然会影响沟通效率。越充分的沟通花费的时间越多,很多时候甚至是无法接受的。在不少情况下,我们会对自己很有信心,认为自己的认识更接近真实世界,这时为了提高效率不妨采用推销观点的方法。

但这也是有技巧的。一方面,人们容易接受与自己观点类似的观点,所以说服别人时,应该渐渐扭转他的观点,而不是强制他接受;另一方面,引导的效果好于灌输,获得认同最好的办法不是自己反复地解释某个观点,而是引导对方说出你想说的观点,让对方觉得好像是自己一点点想出了新东西。

所以,有效的沟通最终是"合",而不是谁战胜谁,每次沟通都是一个大家互相帮助、共同提高对世界的认识的好机会。

职场中的点对点沟通

与各种不同的人,就各种不同的事,在各种不同的条件下,到底应该选择哪种沟通的方式呢?

工作中常用的一对一的沟通方式无非有这样四种:IM、电话、面谈、E-mail,如图6-6所示。接下来,我按照紧急、重要、成本三个维度对四种方式展开具体分析。

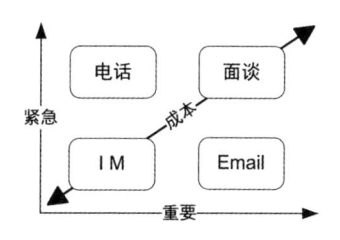

图6-6 四种一对一沟通方式比较

IM：成本最低，适合不紧急不重要的沟通。其实我很不推荐在工作中用 IM，打字再快也没说得快，效率很低，但 IM 有其适合的应用场景。第一种，原则上不超过两三句就可以说明白的事情；第二种，不用讨论只是告知的场景，只要对方"哦"一声就行；第三种，不急的事情，担心打搅到对方，比如"老板，我提了个报销单，有空批下哦"。

电话：成本适中，适合紧急不重要的沟通。电话比 IM 多了声音上的交流，可以通过语气语调等传达信息。第一种，问题性质简单，最长两三分钟可以完成的沟通，用电话比较合适；第二种，地域跨度较大的沟通，例如，与合作公司的同事讨论问题，通常电话比较有效；第三种，即时性要求很高的沟通，如果沟通时间不是很长，电话往往好过面谈，试想你打电话过去，就算对方正在和某人面谈，一般也是会接的；第四种，电话也经常作为辅助 E-mail 的手段，比如重要邮件发出一段时间以后可以追加一个电话，告知对方已经发送邮件，有空尽快看看。

面谈：成本最高，适合紧急且重要的沟通。面谈比电话又多了肢体语言，还可以辅以纸笔白板，沟通效果最好。当问题复杂，不见面会担心产生误解时，赶紧去面谈吧。面谈效率很高，可以及时获得反馈和确认。为此，老板们经常飞来飞去就为见个人，面谈确实可以解决电话、E-mail 解决不了问题。如果是有求于对方的沟通场景，我推荐面谈时亲自跑到对方处找他，不要让他过来或挑别的地方，因为人总是不太好意思当面拒绝请求。较长时间的面谈最好预约，比如电话预约，一般来说直接冲过去突袭对方是不太礼貌的。

E-mail：成本适中，适合重要不紧急的沟通。E-mail 最大特点是能留下书面证据，相比而言，IM 的聊天记录大家都不会当回事。和其他几种沟通方式最大的不同在于，E-mail 是典型的"非实时沟通"。当然，我们可以好好利用延时这个特点。比如在回复对方邮件之前，我们可以多请教几个高手，仔细研究如何回复。外企的同学特别喜欢用 E-mail，一个客观原因可能是需要经常做全球性的沟通，时差的问题导致其他几种方式可行性较差。

此外，E-mail 还特别适合出了问题需要有人背黑锅的场景。重要的事情有阶段性成果以后都可以发 E-mail，注意发邮件之前一定要反复斟酌、仔细落笔、不留把柄。内容可以是告知大家，可以是让负责的老板批示，也可以是请求资源，不一而足。

职场中的群体沟通

群体沟通正好对应前面说的单点沟通方式，它也有四种方式：IM 群、电话会议或视频会议、线下会议、群发邮件，从"紧急、重要、成本"三个维度上看与点对点沟通类似，下面依次分析。

IM 群：IM 群适合传达时效性较强，但并不是很重要的信息。比如通知"测试环境正在构建，暂时不能访问"。但 IM 群不适合长时间的群体沟通。此外群里的交流内容通常不是很正式，比如工作累了我们经常搞搞"贴图大赛"，作为工作之余的调节方式。

电话会议或视频会议：适合参与人员比较难凑到一起的场景。比如各个区域的销售人员都要参加的产品更新培训。但电话会议的效果相对较差，主要缺点是没有互动。视频会议会好一点，可以通过表情、动作等传递更多的信息。

线下会议：线下会议是常用的群体沟通方式。会议召开前，我们需要明确会议目的、形式、议程，保证会议一定要有产出物；组织者需要做好预先准备，包括资源准备、材料分发；参与人也要熟悉议程、预先思考议题。

群体邮件：适用于比较重要但不紧急的事情。一般项目的日报、发布通知等消息我们都可以通过群体邮件告知大家。但要注意的一点是，群体邮件不适合"布置任务"，因为当收件人是一堆人的时候，你在邮件里说的事情，往往大家都不放在心上了，所以如果必须要通过邮件布置任务，使用发给特定人并抄送群体的方式会更好。

> 很实用的一点是，"好事情"的邮件，一定要抄送给收件人的老板；而"坏事情"的邮件就要酌情拿捏了。

"土老板"破冰必杀技

"消费者是上帝""客户第一""以用户为中心"这些口号其实都在强调用户的重要性，所以产品经理的沟通对象中有很大比例应该是用户。我接触的用户都是中小企业，所以我的沟通对象也大多是"土老板"。

他们大多数是土生土长的民营中小企业的管理者。既然如此，依据"在什么山头唱什么歌"的原则，我们也要突出一个"土"字。我曾在一篇博文里看到过一个同行说的一段话，描述得非常贴切：

"在中国 eBay 为什么搞不下去？那帮拿着 MacBook、坐在 Starbucks、喝 Cappuccino 的外企小资们怎么会比淘宝那帮'土人'更懂那些对着 17 寸 CRT[1]、窝在脏乱差的家里、喝着西湖龙井的用户！"

言归正传，我们来讲一个用户访谈破冰的实例。

我们的目的是收集用户需求，时间有限，一般来在开始的三五分钟内就要实现破冰，而最重要的就是进入"总经理办公室"后最初的五到十秒，我们要迅速扫视环境，决定下一步作战方案，重点关注如下：

---

[1] 即 CRT（Cathode Ray Tube）显示器，一种使用阴极射线管的显示器。

老板用的笔记本——如果是新款 MacBook Air，你可以说：

"啊，张总，我也是 Apple 的粉丝，第一次看到 Retina 的 MBA 真机，效果果然不错！"

"是啊，我托了朋友的朋友好不容易买到的呢。"

"能让我看看么"，一边说一边凑上去小心翼翼地抚摸，同时流出真诚的口水……

（同理可应用的物件：任何数码设备、Zippo 打火机、各类专业运动器材……）

屋里摆放有"2003 年××省××市十佳××企业"等奖杯、奖牌或奖状。不用想了，你肯定不知道还有这么个奖，不过没关系，你这时需要像发现宝贝一样地发出一声"咦……"，并且眼露一丝仰慕、一丝疑惑、一丝兴奋地缓缓踱步过去，一边缓缓地咬字清晰地读出：

"2003 年，××省，××市，十佳，××企业，李经理真是年轻有为啊，那会儿贵公司成立多久了？"

"哪里哪里，我们是 2001 年成立的……"

"哦，我听说那段时间（这段是变量：拿出一个自己知道的相关行业当年的事件，时间错了也没关系，正好留空间给李经理纠正）……"注意倾听的时候眼神要到位。

（同理可用：墙上的业绩报表、桌上的杂志、收藏的琴棋书画……）

我们的目的是尽快找出对方感兴趣的、熟悉的、擅长的、自己也懂一点的话题，从而成功破冰，尽快进入需求采集阶段。所以，我们在登门之前要了解对方的行业、公司、老板。

如果用户"土"，我们就要跟着"土"，做出"土"得有水平的产品。产品经理，绝对不是什么高高在上的形象，而应该不停地与产品的用户沟通。所有和产品有关的人，都是广义用户，他们各不相同，我们也必须"在什么山头唱什么歌"。

6.5 产品经理主义

一位同事在看过我的书稿之后，说了一段很有道理的话：

不是每个人都能以产品经理为业，但在我看来，产品经理是一类人，他们做事的思路与方法可以解决很多实际的生活问题。

只要你能够发现问题并描述清楚，转化为一个需求，进而转化为一个任务，争取到支持，发动起一批人，将这个任务完成，并持续不断以主人翁的心态去跟踪、维护这个产物，那么，你就是产品经理。

至少，你已经是自己的产品经理了。这才是"人人都是产品经理"的真谛。

产品经理的思路可以解决很多生活小问题，这才是"人人都是产品经理"真正的精华所在。在这本书的目标受众里，也包括很多产品经理岗位之外的人群，他们才是真正的希望。

所以，我在"人人都是产品经理"原则的指引下，进一步在工作中发动团队，生活中发动朋友，大力推广"产品经理主义"。

当我成为"产品经理主义"的布道者以后，眼中的世界一切都变了。我觉得电影《海底总动员》的成功是产品经理的功劳；我觉得"春节联欢晚会"其实也是挺好的一款产品。接下来，我结合这两款产品将"解决问题的通用思路"分享给大家。

好电影是怎么做出来的

我一直对影视作品的制作过程很感兴趣，因为它们是一种很有特点的产品，并且生产的过程已经很成熟，我总觉得能从中学到很多可以用在互联网、软件产品上的思路。《皮克斯总动员》这本书中描述了《海底总动员》的制作过程。我在阅读后发现，导演、编剧等人在其中都承担了类似产品经理的职责，而正是他们的贡献，才使得这部电影大获成功。

《海底总动员》的剧情是：在一次梭鱼攻击中，小丑鱼爸爸马林失去了妻子和几乎全部孩子，只剩下一个孩子跟他相依为命。于是，他竭力地，甚至过度地保护着自己唯一幸存的儿子——尼莫。可就在尼莫上学的第一天，马林竟眼睁睁地看着儿子被一个潜水员用网子抓住，带去了他不知道的某个港口。电影就从这里开始，描述了马林在一条名叫多莉的蓝色唐王鱼的帮助下寻找儿子的惊险历程，而与此同时，尼莫也在想方设法逃出自己被困的地方——一个牙医诊所的鱼缸。

对电影情节的设计，书中有一段描述。

最初创作的剧本里，马林痛失家庭的悲剧被分割成片段，穿插在他营救儿子的历险过程当中。影片开始不久，观众会看到马林最初和妻子相遇的回忆。过一会，又会闪回马林和妻子搬进位于海葵触须的新家的情景。再过一会，会插叙作为准爸爸的马林如何帮助妻子为孩子降生做准备。还有一段回忆会描写这对父母如何心满意足地看着自己的几百个鱼卵。最后，在这个三幕结构影片的最后一幕，演到渔船那一节时，观众会看到梭鱼的进攻，才知道马林过度的保护意识原来是由此而来。

到了故事构思的晚期，斯坦顿开始对这种闪回式的结构感到不满。他觉得这样太迂回了。而且他相信，观众们恐怕要到影片最后才能理解马林这种前怕狼后怕虎的个性，这样他对儿子的保护就会显得很烦人。于是，斯坦顿把五段回忆融合为一段简短的情节，放在了影片的开头，交代了梭鱼的进攻。

"忽然间，你开始关心马林了，"斯坦顿说，"我不用改变故事情节，不用改变剧本。他一下子就变得不烦人了。你开始同情他。"

这段描述首先让我想到了互联网产品的信息架构。好的架构可以让用户流畅地使用产品，而不好的架构则会让用户充满疑惑。其次，这段描述也符合产品设计中"Don't Make Me Think"的原则，把用户需要的信息以最直接的形式展现出来。

为了更好地了解产品的领域知识，皮克斯请来了领域专家亚当·萨默斯，后者当时正在伯克利进行博士后研究，在这方面有百科全书一样丰富的知识。公司和他签署了保密协议，然后告诉他这部电影的内容，并给他看了一些镜头。他成了主要的水生动物顾问，常常给动画片中鱼类的外观和动作提建议。

"我觉得他们真诚地想要听我给他们的作品挑毛病，"他回忆说，"如果有哪条鱼做错了，他们确实想知道。"

有时候，影片制作者们会脱离学术上的精确性，而追求故事本身。一开始，多莉游水的时候是不摆尾巴的——对于她这种鱼是对的，因为它们只用鳍移动——但是拉赛特对此表示反对，因为这样对于观众来说缺乏美感。影片中多莉是会摆尾巴的。萨默斯说，如果种群中占统治地位的母小丑鱼死了，公小丑鱼就会改变自己的性别。尽管如此，影片中的马林也没有改变性别。有一次，萨默斯对某一条鱼的动作表示极力反对，负责角色设计的艺术总监里奇·尼尔瓦就提醒他说："亚当……鱼可不会说话。"

可以看到，影片的"产品经理"们一方面努力学习领域知识，一方面也充分尊重用户，给出折中方案，让鱼儿对观众来说具有美感。即使如此，皮克斯在制作《海底总动员》时依然尽量尊重现实，从下面这些例子中就可见一斑。

为了制作马林和多莉被困在鲸鱼里的那组镜头，负责阴影效果的艺术总监罗宾·库珀和美工师伯特·贝利爬进了一只在马林郡北部搁浅死掉的灰鲸体内。工作人员解剖了死鲸的尸体来研究它的结构——肌肉、心脏等。

萨默斯还把其他一些世界级专家请到了皮克斯工作室，其中有斯坦福的马克·丹尼，他做了关于波流的讲座；有加州大学圣克鲁斯分校的鲸鱼研究专家特里·威廉；有伯克利的马特·麦克亨利，他来解释了水母的缩放推进机制；还有咪咪·凯尔，也来自伯克利，

她详细讲解了水藻和海草的运动……

正是"产品经理"们的功劳,让 2003 年 5 月 30 日上映的《海底总动员》终结了迪士尼《狮子王》的神话,成为票房收入最高的动画片电影,并赢得了奥斯卡最佳动画片奖。

产品经理看"春晚"

可能和很多人一样,我从记事起,每年除夕夜都会看几眼春晚,而 2009 年的春晚,我却用产品经理的视角看出了别样的感觉。

那天晚上,我一开始就想,如果把春晚看作一个产品,那么它的产品经理应该就是总导演郎昆吧。于是,我试着站在他的角度看了这场晚会,是我很多年来看得最认真的一次。

我认为春晚是一个"除夕夜所有人都可以看,表现热闹、喜庆、和谐、团圆的产品",于是,"春晚"必然走低端路线,不求有功但求无过。如果从这一点出发,让我们去做一场给最广大的"电视用户"看的 2009 年春节晚会,那么用户的特点是什么?大家可以多想想自己的长辈,尤其是二三线城市,乡镇农村等中老年人的生活就可以了。只要争取到这批用户,那么在家庭中主流电视用户的带动下,加上春节团圆、喜庆的气氛,很多非主流用户也会暂时抛弃看了一年的各种网站,坐到电视机前换换口味。所以,对于春晚,只要大家都"能看",不管是否"好看",都能达成目标。

出于这样的目的,导致产品的限制条件太多,需要照顾方方面面的用户需求:首先要满足各种政府机构,以及各地、各民族、各行各业群众的需求;然后要呼应去年的各种大事,需要具备各种节目类型……如果你列出一个 Feature List,你会很痛苦地发现每个功能都是"必须有",所以出来的节目就只能是一锅"大杂烩":必然有戏曲、儿童节目、军队题材、农民生活、穿得花枝招展的少数民族舞蹈、港澳台艺人、魔术、杂技、奥运、地震、"神七"……而且,这一年的春晚上还出现了许多赞助商需求,比如姜昆的相声,就出现了"百度一下",然后镜头一转给了李彦宏一个特写。产品团队一定加入了植入式营销的高手。有了多方的商业利益在里面,产品设计难上加难。

市场策略方面,春晚是典型的领先者策略:渐变。对春晚这种非常复杂的产品来说,其市场策略如果过于激进,很可能会在瞬间失去既有的大量用户。但假如市场策略过于保守,它将会慢慢失去不断变化着的市场。作为产品经理,最好的升级选择只能是渐变。而且春晚其实做了很多年的市场反馈工作,即"我最喜爱的春节联欢晚会节目"评选。

市场细分方面,春晚也有细分的专业版本:戏曲晚会、歌舞晚会、公安部晚会、文化部晚会……此外地方台的春晚也做了一个很好的补充。从 2009 年开始有了网络春晚,网络媒体与电视媒体的风格完全不同,正好契合了不同的受众。

每当有人"骂"春晚的时候,产品经理的思路应该像对待一个提需求的用户一样:"骂"

的人是不是典型用户？他的观点能代表多少人？他的影响力多大？他是不是只是"嗓门大"的用户？他说的是不是解决方案？他的本质需求是什么？把他的需求加入需求列表应该标什么级别……

上文只是说了和市场定位有关的一小部分，再想想现场直播时，那么多人要调度，那么多设备机器，还要严格控制节目时间……我相信绝大多数人都没做过这么复杂的产品，作为产品经理同行，明年再看春晚的时候，不妨也少一些抱怨，多一些理解吧。

无可救药的职业病

职业病原来是指在职业活动中，因接触粉尘、放射性物质和其他有毒、有害物质等因素而引起的疾病。在这里我借用这个词，指因为受职业活动中的思维方式、做事方法等因素的影响，在生活中也会产生一些有职业特点的怪癖。

我的一位同事在新房装修的时候，完全用软件项目管理的方式来主导整个过程，从早期的需求分析、团队组建，到后期的验收测试、项目总结，都让他乐此不疲，当然还经历了不可避免的项目延期。又如有一位同事在求婚的时候，拿出了自己互联网产品运营的各种绝招，在各种 SNS、微博客、论坛上收集了成千上万的祝福，整个求婚过程极具创意。如此看来，我说的"职业病"并不是什么坏事。

我在网上看到过一篇文章，叫《产品经理的 56 个特征》，摘录了产品经理 56 个典型症状，下面我结合自己的体会来讲述一下我们那些"无可救药的职业病"吧。

- ▶ 你给自己做了一个 5 年的路标规划。
  对自己一生的规划，无疑是掌握了产品的战略规划以后，我们所能做的最有附加值的事情了，况且憧憬美好未来本身就是一件挺开心的事儿。

- ▶ 你每周的工作时间，已经很久没有少于 70 个小时了。
  很多产品经理都善于给自己找很多事情做，并且还不愿意承认那是工作，不愿意承认自己是工作狂。

- ▶ 你用用户调研的方法与亲朋好友交流，试图挖掘出问题的根本原因，从而用需求分析的一整套方法推出解决方案。
  我有时候会忍不住这样做，不过在交流用语上要好好包装一下，虽然有点夸张，但确实是很实用的办法。

- ▶ 你在路上走，看到路边商店橱窗里的产品，总是会想"这个东西是解决什么需求的？"这就叫"手里拿着锤子，看什么都是钉子"。在超市里，看到某种新鲜玩意儿、看到同一种饼干的不同口味、看到同一款洗发水的不同包装……我们都会品头论足。

▶ 你很想知道 iPhone 的产品经理是怎么给 iPhone 的功能排优先级的，很想知道常用的互联网应用里每个新功能都花费了多少工程师资源，很喜欢猜测手边的任何产品即将出现的三个升级是什么。

这段描述非常典型，也许这就是我们不断学习的一种形式。比如对于势头强劲的微信，你可能很想要"朋友圈信息分组"这个功能，然后就会想可以通过什么方法来验证这个想法是否靠谱、用户研究要选什么样的人群、问什么问题。

▶ 你对描述事物背后逻辑的东西很感兴趣。

看到一些影视节目，如电视购物、中国好声音时，你的欣赏角度总是与众不同，你会看到一个情节，然后大叫："嗨！这个环节设置得不错，营销效果很到位！真想和他们的策划聊聊。"

▶ 你会给自己的孩子计划"功能点"，并且为其各种技能的成长制定路标规划。

将来，我应该也会这样，不是坏事吧？

▶ 你的婚礼上会有一个 PPT 演示，之前的准备过程会有一份 Project 文档。

我看到过同事的婚礼上还有 Flash、视频。可能在筹备婚礼的时候，还有一张 MindMap、一个婚礼筹备组的组织架构图、一个做成 Feature List 一样的购物清单……

▶ 手机不在兜里的时候，你也会感觉到好像裤兜在震动，有信息来了。每天临睡前最后一件事和起床后第一件事都是检查各种应用里的未读信息。

这些是信息强迫症的典型症状，好在我没有，我只是一天不看各种资讯就会有点焦虑。

▶ 你总是问"为什么？"

产品经理的思维总是具有很强的怀疑性和批判性。比如接到一个任务，我们不会马上考虑怎么做，而是首先想弄清楚："为什么要做？能不能不做？为什么要我做？为什么现在就要做？"

解决问题的通用思路

产品经理的思维方法和做事方式有很明显的特点。我们的工作就是在解决问题，很多时候，靠"灵光乍现""随机应变"来解决问题，会让人心里很不踏实。那么，可以提取出更具一般性的内容来指导我们做事情吗？对于这个问题，我觉得可以分解成以下的小问题：

为了什么？做什么事、解决什么人的什么问题？何时做？谁来做？效果如何？

这些问题又可以细分为如下几个部分。

做某件事情"为了什么"是大前提。

这个问题必然要涉及实施者的价值观和理想层面，知道自己需要什么的人在任何时刻都是充满力量的。

后面的其他问题分别对应所做之事的前、中、后阶段。

"做什么事、解决什么人的什么问题？"是事前需要考虑的。其中"什么问题"和"什么人"对应本书第 2 章里讲到的用户需求和目标用户，"做什么事"则是从用户需求转化而来的产品需求。

要弄清楚"什么问题"，就要从问题的定义入手，想清楚"现在在哪儿""想要去哪儿"，然后明确目标与现实的差距，这个差距就是问题所在。对于"什么人"，我们还可以想得更广一些，泛化到这个问题发生的条件，除了"谁"，还可以考虑"哪里发生""持续多久""频率怎样"等。而"做什么事"就要分析问题和制定对策了，我们要综合考虑自己拥有的各种资源，给出一个可行的解决方案。这里要明确两点：一是问题不一定能解决，有的时候资源有限，只能把问题放在一边；二是问题不一定都要解决，如果解决问题花费的成本超过任其发生造成的损失，那宁愿顺其自然。

"何时做""谁来做"是事中关注的重点，对应本书的第 3、4 章，项目和团队，着重讲的是计划、控制与执行。

我们可以引申一下，"何时做""谁来做"也能提醒我们考虑一些事前的要点。"何时做"提醒我们思考这件事为什么现在做？时机是否合适？大家都知道"早一步是先驱，早两步就成先烈了"。"谁来做"提醒我们思考这件事为什么由我们做？我们的核心竞争力在哪里？

"效果如何"是事后需要讨论的，全书各章里提到的总结、反馈一类的观点，都是对这个问题的回答，想清楚了才能持续改进、不断提高。

吃透这句话以后，设计一款互联网产品只是解决一个具体的问题，如何做一桌年夜饭是一个具体的问题，如何设计一套政治制度是一个具体的问题，如何让公司的会议室、投影仪资源得到充分利用是一个具体的问题，如何买一辆家人都满意的车也是一个具体的问题……我觉得，越抽象的事情，前面"想"的过程就越重要；而越具体的事情，后面"做"

的过程越重要。所以，如果我们想清楚了上面的那句话，真正到了开始做事的时候，其实已经搞定问题的大半了。

我们来看几个例子吧。

计划一次旅行，用思维导图。

我们要回答的具体问题是：为什么旅行，寻找刺激还是放松？目的不同会选择不同的目的地。怎么旅行？坐汽车、火车还是飞机？住酒店、农家还是帐篷？不同的目的地有不同的方案。什么时候和谁去？有几天时间？多少人……简单思考一下，我们就可以画出如图 6-7 所示的思维导图，帮助我们做准备。

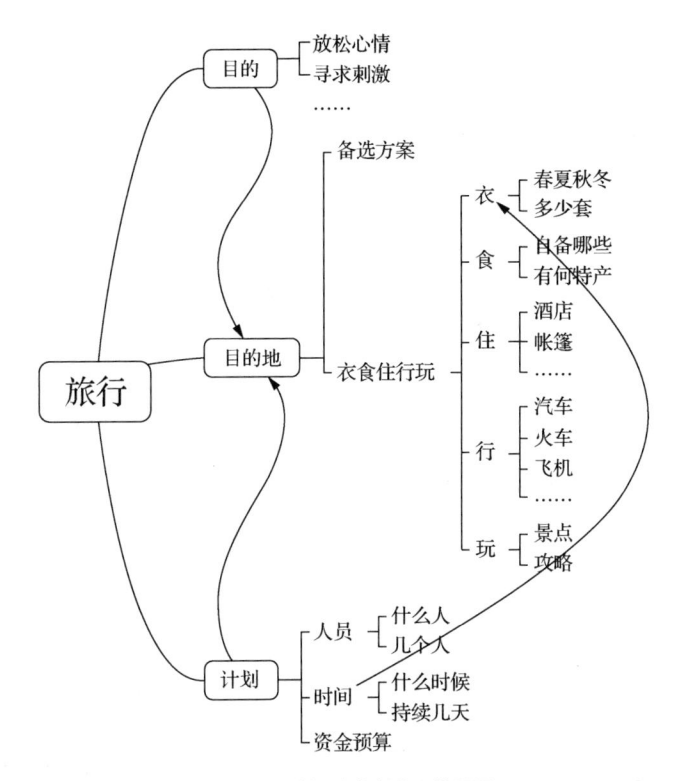

图 6-7 计划一次旅行的思维导图

开一个网店要做哪些事，用流程图。

我们要解决的具体问题是：卖什么？如何定价？货从哪里来？在哪里卖？卖给谁？谁来卖？成交后怎么发货？……于是，简单的流程图就出来了，如图 6-8 所示。

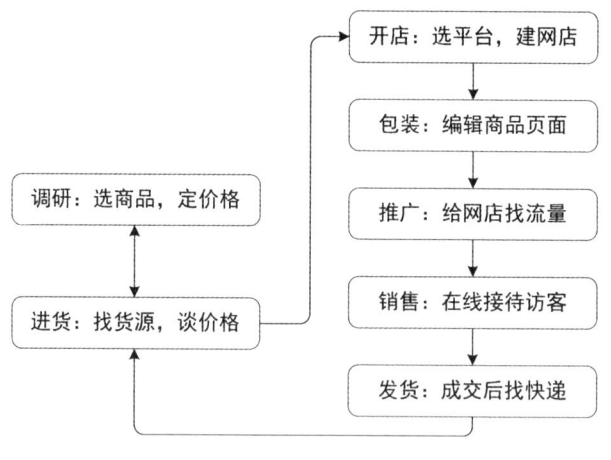

图 6-8　开一个网店要做的事

举办一场婚礼，用甘特图[1]。

仅仅说晚宴的部分，我们要考虑的具体问题是：短短的三个小时，一共有十来项任务，不同的角色，如新郎新娘、工作人员、来宾各自的任务是什么？每项任务的开始时间与结束时间、需要准备的道具、注意事项……项目管理里的甘特图正好派上用场，图 6-9 表示的是当天 17 点到 20 点的 180 分钟内的各项任务，共划分为 18 块，精确到每 10 分钟，这个晚宴已经是相当精简的了。

ID	任务名称	当晚17:00到20:00，精确到10分钟，共分为18块																	
		1	2	3	4	5	6	7	8	9	10	11	12	13	14	15	16	17	18
1	候场、签到																		
2	婚礼开始，新娘进场																		
3	证婚，现场新人仪式																		
4	开席																		
5	新娘换礼服，再次出场																		
6	父母发言																		
7	新人敬酒																		
8	第二套礼服造型出场																		
9	婚礼现场节目																		
10	婚宴结束																		

图 6-9　婚礼晚宴的甘特图

---

1 甘特图（Gantt chart），又叫横道图、条状图。它可以用图示的方式通过活动列表和时间刻度形象地表示出任何特定项目的活动顺序与持续时间。

修改本书插图，用列表。

我碰到的具体问题是：全书有很多图，都要统一成矢量图或分辨率足够高的照片，应该怎么做？于是我列出所有的图，编好号。接着写明各个插图现有的格式、是否符合要求，不符合要求的谁来解决、如何解决……最终，就成了表 6-1 所示的表格，以本章里的图片为例。

表 6-1　如何搞定本书插图

序号	图片名称（部分表格）	格式	负责人	如何搞定
章首页图	生态系统里的大地	cdr	小敏	CorelDRAW 画图
6-1	杭州"牛家 e 族"餐厅的斜门	jpg	iamsujie	自己拍的较模糊，将就一下
6-2	横店影视城秦王宫的入口	jpg	iamsujie	同事拍过这个照片
6-3	某餐馆的菜单	jpg	iamsujie	网络上寻找可用的图
6-4	我的名片，正面	cdr	iamsujie	在小敏提供的源文件上修改
6-5	我的名片，反面	cdr	iamsujie	在小敏提供的源文件上修改
6-6	四种一对一沟通方式比较	visio	iamsujie	优化已有文件
6-7	计划一次旅行的思维导图	mmp	iamsujie	做 MindMap，导出为 emf 格式
6-8	开一个网店要做的事	visio	iamsujie	重新画图
6-9	婚礼晚宴的甘特图	visio	iamsujie	重新画图
6-10[1]	如何搞定本书插图	excel	iamsujie	表格可直接插入正文

人人都是产品经理

"人人都是产品经理"，是我在工作与生活中渐渐感悟到的，这句话之前在书中出现过多少次，已经数不清了，到了本书快结束的时候，我们再来解读一下：

第一，不少朋友的职位叫产品经理，但看了很多说产品经理的文章，发现自己只是做了产品经理的一部分工作。菜鸟的美好梦想是将来能全部胜任。在路上，我用这句话来调

---

[1] 即表 6-1。

侃与自嘲，当然还有鼓励。

第二，无论你是男是女、是老是少、是上学还是工作、是否在某个公司负责某个产品，你至少是自己的产品经理，在设计"自己的一生"。有人做得好，有人做得不太满意。做产品就是一个不断学习、不断成长的过程，从中学到的很多东西，可以一辈子受益，解决一生中碰到的各种问题。

第三，我想改变世界，但是觉得一个人能力有限，希望有更多人可以一起去努力。由于工作的关系，发现用好产品来解决问题是一种改变世界的方法。生活中产品无处不在，无论是工作中的同事们，还是生活中的朋友们，我希望每一个人都能像产品经理一样思考。

我知道，因为这句口号，给很多人带来了困扰，比如下面这些话。

"最怕就是开会的时候，一些人打着这句口号来维护自己的利益……最怕了……"

"因为你这句话，人人都不对结果负责地瞎嚷嚷，弄得效率十分低下。这一点上，你必须要负责，不要让别人错误解读。"

"我在一个小科技公司中做网站，偶然的机会，老总知道了这本书，并要求公司购买 N 本，集体学习……自从看了这本书，老总恨不得让全公司的人都去做产品经理，张口闭口就是，让某某去做产品经理……以上是我本人的困惑。我实在觉得目前的状态是不正确的，但是我暂时还不能说服老总。所以我想听听你本人的观点。你可要对此事负责哦……都是因为你写的这本书……"

所以，我不厌其烦地强调"人人都是产品经理"，绝对不是说团队里每个人都应该做产品经理的事情，而是每个人应该用产品经理式的态度和方法来做好自己相应的工作。当然，我更希望，大家在生活中也能用到产品经理式的态度和方法。

最后，再次送给大家这段话作为结束：

不是每个人都能以产品经理为业，但在我看来，产品经理是一类人，他们做事的思路与方法可以解决很多实际的生活问题。

只要你能够发现问题并描述清楚，转化为一个需求，进而转化为一个任务，争取到支持，发动起一批人，将这个任务完成，并持续不断以主人翁的心态去跟踪、维护这个产物，那么，你就是产品经理。

至少，你已经是自己的产品经理了。这才是"人人都是产品经理"的真谛。

附录 A

它山之石，可以攻玉

通过前面的近 20 万字，我分享了自己入行三四年来做产品经理的各种体会。因为彼时个人能力有限、时间有限，难免偏颇。好在这些年我也结识了不少同行和前辈，阅读了不少博客与图书。

下面我们来看看别人眼中的产品经理。

别人眼中的产品经理

本节转载的两篇经典文章[1]都是我在学做产品经理的过程中，在网上多次看到的。我比较认可其中的观点，希望可以帮助大家开阔视野，了解别人眼中的产品经理是怎样的。

这两篇正好对应招聘广告里的"工作职责"与"职位要求"，先看"产品经理的主要职责"——要做什么事，再看"产品经理的核心技能"——要有什么能力。

在附录里，也许你会发现一些与本书前面不一样的说法。这很正常，我早在"写在正文之前"的最后一节"我与本书的局限性"里就谈到过，不但我有局限性，下述几篇文章的作者也会有其局限性，我想再次重复一个观点：

一个人真正成熟的标志之一，就是心中可以容纳互相矛盾的观点而无碍行事。

---

1 这两篇文章的原作者：Michael Shrivathsan，他的博客名为 "Michael on Product Management & Marketing"，在本书 3.3.1 节 "真的要写很多文档" 里也有提到。两篇的译者皆为 Sam1388，中文版最早于 2007 年 7 月发表于译言（yeeyan.org），这里保留原意，但有少量词句的修改。

产品经理的主要职责

不论是新入职的还是资深产品经理，都可能或多或少对这个职位产生某种疑惑。到底什么是产品经理？这个职位的主要职责是什么？在 IT 产业的不同领域，甚至在同一领域的不同公司，这个职位的定义似乎都有不同。

本文尝试根据自己多年的产品经理经验，给出产品经理的主要职责。虽然在不同的公司，产品经理的角色和职责各有差异，但是有一些关键职责是任何一个产品经理都应承担的。可以将其归纳为如下六个方面。

1. 市场调研

市场调研是指研究市场以了解客户需求、竞争状况及市场力量（Market Force），其最终目标是发现改进产品或进行创新的潜在机会。

可以通过下面的方式进行市场调研：

- 与用户和潜在用户交流
- 与直接面对客户的一线同事如销售、客服、技术支持等人员交流
- 研究市场分析报告及文章
- 试用竞品
- 仔细观察用户行为等

市场调研最终会转化成商业机会、产品战略或商业需求文档（BRD）。

2. 产品定义及设计

产品定义是指确定产品要完成哪些功能。通常采用产品需求文档（PRD）来进行描述，PRD 可能包含如下信息：

- 产品的愿景
- 目标市场
- 竞品分析
- 产品功能的详细描述
- 产品功能的优先级
- 产品用例（Use Case）

- 系统需求
- 性能需求
- 销售及支持需求等

产品设计是指确定产品的外观，包括用户界面（UI，User Interface）设计和用户交互（User Interaction）设计，以及所有的用户体验部分的设计。在大型公司里，产品经理通常和界面设计师或交互设计师一起完成产品设计，不过在小公司或者创业公司里，产品经理也许需要全包这些工作。

这是产品经理工作中最有价值的部分，如果产品经理工作中不包含这部分内容，那几乎可以肯定地说，那不是产品经理的工作。

3. 项目管理

项目管理是指带领来自不同团队的人员（包括开发人员、测试人员、UI 设计师、市场人员、销售人员、客服人员等），在预算内按时开发并发布产品。其中可能包括如下工作内容：

- 确保资源投入
- 制定项目计划
- 根据计划跟踪项目进展
- 辨别关键路径
- 必要时争取追加投入
- 向主管领导报告项目进展状况等

在大型公司里，通常会有项目经理来处理大部分项目管理工作，产品经理只提供支持。不过在创业公司里，产品经理通常需要自己进行项目管理。在有些公司，技术负责人也可能作为项目经理，处理大部分项目管理事宜。

4. 产品宣介

主要包括和内部同事（如老板、销售人员、市场人员、客服人员等）讲解产品的优点、功能和目标市场，也可能包括向外界如媒体、行业分析师及用户宣介产品。

大公司的产品经理通常都有产品市场、市场推广和媒体关系团队帮忙进行对外的产品宣介。

这是除产品定义和设计之外，对产品经理而言价值第二高的工作，尤其是在向老板、市场同事宣介产品并让他们欣然接受的时候。

5. 产品市场推广

主要是对外的信息传播——向外界介绍有关产品。通常包括制作产品数据表、手册、网站、Flash 演示、媒体专题及展会演示等。

在大型公司，产品市场工作通常不会由产品经理来负责，这些公司会有专门的产品市场经理来打理此项工作。当然，这种分工最大的缺点就是沟通效率较低，并会削弱对外传播力度。

在某些公司，"产品管理"和"产品市场"被认为是同义词，会由一个人担当两种职责。而在那些将产品管理团队和产品市场团队分开的公司，后者会打理本节所提及的工作，同时他们也可能会承担"市场调研""产品宣介"和"产品生命周期管理"的部分工作。

6. 产品生命周期管理

指那些随着产品经历"概念化→发布→成熟→退出市场"整个生命周期的产品管理活动。

主要包括的工作有：

- ▶ 产品定位
- ▶ 产品定价及促销
- ▶ 产品线管理
- ▶ 竞争策略
- ▶ 建立或收购合作伙伴
- ▶ 识别并建立合作关系等

产品经理和产品市场经理、商务拓展及市场部门的同事一起完成这些工作。

产品经理的核心技能

1. 沟通能力

优秀的产品经理一定是个成功的沟通者，沟通能力包括口头沟通能力和文字沟通能力。产品经理的一个最主要角色是作为沟通的中心。

产品经理的沟通能力不仅包括和不同工作岗位的人可以进行有效沟通，还包括如下几个方面：

- 和不同个性的人沟通。例如，大部分工程师的性格偏内向，而大部分销售和市场人员则很外向。
- 采用不同的"语言"和不同工作岗位的人沟通。如果要进行高效沟通，很重要的一点是说沟通对象熟悉和易于理解的"语言"。比如，在和市场人员沟通时，要采用与工程师沟通时不同的方式：对市场人员说太多诸如"数据库性能""内存管理算法"之类的东西，无疑会让他们郁闷不解；而对工程师谈话过于概念化，也无助于他们理解设计的实现细节。与之类似，在同老板们沟通时，则应该避免讨论过于细枝末节的事情。

2. 无授权领导能力

成功的产品经理应是优秀的领导者，即便是没有明确授权。

产品经理通常要领导多个领域工作，包括项目团队、产品战略和蓝图制定，以及跨团队的产品活动等。但是在大多数情况下，产品经理通常没有得到公司正式的授权。此时，是否具有"无授权领导能力"就成为成功与否的关键。

如何在无授权的情况下领导团队，我的建议是：综合运用影响力、协商、人际关系及其他类似技能。

3. 学习能力

IT产业是一个快速变化的产业，"不变的也许只有变化"，新技术不断涌现，今日的新产品在几个月后就会变成大路货，甚至更快。优秀的产品经理必须能够快速学习，即便是在比较新的领域。具备此能力才能相对容易地在不断变化的市场和技术趋势下管理好产品。很多公司在招聘产品经理的时候会犯一个错误：他们过分看中既有经验。比如，一个公司要做安全软件，他们就会在招聘时说明"需具有安全软件领域五年以上工作经验"。这其实是个错误的方法，更好的做法是寻找在软件领域有工作经验，同时善于快速学习的产品经理。

4. 商业敏感度

优秀的产品经理应对商业有灵敏的感觉，他们清楚如何发现市场机会，了解竞争差异化的重要性，并能提出制胜的产品战略、定价、推广策略、合作计划及盈亏分析等。

看到这些，别以为产品经理就该是MBA[1]毕业。实际上，大多数优秀的产品经理并没有上过什么MBA，但是他们对商业有很强的敏感度。

---

1 MBA（Master of Business Administration），工商管理硕士。

5. 热爱产品

优秀的产品经理对产品有发自内心的热爱。他们孜孜不倦地尝试各种新产品，注册各种产品的测试版，下载产品的试用版并仔细揣摩，一有时间就去网上看各类新产品的网站。他们对优秀的产品喜爱有加，即便这些产品并非自己公司的；他们鄙视那些没品的产品，即便那是自己公司开发的。最重要的是，他们醉心于创造优秀的产品——无论是全新的产品或是既有产品的改进。

6. 注重细节，追求完美

优秀的产品经理对细节孜孜以求，注重细节是开发优秀产品最重要的先决条件，正所谓"细节决定成败"。Steve Jobs 曾说："iMac 笔记本并非只是透明颜色和外壳外形与众不同，这个产品的核心理念在于成为最精致的消费电脑。在最新的 iMac 中，我们坚决去掉了散热扇，因为我们认为使用一台不嗡嗡作响的电脑工作更令人愉悦。当然，并不是我决定就可以取消散热扇，它需要工程师们付出巨大的努力，找到管理电源和散热的更好办法。这是产品设计之初就存在的核心理念，也是用户愿意选择我们产品的原因——追求每个细节的完美，从而能让用户更方便愉悦地使用他们的电脑。"

优秀的产品经理不但注重产品设计的细节，在其他事情上一样追求完美，比如进行竞争状况分析、制作项目计划，以及所有其他自己负责的工作。

7. 日常产品管理能力

优秀的产品经理具备良好的日常产品管理能力，包括：

- ▶ 撰写市场需求文档（MRD）和产品需求文档（PRD）
- ▶ 进行竞争状况分析
- ▶ 规划产品路线图
- ▶ 制作产品演示 PPT
- ▶ 设计用户界面
- ▶ 分析产品数据等

各种有用的信息

这一节里，我会给出各种有用的信息，希望能帮到"-1 到 3 岁的产品经理"，它们分别是一些图书的推荐、一些值得听的培训，以及国内同行们的地域分布。

一些值得读的图书

这里的图书大多是我做产品前几年所看过的,如果想知道我最近又读了什么,可以去豆瓣关注@iamsujie。

我一直对各种微博和 SNS 心存戒备,最大的原因就是我觉得它们会把时间碎片化。不时地看一些信息、一些名言警句,甚至是一篇文章,其实收获都不大,最实在的还是花一些整块的时间看几本好书。

产品经理本行相关的书并不多,我看过的《产品经理实战手册》[1]《产品经理的第一本书》[2]《产品经理的第二本书》[3]都比较经典,但是内容多是针对传统产品经理的。它们让我知道了什么是传统的产品经理,但其实"产品经理负责制"在我所知的公司里大多不存在。多数的所谓产品经理其实已经是我在 1.2 节里说的"非典型产品经理",写写文档、管管项目,还有很多与市场、销售等有关的事情,只需配合即可。

但是,市场营销方面的知识我们不得不储备一点。科特勒的《水平营销》[4]可以打开思路,当然你要是碰巧看过更经典的大部头《市场营销》[5]就更好了。

2010 年后,倒是出现不少给"互联网产品经理"的书,推荐两本:一本是《启示录:打造用户喜爱的产品》[6],是我组织的虚拟团队——七印部落[7]——翻译的,另一本是糗事百科[8]的创始人王坚大哥的《结网》[9],它们与本书一起,可以让你对这个领域有更全面的认识。

产品的用户体验很关键,2008 年看了《用户体验的要素》[10],里面谈到的"五个层次"对我的影响很大。不错的小书,一个晚上就可以读完,但最好慢慢读、慢慢消化。此为必看书。而用户体验最关键的就是要重视用户,所以学一点用户研究的方法也很必要,《赢在用户》[11]是入门的好选择。我认为同类的书还有《一目了然》[12]《点石成金》[13]《胜于言

---

[1] 《产品经理实战手册》,王欣、夏济 编著,中国经济出版社,2006

[2] 《产品经理的第一本书》,(美)琳达·哥乔斯 著,戴维侬 译,中国财经出版社,2004

[3] 《产品经理的第二本书》,(美)琳达·哥乔斯 著,戴维侬 译,中国财经出版社,2004

[4] 《水平营销》,(美)菲利普·科特勒 等著,陈燕茹 译,中信出版社,2005

[5] 《市场营销》,(美)菲利普·科特勒,加里·阿姆苏特朗 著,俞利军 译,华夏出版社,2003

[6] 《启示录:打造用户喜爱的产品》,(美)马丁·卡根著,七印部落 译,华中科技大学出版社,2011

[7] 七印部落是一个网络协作的虚拟翻译团队。

[8] 糗事百科,一个娱乐网站,口号:快乐就是要建立在别人的痛苦之上。

[9] 《结网》,王坚 编著,人民邮电出版社,2010(最新版 2013 年出版)

[10] 《用户体验的要素:以用户为中心的 Web 的设计》,(美)加瑞特 著,范晓燕 译,机械工业出版社,2008

[11] 《赢在用户:Web 人物角色创建和应用实践指南》,(美)穆德·亚尔 著,范晓燕 译,机械工业出版社,2007

[12] 《一目了然:Web 软件显性设计之路》,(美)霍克曼 著,何潇 译,机械工业出版社,2008

[13] 《点石成金:访客至上的网页设计秘笈》(*Don't Make Me Think* 原书第 2 版),(美)克鲁格 著,De Dream' 译,机械工业出版社,2006

传》[1]等，都不错，很适合互联网行业，但对其他行业未必适合。

然后，我们可以体会一下设计的现实与浪漫：读一读诺曼大师的《设计心理学》[2]与《情感化设计》[3]。这两部是姊妹篇，最好按照先后顺序读。

提到产品设计，与产品经理最相关的还是交互设计。我一直说，在公司里也被迫经常做一些交互设计的事情，而交互设计又是那么专业和有深度，所以也意味着被迫犯很多交互设计的错误，于是只好通过看一些书来尽量少错一点。

最经典的图书是交互设计之父库帕（也是 VB 之父）的《软件观念革命：交互设计精髓》[4]现在已经是 3.0 版，有关交互设计的内容非常全面。《交互设计之路》[5]一书的作者也是库帕，个人感觉这本书读起来比上一本轻松一些，少了理论多了例子，入门可以更轻松。移动互联网时代，Android 和 iOS 官方出的设计指南，也是很好的读物。

上面这些书绝大多数都是翻译作品，关于读原版还是中译版，我的思路是这样的：首先需要对自己的英文水平做出准确的判断，通常读非母语要花更多的时间，你需要评估多花的时间是否能补偿因为原版带来的额外收益。而这个额外的收益，一是省去了对翻译质量的担忧，并不是说翻译的一定比原版差，但翻译的过程肯定或多或少会加入译者的理解，而这理解的附加值，是加分还是减分，是很难知晓的。除非你去问对这个话题非常有研究，且读过这两种版本的人。另一个额外收益就是中译本一般都要晚几年出来，如果你能搞到原版先睹为快的话，会在团队里显得特别牛。

很多外版书都值得我们学习，比如企业管理类的《公司进化论》[6]《跨越鸿沟》[7]，全书就在说一张图，他们很善于把复杂的道理讲明白，这对我们做产品很有启发。《创新者的窘境》[8]对大公司的管理者来说，是必读书。而《罗伯特议事规则》[9]则把"开会"这样一件简单的事情说得头头是道、逻辑严密。有专门讲主持会议的主席的规则，有针对会议秘书的规则，有普通与会者的规则，有针对不同意见的提出和表达的规则，有关于辩论的规则，还有非常重要的、不同情况下的表决规则，有兴趣的同学可以自行研究。

---

[1] 《胜于言传：网站内容制胜宝典》，(英) 瑞蒂希 著，王冬妮 译，机械工业出版社，2009

[2] 《设计心理学》，(美) 诺曼 著，梅琼 译，中信出版社，2003

[3] 《情感化设计》，(美) 诺曼 著，付秋芳，程进三 译，电子工业出版社，2005

[4] 《软件观念革命：交互设计精髓》，(美) 库珀 等著，詹剑锋 等译，电子工业出版社，2005

[5] 《交互设计之路》，(美) 库帕 著，(美) 丁 等译，电子工业出版社，2006

[6] 《公司进化论：伟大的企业如何持续创新》，(美) 杰弗里·摩尔 著，陈劲 译，机械工业出版社，2007

[7] 《跨越鸿沟》，(美) 杰弗里·摩尔 著，赵娅 译，机械工业出版社，2009

[8] 《创新者的窘境》，(美) 克莱顿·克里斯坦森 著，胡建桥 译，中信出版社，2010

[9] 《罗伯特议事规则》，(美) 亨利·罗伯特 著，袁天鹏，孙涤 译，格致出版社，2008

接着我们来看看项目管理相关的书。《软件工程》[1]课本其实就不错，但也许你和我一样，在学的时候并没有体会到。至于经典读物，《人月神话》[2]关注"软件开发"本身，《人件》[3]则关注软件开发中的"人"，大师们的作品的确是经久不衰。

产品经理的逻辑思维能力、抽象思维能力很重要，所以我们有必要读一本 UML 相关的书，体会一下怎么用抽象模型的方法来描述一个领域、一系列事物。我看的是《UML 基础、案例与应用》[4]，是同事推荐的，书名中有"UML"字样的书应该都差不多。

敏捷方法在互联网、软件产品上特别适用：《敏捷估计与规划》[5]适合开发经理看，《敏捷迭代开发：管理者指南》[6]内容偏理论，你可以把它们推荐给团队技术负责人。

还必须提一下阿朱的《走出软件作坊》[7]，这是难得的一本"自己人"写的书，真实的小公司就是软件作坊。这本书很实用。

工作后的学习都是实用主义的，用到什么补什么，而且要善于在一本几百页的书中迅速找出对当前有用的那几页，这是一种能力。跳出去用产品经理的思路想，读一本书的目标是什么？可能很多人把目标设置为——读完它。我原来也是这样，但是我们深入思考一下，读完其实只是手段，手段背后的目的，应该是希望有所收获。地球上的书是永远读不完的，哪怕是你感兴趣的书也是读不完的。那我们不妨按照根本目的做一个优化，把目标改进为——用最少的时间吸取一本书里的精华部分。但这个精华部分是 60%、80%，还是 90%呢？各人的情况不同，就要靠你自己把握了。也正是因为清楚了哪些内容需要精读、哪些选读、哪些浏览，我才能在工作后可支配时间变少的情况下，反而每年读几十本书。而学习的过程，也从单纯的读书变为"读书+读事+读人"，我更多的是通过从书中找理论支撑，然后在工作中实践，同时多和更有经验的前辈交流。

最近几年，我渐渐体会到两件事：一是成长到一定程度，光靠理论已经不够，必须要通过案例学习，我的《淘宝十年产品事》[8]就是一本推荐给大家的案例集，只不过都是淘宝的案例；二是做产品和创业其实很像，所以七印部落又翻译了《四步创业法》[9]《有的

1　《软件工程》，（英）萨默维尔 著，程成 等译，机械工业出版社，2007
2　《人月神话》，（美）弗雷德里克·布鲁克斯 著，汪颖 译，清华大学出版社，2002
3　《人件》，（美）汤姆·迪马可，蒂莫西·迪马可 等著，UMLChina 翻译组 译，清华大学出版社，2003
4　《UML 基础、案例与应用》，（美）施穆勒 著，李虎、赵龙刚 译，人民邮电出版社，2004
5　《敏捷估计与规划》，（美）柯恩 著，宋锐 译，清华大学出版社，2007
6　《敏捷迭代开发：管理者指南》，（美）拉尔曼 著，张晓坤 等译，中国电力出版社，2004
7　《走出软件作坊（IT 人升职必备）》，阿朱 著，电子工业出版社，2009
8　《淘宝十年产品事》，苏杰 编著，电子工业出版社，2013
9　《四步创业法》，（美）斯蒂文·加里·布兰科 著，七印部落 译，华中科技大学出版社，2012

放矢》[1]这类的创业指南。

最后还有一些书，可能表面上看起来和产品经理关系不大，但我总觉得综合素质的提高对一个产品经理，甚至对从事任何职业的人都会有潜移默化的帮助，比如我喜欢看的还有如下几类图书。

科学修养、思维方法、心理学类，比如《决策与判断》[2]《别做正常的傻瓜》[3]《学会提问——批判性思维指南》[4]《黑天鹅》[5]《美第奇效应》[6]《社会性动物》[7]《统计数字会撒谎》[8]《动机与人格》[9]《乌合之众》[10]等；人文修养、历史、经济、社会、政治类，比如《中国历代政治得失》[11]《激荡三十年》[12]《万历十五年》[13]《浪潮之巅》[14]《沸腾十五年》[15]《枪炮、病菌与钢铁》[16]等；新经济系列，比如《失控》[17]《长尾理论》[18]《世界是平的》[19]《维基经济学》[20]《未来是湿的》[21]《众包》[22]《轻公司》[23]等；自我提升、精神力量的书，比

1　《有的放矢》，(美)内森·弗，(美)保罗·阿尔斯特伦 著，七印部落 译，华中科技大学出版社，2014
2　《决策与判断》，(美)斯科特·普劳斯 著，施俊琦、王星 译，人民邮电出版社，2004
3　《别做正常的傻瓜》，奚恺元 著，机械工业出版社，2006
4　《学会提问——批判性思维指南》，(美)布朗，(美)基利 著，赵玉芳 等译，中国轻工业出版社，2006
5　《黑天鹅：如何应对不可预知的未来》，(美)塔勒布 著，万丹 译，中信出版社，2009
6　《美第奇效应：创新灵感与交叉思维》，(美)约翰松 著，刘尔铎、杨小庄 译，商务印书馆，2006
7　《社会性动物》，(美)阿伦森 著，邢占军 译，华东师范大学出版社，2007
8　《统计数字会撒谎》，(美)达莱尔·哈夫 著，廖颖林 译，中国城市出版社，2009
9　《动机与人格》(美)亚伯拉罕·马斯洛 著，许金声 译，中国人民大学出版社，2007
10　《乌合之众》(法)古斯塔夫·勒庞 著，冯克利 译，中央编译出版社，2011
11　《中国历代政治得失》，钱穆 著，生活·读书·新知三联书店，2001
12　《激荡三十年》(上下册)，吴晓波 著，中信出版社，2007(上册)、2008(下册)
13　《万历十五年》，(美)黄仁宇 著，中华书局，2006
14　《浪潮之巅》，吴军，电子工业出版社，2011
15　《沸腾十五年》林军 著，中信出版社，2009
16　《枪炮、病菌与钢铁》(美)贾雷德·戴蒙德 著，谢延光 译，上海译文出版社，2000
17　《失控》，(美)凯文·凯利 著，东西文库 译，新星出版社，2010
18　《长尾理论》，(美)安德森 著，乔江涛 译，中信出版社，2006
19　《世界是平的》，(美)托马斯·弗里德曼 著，何帆、肖莹莹、郝正非 译，湖南科学技术出版社，2006
20　《维基经济学：大规模协作如何改变一切》，(加)泰普斯科特、(英)威廉姆斯 著，何帆、林季红 译，中国青年出版社，2007
21　《未来是湿的》，(美)舍基 著，胡泳、沈满琳 译，中国人民大学出版社，2009
22　《众包：大众力量缘何推动商业未来》，(美)杰夫·豪 著，牛文静 译，中信出版社，2009
23　《轻公司》，李黎、杜晨 著，中信出版社，2009

如《影响力》[1]《把时间当作朋友》[2]《当下的力量》[3]《少有人走的路》[4]《遇见未知的自己》[5]等。

上述图书，有个很好的途径可以了解详细内容——豆瓣网（douban.com），同学们可以去对应的页面查看简介、书评等。对读书兴趣更浓的同学可以去看看我在豆瓣上创建的豆列"互联网产品经理，全方位入门"[6]，以及我豆瓣主页[7]上标记过的书，那些会实时更新，也欢迎各种方式的交流。

一些值得听的培训

工作后的学习方法有很多种，其中一种是职业培训。近年来，我们可以接触到的线上或线下的产品经理相关培训越来越多，我有幸参加过多次，在此分享给大家，让同学们在选择课程的时候有个参考，找出适合自己公司的培训方案[8]。下述的星级，表达了这门课对产品经理的重要程度，五颗★最高。

"成功的产品经理"，★★★★★。这个不是入门课，一般来说公司都会把机会留给至少已经有三到五年经验的产品经理去参加。能有机会参加这门课，基本上说明你已经是可以独当一面、公司对你寄予厚望的产品经理了。想成为一名优秀的产品经理，我觉得这门课是必须要听一次的。可惜的是，目前市面上的这门课都还是通用型的，没有针对互联网、软件行业的，我正在尝试改变这个情况。

我的培训、咨询服务，从2010年开始慢慢孵化，到2014年终于成型，可以拿得出手了。目标用户一是客户，表现为互联网、软件类的公司，或者想做互联网转型的传统企业，客户代表可能是一些领导、负责培训的HR；二是终端用户，即"-1到3岁的产品经理"。

我会带着大家一起"创造"一个产品，以"理论讲解 + 互动讨论 + 案例分析 + 分

---

1 《影响力》，(美) 罗伯特·西奥迪尼 著，陈叙 译，中国人民大学出版社，2006
2 《把时间当作朋友——运用心智获得解放》，李笑来 著，电子工业出版社，2009
3 《当下的力量》，(德) 托利 著，曹植 译，中信出版社，2009
4 《少有人走的路》(1、2、3)，(美) 派克 等著，于海生 等译，吉林文史出版社，2007 (1)、2008 (2)、2009 (3)
5 《遇见未知的自己》，张德芬 著，华夏出版社，2008
6 "互联网产品经理，全方位入门"豆列[延伸阅读19]。
7 我的豆瓣主页地址[延伸阅读20]。
8 以下列举的是一些通用的课程名称，并非某个公司或平台专属。职业培训的课程通常是一些咨询公司请业内资深人士讲授。公开课的行情是每个人两三千块、一两天时间，再加上食宿交通、脱产培训的人力成本，下面提到的这些课程加起来至少5万元左右了，估计大多数人都没这样的机会。我参加过其中的8门课程，在自己的博客中给出了一些更详细的培训记录，大家感兴趣也可以去了解一下。

组实战"的方式，体验整个过程。如有需要，欢迎扫码互动，获取更多信息。当然，作为互联网人士，也一定会放出一些网络视频的"预览版"，不过，我写下这句的时候还没开始实施，但我相信你找得到。图 A-1 是我的微信公众号二维码。

图 A-1 作者的微信公众号二维码

需求相关课程，★★★★。可能叫"需求工程""需求管理"，个人感觉适合做需求相关工作已经有半年到一年的同学。基本方法已经会了，也练熟了，能自主地去采集、分析、筛选需求，能独立完成文档并做简单的需求管理，这个课能够帮你梳理一下思路，将需求管理流程进一步规范化。

"项目管理"，★★★★。虽然产品经理和项目经理不同，但是做产品的过程中不可避免地要带一些项目，这门课适合至少已经主导过两三个项目，虽然项目最终完成，但感觉过程很痛苦的同学。项目本身可大可小，比如我带过的项目，从人力资源的角度，小到 50 人天，大到 2 000 人天左右都有。

"流程管理"，★★★。偶尔做一次的事情叫项目，经常做的日常性事务叫流程。适合这个课程的同学，已经开始接触产品或部门做事规范的制定，比如你已经做过若干项目，对适合本产品的发布流程有些心得，知道要先做什么、后做什么、哪件事可省略、哪件事必须做，等等。希望能将流程固定下来以提高后续项目的效率、降低风险。

营销相关，★★★。和前线商业关系比较大的课程，一般叫"网络营销""市场营销"，适合与运营、市场、销售部门接触较多，有一定经验的产品经理去听。但据我所知，互联网、软件公司的产品经理主要工作多数还是偏技术端的，偏市场的工作通常有专门的产品运营师负责。

思维方法相关，★★★。比如"问题分析与解决"。给它三星不是因为它不重要，而是我认为这课难学，听过也不一定能学到多少。它是一套更通用、更抽象的做事方法论，如果不小心学会了，可以指导我们去做产品、做需求、做项目、做流程，等等。它适合悟性比较高的同学。思维方法的学习与提高是最难的，类似的课程还有"六顶思考帽""结构化思维"。

软技巧相关，★★。比如提高与人际交往能力的"高效沟通"、提高个人素质的"高效能人士的七个习惯"。但问题是，软技巧怎么能"学"会呢？这些课适合那些已经在这方面积累了很多经验，并且做得不错，只要高手点拨一下就能功力大增的同学。

教学相关，★★。"课程设计""TTT（Training the Trainer）"，这两门课也是进阶课程，只给有需要的同学。"课程设计"教的是如何设计一门职业课程，对于产品经理来说，可以把一个产品当作一门课来设计，从中可以得到很多相通的思路；而"TTT"[1]是教如何给受众培训，对一个人的表达能力、演讲能力是很好的锻炼。

硬技巧相关，★。一些关于硬技能的课程。涉及一个产品经理必备的能力，如"中高级 PPT""中高级 Excel"。初级课通常是讲操作层面的，我觉得多用用 Office 就都会了，没必要上课。而中高级课程说了一些思路方面的东西，不过我还是觉得用"两三千块、一两天时间"来学还是不值得，建议自学，因为硬技能是最容易"学会"的。

同学们可能已经发现，职业教育和学校教育有很大不同。职业教育不是传递知识，它更适合那些"已经对做某事有一定经验，但苦于不知如何提高，需要高手点拨"的同学，它是传递知识与实战经验并重的。工作后的学习，很明显的特点就是需求驱动，要用到什么去学什么。每次涉及一个新领域的时候，了解得越多就会发现水越深，根本没法完全掌握。后来，大家想通了，也没必要完全掌握，只要要用的时候，知道需要什么知识、谁懂这些，就够了。

高手只能告诉你好的方法，方法并不能直接带来成功，只能提高成功的概率；高手只能告诉你一些经验，但不能增加你的经历，而有些事情只有亲身经历才能学会；高手只会给你点拨、教你怎么做，但不会帮你做。无论如何，培训与分享仍然是必要的，因为真正的高手会告诉你内力修炼方法。我想说的是"生活中没有吸星大法"，也碰不到《天龙八部》里的无涯子把毕生功力通过头对头的方式在几分钟内传给你，唯一提升内功的办法就是"活到老学到老"。

国内同行的地域分布

最后，分享一下 2009 年全年个人博客访客地域分布数据，从中可以了解到国内产品经理及其相关职业的人群都在哪里，特别是互联网、软件行业相关人员。找工作、挖墙脚、想创业的同学可以参考图 A-2。

---

1 有趣的是，在 TTT 培训的时候，老师讲到课程开发的 ADDIE。当时我又犯职业病了，发现这和产品设计很像：需求分析，Analysis；教案设计，Design；教材开发，Develop；培训实施，Implementation；培训评估，Evaluation。

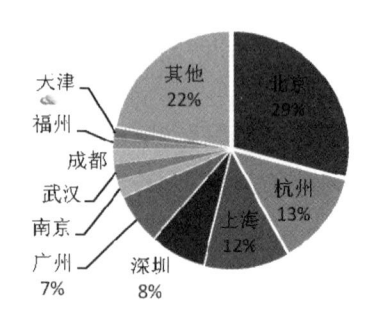

图 A-2　个人博客 2009 年全年的访客地域分布

在 2020 年修订的时候，我看了一下自己微信公众号的后台数据，发现此处总结的情况并无大的变化，这让我不禁感叹，一个城市、行业的变化，可能真的需要至少一代人的时间，图 A-3 可作为对比。

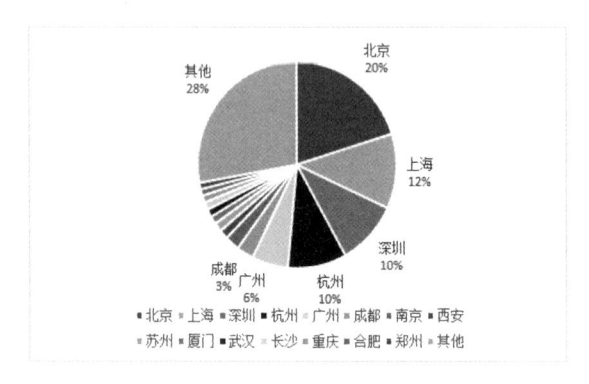

图 A-3　个人微信公众号 2020 年的访客地域分布

我想试着给出一些结论：

传说中互联网、软件行业的五大城市确实存在，我的数据里，2020 年的排名是：北京、上海、深圳、杭州、广州，占据了总用户数的近 60%。

北京的绝对霸主地位无可撼动。

潜力城市浮出水面，都是挺大的内地城市，如成都、南京等。

对比 2009 年和 2020 年的数据，还有以下几点值得分享：

城市分散度增加，这是好事情，说明后起之秀有机会。

因为我已离开阿里巴巴多年，所以杭州的数据有所下降也在情理之中，并且我认为这更符合实际情况。

迅速进步的城市有：成都、西安、苏州等，值得相关小伙伴关注。